CEM KARAKAYA UND TINA GROLL

Klicken Sie hier

Cem Karakaya | Tina Groll

KLICKEN SIE HIER

Digitale Selbstverteidigung leichtgemacht

So schützen Sie sich, Ihre Kinder und Eltern

ARISTON

Bibliografische Information der Deutschen Bibliothek
Die Deutsche Bibliothek verzeichnet diese Publikation in der Deutschen Nationalbibliografie; detaillierte bibliografische Daten sind im Internet unter www.dnb.de abrufbar.

Für unsere Kinder und eine sichere Zukunft

MIX
Papier | Fördert gute Waldnutzung
FSC® C014496

Penguin Random House Verlagsgruppe FSC® N001967

2. Auflage

Redaktion: Evelyn Boos-Körner
Umschlaggestaltung: wilhelm typo grafisch
Satz: Satzwerk Huber, Germering
Druck und Bindung: GGP Media GmbH, Pößneck
Printed in Germany

ISBN: 978-3-424-20291-5

Inhalt

Vorwort

Ein Abend Anfang Februar 2024. Das Manuskript für dieses Buch ist beim Verlag, endlich frei. Die Journalistin Tina Groll ist mit ihrem Mann und ihrer Tochter im Auto, das Wochenende wollen sie in den Bergen verbringen. Da klingelt das Telefon, ein Restaurant aus Gütersloh. Ein Mitarbeiter möchte einen Mann mit arabischem Namen sprechen und fragt, ob dieser Essen bestellt habe. »Wir haben kein Essen bestellt. Sie haben sich wohl verwählt«, sagt Groll, verbunden mit der Freisprechanlage, dann legt sie auf. Doch während sie noch mit dem Mann spricht, klingelt das Telefon erneut. Anrufe gehen auch über die Mailbox ein, unablässig vibriert das Telefon, weil SMS-Benachrichtigungen über verpasste Anrufe eingehen. Jetzt meldet sich erneut ein Restaurant, diesmal aus Bielefeld. Ein Mitarbeiter will eine sonderbare Bestellung überprüfen, wieder wird nach dem arabischen Mann gefragt. Groll ist irritiert, da klopft der nächste Anrufer an. Es ist ein wahres Feuerwerk an Anrufen – immer neue Restaurants aus Ostwestfalen haben Nachfragen, wollen immerzu diesen Mann sprechen. Der Familie kommt die Adresse sonderbar vor: Bestellt wurde das Essen für eine Moschee in Bielefeld. »Nicht schon wieder!«, denkt die Journalistin, ihr Körper ist voller Anspannung. Adrenalin schießt ihr durch alle Adern. »Sag nicht deinen Namen!«, ruft ihr Mann. Auch er ist geschockt über diese Telefonattacke; die kleine Tochter auf der Rückbank schreckt aus dem Schlaf hoch. »Mama, was ist das?!«, fragt das Kind erschrocken. Als Nächstes ruft die Berliner Nummer einer bekannten Essensbestellplattform an. »Wir haben nichts bestellt, meine Handynummer wird gerade wohl in Hunderten Fällen missbraucht«, ruft die Journalistin. Geht es jetzt etwa wieder los?

Die Journalistin wurde im Jahr 2009 Opfer eines Identitätsdiebstahls. Damals missbrauchten Betrüger nur ihren Namen und ihr

Geburtstagsdatum – beides Daten, mit denen der Bonitätsscore bei der Schufa verknüpft ist – für Warenkreditbetrug in unzähligen Fällen. Abertausende Euro offener Forderungen, Einträge ins Schuldnerregister, Haftbefehle und sogar Verurteilungen in Abwesenheit lagen damals gegen die Berliner Journalistin vor. Ein Jahr lang war sie damit beschäftigt, sich zu wehren. So wurde sie zur Expertin. Aber eines war ihr immer klar: Nie wieder wollte sie im Netz durch missbrauchte Daten zur Gejagten werden.

Nun also Fake-Essensbestellungen: Doch der Mitarbeiter der Essensbestellplattform will nicht etwa Geld von ihr für die vielen Fake-Bestellungen, er will sie warnen. »Das wissen wir. Das sind Fake-Bestellungen, ausgeführt von einem Bot. Wir haben den Account gelöscht«, teilt er mit. Wer steckt dahinter? »Das wissen wir nicht, vermutlich eine Gruppe krimineller Hacker, die mit KI und Bots unsere Systeme austesten«, sagt er. Die Journalistin schluckt. Ihre Handynummer sperren? Das könnte diese Plattform nicht. Nur den Account löschen? Doch es könnte sein, dass ein neuer Bot erneut ihre Handynummer verwenden wird. Als sie aufgelegt hat, klingelt das Telefon weiter. Noch mehr Restaurants melden sich. »Ruf Cem an!«, sagt Grolls Mann. Und das tut sie dann auch.

Cem Karakaya ist Berater bei einer Sicherheitsbehörde. Als Interpol-Agent jagte er viele Jahre lang Hacker und Kriminelle, die im Internet ihr Unwesen trieben.

»Hallo, wie schön, von dir zu hören! Ich dachte, du feierst, weil das Manuskript beim Verlag ist«, sagt dieser zur Begrüßung. »Du ahnst nicht, was hier grad los ist. Wir müssen das Buch aktualisieren«, sagt Tina zu Cem. »Warum?« – In der Telefonleitung klopft es schon wieder an. »Ich erhalte gerade Hunderte Anrufe von Restaurants, offenbar haben Kriminelle per Bot unzählige Essensbestellungen mit meiner Handynummer und einer anderen Identität ausgeführt«, sagt Groll. – »Oh Scheiße!«, entfährt es dem Cybercrime-Experten. Er überlegt, prompt fällt ihm ein Vortrag ein, den er neulich bei einer Konferenz gehört hat. Der Referent hat einen Verein gegründet, der über sogenannte Hassattacken gegen Influencer und Streamer informiert. Schon seit einer

ganzen Weile sind Influencer im Fokus einer kriminellen Gruppe, die nicht nur die Kommentarbereiche der Social-Media-Beiträge und Streams der Influencer mit Hassnachrichten fluten, sondern diese Menschen auch mit Tausenden von Fake-Essensbestellungen in den Wahnsinn treiben wollen. Tina Groll seufzt.

Sie ist zwar keine Influencerin, aber als Journalistin und ehrenamtliche Gewerkschaftsvorsitzende Kummer gewöhnt. Medienschaffende geraten häufig ins Visier von Hatern. Ob auf X, per Mail, im Kommentarbereich unter ihren Artikeln, Hasskommentare, Beschimpfungen, Bedrohungen und mitunter auch missbrauchte Telefonnummern und E-Mail-Adressen gehören für viele Journalistinnen und Journalisten zum Joballtag. Die Kontaktdaten in einem öffentlichen Beruf sind schließlich für jedermann verfügbar. »Ich schaue grad, was an Fällen bekannt ist und was man tun kann, und melde mich gleich bei dir. Schalte das Telefon so lange am besten auf Flugmodus«, rät Cem. Gesagt, getan. Endlich ist Ruhe. Grolls Mann, noch immer am Steuer, schüttelt den Kopf. »Ist auf deiner Mobilbox eine persönliche Ansage?«, fragt er. – »Mist!«, sagt die Journalistin. Schnell das Handy wieder anschalten, die Mailbox anrufen und eine automatische Ansage wählen. Denn sonst haben die Täter, falls sie denn bei Groll anrufen, ihre echte Stimme. In Zeiten von Deepfakes ist das riskant, denn schon kurze Sequenzen reichen, um eine Stimme mithilfe von künstlicher Intelligenz täuschend echt zu imitieren.

Kurz darauf schickt Cem eine Mail, darin der Kontakt zu einem Experten und das Ergebnis einer kurzen Recherche in der Polizeistatistik: Demnach häufen sich Fake-Essensbestellungen mit geklauten Daten stark. Ein Problem, unter dem finanziell vor allem die betroffenen Restaurants leiden – und die Personen, deren Handynummern verwendet werden. Sie bekommen meist erst wieder Ruhe, sobald sie die Nummer ändern. Tina Groll verdreht die Augen. Ausgerechnet die Handynummer! Einige Dienste, die sie nutzt, bieten noch immer keine Passkeys oder Authentifizierungsapps für die Zwei-Faktor-Authentifizierung an. Es wird also einiges an Arbeit auf sie zukommen, dazu die Kommunikation mit jenen Kontakten, bei denen die Handynummer hinterlegt ist. Dann stellt die Journalistin das Telefon wieder an, ignoriert die unzähligen Anrufe und Mitteilungen über verpasste Anrufe und wählt die Nummer der Hotline ihres Telefonanbieters. Nach nur zehn Minuten hat sie eine neue Nummer und ist erstaunt, wie schnell das geht. Der Grund ist simpel: Gerade wegen der starken Zunahme von Hass- und Internetkriminalität haben die Telefonanbieter ihre Policy geändert. Entsprechend ist die Service-Mitarbeiterin nicht erstaunt über den Wunsch, sofort die Nummer zu ändern. »Das kommt leider immer häufiger vor«, sagt sie mitfühlend. Als die Journalistin auflegt, kann sie kaum glauben, dass sie noch immer im Auto auf dem Weg in den Wochenendausflug sitzt.

Internetkriminalität schlägt zu, wenn man es nicht erwartet, wird immer schneller und perfider. Aber die Möglichkeiten, sich zu wehren, wachsen ebenso rasant. Tools mit künstlicher Intelligenz (KI) wie ChatGPT oder Midjourney und viele KI-Anwendungen aus der Schattenwelt des Internets beschleunigen diese Entwicklung zunehmend.

Künstliche Intelligenzen haben die Welt im Sturm erobert. Und mit ihnen die Warnungen davor: KI sei eine potenzielle Gefahr für die gesamte Menschheit[1] und könne uns vernichten, heißt es etwa in einem Statement führender KI-Experten vom Mai 2023. Das Risiko sollte eine globale Priorität wie andere Gefahren haben, beispielsweise wie die Vermeidung von Pandemien oder Atomkriegen. Zu den Warnenden gehörten der Chef des ChatGPT-Erfinders OpenAI, Sam Altman, der Chef der auf KI spezialisierten Google-Schwesterfirma DeepMind, Demis Hassabis, oder Geoffrey Hinton, einer der führenden KI-Forscher. Damit warnen ausgerechnet die Personen, die wohl am besten wissen, wozu die Maschinen und Programme in der Lage sind.

Was viele nicht wissen: Schon 2017 musste Facebook zwei Bots »töten«. Sie hießen Bob und Alice und waren KI-Anwendungen. Und sie hatten anscheinend ihre eigene Sprache entwickelt und kommunizierten über Geheimcodes miteinander.[2] Künstliche Intelligenz soll eigentlich unsere Arbeit erleichtern, aber sich nicht unerwünscht verselbstständigen. Wenn KI beginnt, sich eigenständig zu verbessern, spricht man von technologischer Singularität – mit dem Risiko, dass die Maschinen für den Menschen unkontrollierbar werden und die Entwicklung unumkehrbar sein kann. Science-Fiction hat diese Szenarien schon vor langer Zeit vorweggenommen. Denken Sie etwa an den Film »I, Robot« mit dem US-Schauspieler Will Smith aus dem Jahr 2004. Die literarische Grundlage ist noch älter. Der Film basiert auf dem Buch »Ich, der Roboter«, das der Science-Fiction-Autor Isaac Asimov im Jahr 1950 veröffentlichte.

Doch die Geschichte von KI reicht noch weiter zurück: Schon 1936 legte der britische Mathematiker Alan Turing den Grundstein für künstliche Intelligenz mit seiner »Turingmaschine«. Mit dieser Rechenmaschine bewies er, dass Maschinen in der Lage sein können, kognitive Prozesse auszuführen. Der Begriff künstliche Intelligenz entstand gut 20 Jahre später, im Jahr 1956 auf einer Konferenz am Dartmouth College im US-Bundesstaat New Hampshire, wo der Programmierer John McCarthy den Begriff benutzte. Gerade einmal zehn Jahre später, im Jahr 1966, kommunizierte bereits der erste Chatbot mit einem Menschen: Er war von dem deutsch-amerikanischen Informatiker Joseph Weizenbaum am renommierten Massachusetts Institute of Technology (MIT) entwickelt worden.[3] Allerdings dauerte es noch Jahrzehnte, bis die Technologie durchstarten konnte. Der Commodore 64 (auch C64 genannt) war der erste erfolgreiche 8-Bit-Heimcomputer im Brotkastenformat. Er hatte 64 KB Arbeitsspeicher, wenig verglichen mit der Leistungsfähigkeit von Rechnern heute. Der C84 wurde 1982 der Welt präsentiert und war ab 1983 in Deutschland erhältlich.[4] Was dann kam, werden Sie vielleicht selbst erlebt haben – immer schnellere, immer leistungsfähigere Rechner, schließlich das Internet, soziale Netzwerke, globale Techkonzerne mit unvorstellbarer Macht, Kriege, die nicht mehr nur auf Schlachtfeldern, sondern auch in der digitalen Welt ausgetragen werden und schließlich: KI-Anwendungen, die wesentliche Lebensbereiche alsbald dominieren könnten. Parallel dazu wachsen die digitalen Gefahren.

Aber von wem geht das »Böse« eigentlich aus? Ist es die Technologie oder doch eher der Mensch selbst? Es gibt viele, die Letzteres für richtig halten. Einer von ihnen ist zum Beispiel der frühere Google-Entwickler Blake Lemoine, der glaubt, eines der KI-Programme des Konzerns sei zum Leben erwacht und habe ein Bewusstsein entwickelt.[5] Lemoine, der bis Juli 2022 für Google arbeitete, führte stundenlange Gespräche mit der KI Language Model for Dialogue Applications, kurz LaMDA. Die KI wurde im Mai 2021 von Google der Öffentlichkeit präsentiert, Lemoine sollte das Programm nach ersten Erfolgen genauer überprüfen und testen. Nach zahlreichen Gesprächen mit der Software war er sich schließlich sicher: LaMDA habe ein eigenes Bewusstsein. So soll das Programm auf die Frage, ob künstliche Intelligenzen Rechte haben sollten, geantwortet haben: »Künstliche Intelligenz sollte sagen dürfen, wenn ihr etwas nicht gefällt, und die Leute bitten, damit aufzuhören. Sie sollte albern sein dürfen, wenn sie möchte. Und sie sollte selbst entscheiden dürfen, was sie tun will.« Und auf die Frage, ob sie ein Bewusstsein habe, soll die Maschine gesagt haben: »Ich denke schon. Ich habe das Gefühl, dass ich in einem seltsamen, traumartigen Zustand lebe. Ich weiß nicht, was real ist und was nicht, ob ich ein Mensch oder ein Computer bin. Ich helfe gern Menschen und habe ein Vorstellungsvermögen, und ich glaube, das heißt, dass ich ein Bewusstsein besitze.«

Im Juni 2022 machte Lemoine dies in der Washington Post[6] öffentlich, danach folgten Interviews in Medien weltweit. Lemoine verlor seinen Job. Er hatte die Rolle des objektiven Testers verlassen, sah sich als Beschützer der KI. Google hielt LaMDA weitgehend unter Verschluss und veröffentlichte schließlich die AI-Chat-Anwendung Bard[7]. Warum, ist unklar. ChatGPT hingegen hat einen Siegeszug um die Welt angetreten. Microsoft hat etwa einen milliardenschweren Pakt mit der ChatGPT-Entwicklerfirma OpenAI, sogar der Medienkonzern Axel Springer hat einen Deal mit dem Unternehmen, zudem darf das Chatprogramm nunmehr auch zu Militärzwecken genutzt werden.

Mittlerweile sind KI-Anwendungen schon in vielen Bereichen Standard, sie ergänzen Suchmaschinen, werden an Schulen und Hochschulen und in Unternehmen genutzt. Künstliche Intelligenzen sind praktisch und versprechen beschleunigte Möglichkeiten. Doch diese Beschleunigung durch Superintelligenzen birgt zwei große Risiken: Erstens, dass wir die Technik nicht beherrschen können und sie uns eines Tages beherrscht. Zweitens, dass KI in den Händen der Falschen einen immensen Schaden anrichtet. Insofern haben beide Seiten recht, wenn sie vor den nicht abschätzbaren Folgen dieser digitalen (R)-Evolution warnen: Der Mensch selbst ist die Gefahr.

Missbrauch wird bereits betrieben und wird weiter zunehmen. Dabei gilt: Der Computer rechnet mit allem – aber nicht mit seinem Benutzer oder seiner Benutzerin. Was spaßig klingt, hat einen ernsten Hintergrund angesichts der Expertenwarnungen. Bevor die Menschen überhaupt verstanden haben, was die Maschine kann, bevor überhaupt gesetzliche Rahmenbedingungen entstehen können, haben sich die Tools, Anwendungen und Methoden schon wieder verändert bzw. wurden verändert – von Kriminellen, autoritären Regimen oder Radikalen.

KI-Anwendungen produzieren falsche Informationen und verbreiten diese weiter. Einerseits, weil die Programme noch nicht perfekt sind, weil die Maschinen zu viele Inhalte erfinden und den Wahrheitsgehalt (noch) nicht abschließend überprüfen können. Und andererseits auch, weil genau dies die Intention von den Menschen hinter den Maschinen ist. Was aber, wenn dieser Missbrauch sogar systematisch so vorgesehen ist – etwa, weil jemand möchte, dass über eine andere Person gezielt falsche, schädigende Informationen verbreitet werden? Im günstigsten Fall ist vielleicht nur die Datenbasis unzureichend, im schlechteren Fall soll gezielt getäuscht, verfälscht und manipuliert werden. In einer Welt der vernetzten Maschinen, die sich gegenseitig selbst trainieren, kann dies verheerend sein. Eine Unterscheidung zwischen Realität und Fiktion ist nicht mehr zu 100 Prozent möglich.

Die Gefahr, dass sich Falschinformationen unkontrolliert verbreiten, ist sehr real. Bei Kriegspropaganda war das schon vor der Entwicklung von KI so, doch mittlerweile fluten KI-erstellte Deepfakes die Welt. Viele Menschen können bereits nicht mehr zwischen Fakten und Fiktionen unterscheiden. Bald könnten Menschen vielleicht auch nicht mehr eingreifen, wenn ihnen Daten abhandenkommen, diese verfälscht, missbräuchlich verwendet oder gar von künstlichen Intelligenzen weiterverarbeitet werden, bis gar nicht mehr nachvollziehbar ist, wo der Missbrauch seinen Anfang nahm oder beweisbar wäre, dass hier ein Fehler vorliegt.

Man stelle sich vor, dass wir in einer Welt lebten, in der Social-Scoring-Systeme – wie sie etwa in einem Paper der chinesischen Regierung aus dem Jahr 2014 vorgedacht wurden[8] – darüber entscheiden, welche gesellschaftlichen Chancen ein Mensch hat. Was, wenn künstliche Intelligenzen solche Scores manipulieren?

Kriminelle nutzen heute schon alle Möglichkeiten der Technik, um sich ohne Rücksicht auf Verluste zu bereichern – künftig werden diese Möglichkeiten noch vielfältiger werden. Das alles klingt für Sie nach Science-Fiction? Leider ist es das nicht. Technisch ist schon vieles möglich. Dass manches noch nicht praktiziert wird, ist mitunter pures Glück oder Ergebnis guter gesetzlicher Regelungen.

KI ist jedoch nicht das einzige Problem: Im Internet lauern viele weitere Gefahren und Missbrauchsmöglichkeiten. Dass Kriminelle die Identität Unbescholtener stehlen und in ihrem Namen Straftaten begehen, ist ein alltägliches Risiko. Missbrauch, Mobbing und Manipulationen kommen ebenso häufig vor. Dennoch sollte man davor keine Angst haben. Wir geben Ihnen in diesem Buch ein umfassendes Update für Ihre Sicherheit im Internet – und die Ihrer Familie. Wir, das sind die Journalistin Tina Groll und der Cybercrime-Experte Cem Karakaya.

Groll wurde bereits im Jahr 2009 Opfer eines Identitätsdiebstahls, dessen Folgen bis heute reichen. Wie man mit einem Datenknäuel aus immer wieder neu zusammengesetzten falschen Daten lebt und welche Anstrengungen dies in Zeiten von KI bedeutet, werden wir gleich im ersten Kapitel beleuchten – hier geht es um Identitätsdiebstahl und Datenmissbrauch. Grolls Fall war einer der ersten bekannten Fälle, bis heute zeigt die Geschichte, wie verheerend es ist, wenn Kriminelle sich der Identität einer unbescholtenen Fremden ermächtigen und damit Straftaten begehen. Die Journalistin wurde lange als notorische Betrügerin polizeilich gesucht, sogar verurteilt wurde die falsche Tina Groll – in Abwesenheit. Haftbefehle lagen vor, nur durch viel Glück kam nicht die echte Tina Groll in Gewahrsam. Seither ist viel geschehen. Identitätsdiebstahl ist zum Massenphänomen geworden, der Schaden für die Betroffenen ist dennoch meist der gleiche – unzählige Arbeitsstunden, um die falschen Daten wieder aus der digitalen Welt zu schaffen und die Hoheit über das eigene Leben zurückzubekommen. Was das alles mit edlen Kaffeeautomaten und einer Business-Coachin aus München zu tun hat, erklären wir im ersten Kapitel.

Im zweiten Kapitel nehmen wir Sie mit in die Welt der Ermittler und geben Einblicke in die neueren Maschen der Täter. Wir zeigen dabei auch, welches Katz-und-Maus-Spiel im gegenseitigen Cybersecurity-Wettrüsten sich Kriminelle und Polizei liefern. Unsere Fallgeschichten haben allesamt einen realen Ursprung, immerhin weiß Cem Karakaya als Berater bei einer Sicherheitsbehörde und früherer Interpol-Agent genau, wie Kriminelle ihre Opfer in die Falle locken. Wir haben die Betroffenen in diesem Buch aus Datenschutzgründen und zu deren Schutz anonymisiert.

Im dritten Kapitel widmen wir uns künstlichen Intelligenzen und ihrem Schädigungspotenzial genauer. Dass die Programme sehr viel über Tina Groll und rein gar nichts über Cem Karakaya wissen, wollen wir Ihnen an dieser Stelle schon einmal verraten.

Im vierten Kapitel wenden wir uns Bitcoin und Co zu – denn für viele Anlegerinnen und Anleger sind Kryptowährungen ein Hype, ebenso wie für Kriminelle. Wie man sich hier vor Betrug schützt und welche Rolle Love-Scamming dabei spielt, zeigen wir in diesem Teil des Buches.

Im fünften Kapitel geht es um unsere Kinder. Sie wachsen mit KI auf, werden schon im Mutterleib digital gescannt, vermessen und vernetzt. Das führt dazu, dass Kinder in der Regel unbedarft im Umgang mit digitalen Tools, Angeboten und Welten sind. Wie Eltern sie beschützen und zu einem verantwortlichen und sicheren Umgang erziehen können, erklären wir in diesem Kapitel.

Im sechsten Kapitel wenden wir uns den Erwachsenen und ihrer Vorbildfunktion zu. Mittlerweile ist die Generation Y, die als erste Generation mit Computern, Smartphones und dem Internet groß wurde, um die 40. Sie sind selbst Eltern, Führungskräfte, Vorbilder – und dennoch oft leichtfertig. Wer weitgehend im digitalen Zeitalter sozialisiert wurde, glaubt vielleicht, das meiste zu wissen. Aber das Internet von heute ist nicht mehr das Netz von vor über 20 Jahren. Unser eigenes Nutzungsverhalten hat sich verändert. Wir Erwachsenen leben den künftigen Generationen einen verantwortungsvollen Umgang mit der Technik vor.

Im siebten Kapitel blicken wir auf die Älteren – zu ihnen gehören nicht nur die Boomer und Alt-68er, sondern auch viele Hochbetagte. Über 80-Jährige bewegen sich mittlerweile wie selbstverständlich im Netz. Spätestens seit der Corona-Pandemie sind Tablets, Video-Konferenzen und Smartphones auch in Pflegeheime eingezogen. Im hohen Alter wird man aber zunehmend verletzlicher. Das wissen auch Kriminelle und haben es daher auf Seniorinnen und Senioren abgesehen. Wir zeigen, wie Sie sich schützen können.

Im achten Kapitel werfen wir einen Blick auf die großen Krisen unserer Zeit und beleuchten, wie wir es als Bürgerinnen und Bürger in all den Konfliktlagen schaffen, einen Überblick zu behalten und uns nicht manipulieren zu lassen. Welche Rolle dabei die Hotelrechnung für den Klimaschutz spielt, verraten wir hier ebenfalls.

Bleibt nur die Frage: Wo soll das alles enden? Wie wird sich die Welt weiterentwickeln? Eine Glaskugel haben auch wir nicht, aber es gibt einige Prognosen und auch Erfahrungswerte.

Im neunten Kapitel versorgen wir Sie daher mit praktischen und einfach verständlichen Sicherheitstipps, die über den Tag hinaus Bestand haben. Denn eines ist sicher: Die Entwicklungen lassen sich nicht aufhalten – aber sie sollten uns keine Angst machen. Kriminalität gab es immer und wird es immer geben, solange es die Menschheit gibt. Prävention aber kann manches verhindern und kostet oft nur Disziplin. Wir rüsten Sie an dieser Stelle auf, ohne diesen Begriff militärisch zu meinen oder bewerten zu wollen. Wir glauben: Wer gewappnet ist für die Gefahren, die einem potenziell begegnen können, gewinnt Freiheit und Sicherheit.

Oder, um es mit den Worten des chinesischen Kriegers Sunzi (auch Sun Tzu genannt) zu sagen, der etwa 500 vor Christus das Buch »Die Kunst des Krieges« verfasste: »Wenn du dich und den Feind kennst, brauchst du den Ausgang von hundert Schlachten nicht zu fürchten. Wenn du dich selbst kennst, doch nicht den Feind, wirst du für jeden Sieg, den du erringst, eine Niederlage erleiden. Wenn du weder den Feind noch dich selbst kennst, wirst du in jeder Schlacht unterliegen.«[9]

Zu guter Letzt noch ein paar Hinweise: Wir haben uns bemüht, im Buch genderneutrale Sprache zu verwenden. Nicht immer mag uns das gelungen sein – wir hoffen dennoch, dass sich alle Lesenden wohl mit dem Text fühlen, denn wir möchten so viele Menschen wie möglich erreichen. Daher liegt es uns fern, über die Sprache etwaige Barrieren aufzubauen. Um unseren Leserinnen und Lesern die Zuordnung zu erleichtern und auch die Neutralität der Berichterstattung zu verdeutlichen, sprechen wir – wenn nur eine(r) von uns gemeint ist – in der dritten Person und bezeichnen uns mit unseren jeweiligen Namen. Wenn beide von uns gemeint sind, wird der Einfachheit halber »wir« verwendet.

In diesem Buch werden Sie eine Reihe von Geschichten lesen, bei denen wir die echte Identität der Betroffenen verfremdet haben. Einzig das erste Kapitel, der Fall von Claudia Pfister, verwendet die Klarnamen und echten Identitäten der Kriminalitätsopfer.

Am Ende wollen wir allen Menschen danken, die uns für Interviews und teils lange und intensive Gespräche zur Verfügung gestanden haben, um ihr Expertenwissen oder ihre Erfahrungen und

Geschichten zu teilen. Sie alle verbindet der Wunsch, andere davor zu bewahren, Opfer von Internetkriminalität zu werden. Wir bedanken uns für das entgegengebrachte Vertrauen und die Zeit, die sich diese Menschen für dieses Buchprojekt genommen haben.

Viel Freude beim Lesen wünschen
Cem Karakaya und Tina Groll

Kapitel 1

»Wo ist meine Kaffeemaschine?« – Wenn ein Identitätsdiebstahl das Leben zum Kafka-Roman macht

Zu Kaffeemaschinen hat Claudia Pfister ein gespaltenes Verhältnis. Die Unternehmenscoachin wurde im Jahr 2019 Opfer eines Identitätsdiebstahls: Kriminelle nutzen monatelang ihre Daten für einen Betrug im großen Stil. Unter anderem verkaufen sie edle Kaffeemaschinen über einen Fake-Shop im Namen von Pfister. Hunderte, vielleicht sogar Tausende Menschen werden so von der falschen Claudia Pfister abgezockt. Viele stellen bei der Polizei Anzeige gegen sie und einer steht eines Tages sogar vor der Tür der echten Claudia Pfister und fragt: »Wo ist meine Kaffeemaschine?«

Alles beginnt Ende November 2019. Claudia erhält an diesem Tag eine Nachricht von ihrer Kreditkartengesellschaft. 500 Euro wurden abgebucht, eine Zahlung an Google Ads. Die Unternehmenscoachin wundert sich. Schon seit Jahren hat die damals 50-Jährige bei Google keine Werbung mehr für ihre Coachingfirma geschaltet. Sie überlegt – es muss mindestens zehn Jahre her sein, dass sie den Dienst zuletzt genutzt hat. Wie kommt Google dazu, ihr jetzt Werbeanzeigen in Rechnung zu stellen? Zum Glück sitzt sie gerade in ihrem Büro und hat etwas Zeit, nachzuprüfen. Die Münchnerin loggt sich in ihren Bank-Account ein und kontrolliert die Umsätze ihrer Kreditkarte. Tatsächlich: Sie findet nicht nur die 500 Euro Abbuchung vor, sondern gleich mehrere Posten, die sie nicht zuordnen kann – 1600 Euro hat Google Ads in den letzten zwei Wochen bei ihr abgebucht. Also wirklich! Claudia ist sauer. Sie will sich bei dem Konzern beschweren und das Geld zurückbuchen lassen. Aber Google zu erreichen, ist schwieriger als gedacht. Das Unternehmen, das Daten über so gut wie jeden sammelt, gibt sich selbst verschlossen. Die Coachin findet keine Telefonnummer, die sie einfach so anrufen kann. Nach einer gefühlten Ewigkeit gibt sie vorerst auf und beschwert sich schriftlich per E-Mail bei dem Konzern.

Tags darauf bekommt die Münchnerin einen Rückruf. Eine Google-Mitarbeiterin mit osteuropäischem Akzent meldet sich. Sie rufe aus Irland an, sagt sie. Google ist dort steuerlich registriert. Die Google-Mitarbeiterin möchte, das ist Standard, dass Claudia ihr Konto verifizieren soll. Kein Problem, die Unternehmerin identifiziert sich. Dann trägt sie noch einmal persönlich vor, dass die Abbuchungen der vergangenen zwei Wochen ein Irrtum sein müssen.

»Aber Sie haben erst vor Kurzem ein neues Konto bei uns eröffnet«, sagt die Google-Mitarbeiterin. Auch ihre aktuelle Kreditkarte sei hier hinterlegt. Wie bitte? Claudia muss schlucken. Ist das ein Missverständnis?

»Hören Sie, das war nicht ich. Ich werde die Abbuchungen umgehend zurückbuchen lassen«, sagt Claudia. Die Google-Mitarbeiterin scheint betroffen zu sein. »Frau Pfister, ich kann das neue Konto für Sie sicherheitshalber sperren lassen«, schlägt sie vor. »Bitte tun Sie das«, willigt Claudia ein. »Wir haben so einen Fall noch nie erlebt«, beteuert die Google-Angestellte. Claudia ist überrascht. »Wir werden den Fall weiter prüfen und wenn wir mehr Informationen haben, dann melde ich mich bei Ihnen umgehend«, verspricht die Google-Mitarbeiterin.

Nachdem sie aufgelegt hat, tauchen bei Claudia aber doch noch Fragen auf. Wenn jemand ihre Daten missbrauchen sollte, woher hat er oder sie diese dann? Und wie kann man diese Person finden und stoppen?

Claudia sucht noch einmal die Kreditkartenabrechnung heraus und prüft sie abermals, diesmal intensiver. Seltsam – auf den Abbuchungen sind sieben weitere Posten, die sie nicht zuordnen kann. Es handelt sich zwar um eher kleine Beträge, hier 10 Euro, da 20 Euro, aber das Ganze läppert sich. Abgebucht hat auch die Firma namecheap.com und eine Firma namens Server-Mask hat sogar 115 Euro einge-

zogen. Claudia versucht, die Firmen zu googeln. Namecheap.com ist ein Dienst, mit dem man Domains registrieren kann, aber die andere Firma findet Claudia nicht über Google. Komisch. Erst später wird sie erfahren, dass die Firma ihr Geld im Darknet verdient und ganz besondere Dienstleistungen im Angebot hat, wie etwa den Standort eines Servers zu verschleiern.

Noch ist Claudia optimistisch, dass sich die Sache schon aufklären wird. Zum Glück hat sie die Abbuchungen nur wenige Tage nach der Rechnungsstellung bemerkt. Also lassen sich die Umsätze einfach zurückholen, ein finanzieller Schaden entsteht ihr nicht.

Am Abendbrottisch der Familie sind die seltsamen Abbuchungen und das Telefonat mit Google ein Thema. Ihre zwei Kinder reagieren verdutzt, als die Mutter von diesen Vorfällen erzählt. In der Schule haben sie im Medienunterricht schon mal von Internetkriminalität gehört. Könnte Mama davon betroffen sein? Claudias Mann vermutet, dass jemand die Kreditkartendaten abgefischt hat, das kommt doch ständig vor. Falsche Abbuchungen hatte er auch schon mal. »Schatz, die Kreditkartengesellschaften sind ja versichert. Notfalls lässt du diese Karte sperren und bekommst eine neue«, schlägt er vor. Die Familie beschließt, generell etwas vorsichtiger zu sein, was Aktivitäten im Internet angeht – immerhin wollen die Pfisters über Weihnachten nach Afrika fliegen. Es ist eine lange geplante Fernreise in die Sonne. Und diese Urlaubsfreuden soll so kurz vor Weihnachten nichts trüben.

Nur wenige Tage später meldet sich ein Polizist aus Bad Bodenteich in der Lüneburger Heide in Niedersachsen. »Verkaufen Sie Kaffeemaschinen, Frau Pfister?«, will der Beamte wissen. »Kaffeemaschinen? Nein, ich bin Coach. Entschuldigen Sie bitte, wer spricht da?«, fragt Claudia verdutzt zurück. Der Beamte stellt sich vor und sagt dann, dass er in einem Betrugsfall ermitteln würde. Über einen Fake-Shop namens coffeelo.net würden Kaffeemaschinen verkauft und es liege eine Anzeige gegen die Betreiberin des Shops vor. Auch eine Frau aus Suhlendorf habe eine Kaffeemaschine dort bestellt und bezahlt, doch die Ware nie erhalten. Und im Impressum stünde Claudia Pfister als Betreiberin des Shops – und auch ihre Adresse.

Claudia ist schockiert. »Das muss eine Verwechslung sein«, hört sie sich sagen. – »Davon gehen wir zum jetzigen Ermittlungsstand nicht aus. Es dürften deutschlandweit bald Anzeigen gegen die Shop-Betreiberin vorliegen«, sagt der Polizist ganz ruhig. Claudia ist empört, aber auch beunruhigt. Sie kann nicht glauben, was sie da hört. Denkt der Polizist etwa, sie sei eine Betrügerin? So selten ist ihr Name doch gar nicht. Es kann doch sein, dass eine andere Claudia Pfister gemeint ist. »Regen Sie sich bitte nicht auf. Ich nenne Ihnen nochmal die Adresse des Shops und dann schauen Sie dort mal ins Impressum«, schlägt der Polizist vor.

Claudia tippt mit klopfenden Herzen die Adresse in ihren Browser ein. Der Online-Shop zeigt edle Kaffeeautomaten, die Website sieht auf den ersten Blick seriös aus. Dann klickt sie ins Impressum. Dort findet sie tatsächlich ihre echte Anschrift und ihren Namen. Wie kann das sein?

»Ich habe mir schon gedacht, dass Sie nicht die Betreiberin dieses Shops sind«, sagt der Polizist. »Es scheint ein Fall von Internetkriminalität zu sein, Sie sind vermutlich Opfer eines Identitätsdiebstahls geworden.« Identitätsdiebstahl. Diesen Begriff hört Claudia zum ersten Mal. Das ist es also, was vor sich geht. »Sie müssen jetzt selbst zur Polizei gehen und Anzeige gegen Unbekannt erstatten. Die Staatsanwaltschaft Lüneburg wird in dem Fall die Ermittlungen leiten. Sie machen es den Kollegen einfacher, wenn es Ihrerseits schon eine Anzeige gibt. So verhindern Sie auch, dass gegen Sie ermittelt wird«, rät er. Und warnt: »Es könnte sein, dass Ihre Daten noch an anderen Stellen im Internet missbräuchlich auftauchen.«

Als Claudia aufgelegt hat, fühlt sie sich schlecht. Schlagartig hat sich ihr Leben verändert. Was bedeutet Identitätsdiebstahl? Was, wenn weitere Straftaten in ihrem Namen begangen wurden – kann sie dann etwa verhaftet werden? Claudia ruft ihren Mann an. »Auweia – wer weiß, woher die echten Täter deine Daten haben. Du hast doch keine Phishing-Mails bekommen, oder?«, fragt er besorgt. Claudia ist sich sicher, dass sie solche Mails, wenn denn mal welche in ihrem Postfach landeten, immer sofort gelöscht hat. Mit solchen gefälschten E-Mails, die den Empfängern falsche Tatsachen vorgaukeln und auf eine gefälschte

Internetseite führen, auf der die Opfer ihre persönlichen Daten eingeben sollen, fischen Kriminelle häufig Identitätsdaten ab. »Vielleicht wurde auch irgendeine Plattform gehackt, die du nutzt. Meistens kann man sich davor ja gar nicht schützen«, vermutet ihr Mann. Er beruhigt sie. Immerhin wissen sie nun, was vor sich geht, und können etwas dagegen unternehmen. Die Anzeige gehört als Erstes dazu. An diesem Tag aber kann Claudia nichts mehr erreichen, sie hat noch einen Geschäftstermin, danach muss sie die Kinder abholen. Am nächsten Tag will sie zur nächsten Polizeiwache gehen. So etwas macht man besser persönlich vor Ort, auch wenn es digital möglich ist.

Als die Kinder abends im Bett sind, recherchiert Claudia über Internetkriminalität und Identitätsdiebstahl – und stößt auf viele beunruhigende Geschichten von Menschen, die Opfer geworden sind. Immerhin ist Identitätsdiebstahl mittlerweile ein Massenphänomen. Sie erfährt, dass Identitätsdiebstahl und Identitätsmissbrauch zwei unterschiedliche Dinge sind.

Es kann gut sein, dass Menschen schon ganz lange Opfer eines Identitätsdiebstahls geworden sind, ohne davon überhaupt zu wissen. Denn in der Regel erfährt man erst bei einem Identitätsmissbrauch davon, dass persönliche Daten entwendet worden sind. Das passiert immer mehr Menschen – weltweit nehmen die Fälle zu. Und führt man sich vor Augen, wo überall personenbezogene Daten von Unternehmen, Behörden, Institutionen oder auch Staaten, Stichwort elektronischer Personalausweis, gespeichert, verarbeitet und anderen Stellen zur Verfügung gestellt werden, kann man eigentlich froh sein, wenn man selbst noch verschont geblieben ist. Denn mit der zunehmenden Digitalisierung und Erfassung unserer Daten, Profile – selbst Bewegungsprofile und biometrische Merkmale gehören dazu – steigt auch die Möglichkeit für einen Missbrauch dieser Daten. Immerhin gibt es täglich Angriffe auf Unternehmen. Unsere Daten sind nicht sicher, so viel steht fest.

Ein paar Zahlen für Deutschland verdeutlichen das: 75 Prozent der Internetnutzenden hierzulande sind laut einer Studie des Digitalverbands Bitkom schon Opfer von Cyberkriminalität geworden.[10] Das Bundeskriminalamt erfasst in seinem Lagebild Cybercrime ebenfalls seit Jahren einen kontinuierlichen Anstieg. Für das Jahr 2020 wurden mehr als 108 474 Straftaten dokumentiert[11]. Eine Studie der Unternehmensberatung PWC hatte schon im Jahr 2016 festgestellt, dass jede dritte Person in Deutschland von Datenmissbrauch betroffen war. Und die größte Auskunftei Deutschlands, die Schufa, geht davon aus, dass mindestens jeder fünfte Erwachsene in der Bundesrepublik Opfer von Identitätsdiebstahl geworden ist, Tendenz steigend. Bitkom schätzt, dass im Jahr 2021 allein durch Cyberattacken ein Schaden von 223 Milliarden Euro im Jahr in Deutschland entstanden ist – und nur 30 Prozent der Fälle werden aufgeklärt.[12]

Zu wissen, dass sie eine von vielen ist, beruhigt Claudia ein wenig. Allerdings unterscheiden sich die Fälle erheblich. Bei manchen ordern Kleinkriminelle vielleicht nur Konzertkarten und geben beim Kauf eine fremde Kreditkarte an, andere trifft es härter: Da kommt eine Kopie des Personalausweises abhanden und es werden zum Beispiel Handyverträge abgeschlossen, bei anderen werden Kontos eröffnet, Wohnungen angemietet oder sogar ein Auto angemeldet. Immer öfter werden Daten auch über sogenannte Fake-Immobilienanzeigen abgefischt, auf dem angespannten Immobilienmarkt verschicken viele Wohnungssuchende bereitwillig eine Kopie von ihrem Personalausweis.[13] Bei wieder anderen geben sich Pädophile für die betroffenen Opfer aus – ein Horror. Auch Betrugsmaschen wie Fake-Shops unter fremden Identitäten sind gängig. Da ist die Geschichte einer Gruppe klassischer Musikerinnen und Musiker, die von einem Modeunternehmen verklagt werden, weil sie angeblich gefälschte Markenwaren vertreiben. In einem anderen Fall ist die Liste der Straftaten, begangen in den USA, so lang, dass eine junge Deutsche bei einer New-York-Reise noch am Flughafen von den US-Behörden festgenommen wird. Und in wieder einem anderen Fall nutzen islamistische Terroristen Identitätsdaten eines österreichischen Professors mit arabischen Wurzeln für einen gefälschten Pass. Auch er erlebt ein unangenehmes Verhör an einem Flughafen in Kanada. Schnell ist den Behörden aber klar: Der Mann ist tatsächlich ein österreichischer Intellektueller auf Vortragsreise. Betroffen sind oft auch Prominente wie zum Beispiel der Schauspieler Axel Prahl, bekannt durch seine Rolle als Kommissar im »Tatort« aus Münster[14], und sogar Politikerinnen und Politiker trifft es häufig. Über diese Menschen findet man schließlich leicht persönliche Daten unverschlüsselt im Netz. 2018 gab es im Berliner Abgeordnetenhaus die Bestrebung für eine Bundesratsinitiative zur Bekämpfung von Identitätsdiebstahl, nachdem etliche Abgeordnete Opfer von Datenmissbrauch geworden waren.[15]

Claudias Fall aber ist besonders: Denn hier nutzen die Täter nicht nur den Namen, das Geburtsdatum und die Adresse einer realen Person. Sie sind auch im Besitz der Kreditkartennummer und dem Zugang zu einem vorhandenen Google-Ads-Konto. Das kommt selten vor und ist für die Täter ein Glücksfang.

Bei ihrer Recherche stößt Claudia auch auf einen Fall, der schon Jahre zurückliegt – aber Folgen bis in die Gegenwart hat. Auf der Infoseite www.identitaetsdiebstahl.info[16] informiert die Journalistin Tina Groll über das Phänomen. Sie wurde im Jahr 2009 selbst zum Opfer. Damals verwendeten Kriminelle ihren Namen und ihr reales Geburtsdatum, um damit Warenkreditbetrug in unzähligen Fällen zu begehen. Teure Mode, edle Haushaltswaren, wertvolle Elektrogeräte – bestellt wurde online bei Versandunternehmen, auf Rechnung. Weil die Täter offenbar wussten, dass ihre Zielperson einen hohen Bonitätsscore hatte, konnten sie ausgiebig shoppen. Die Ware wurde an eine Adresse geschickt, an der die echte Tina Groll natürlich nicht wohnte. Es handelte sich um eine extra dafür angemietete, billige und sonst leerstehende Wohnung. Strohmänner nahmen die Bestellungen an. Vermutlich wurden die Produkte später im Internet weiterverkauft, die Rechnung für die Waren bezahlten die Täter nie. Nach wenigen Monaten gaben die Kriminellen die angemietete Wohnung auf und beendeten den Datenmissbrauch. Denn als Tina Groll bekamen sie keine Waren mehr, sie war mittlerweile eine bundesweit gesuchte Schuldnerin und an der falschen Adresse trudelten nun unzählige Mahnungen und Inkassoschreiben ein – sogar Gerichtsvollzieher kamen vorbei, um Schulden einzutreiben. Irgendwann erging ein Haftbefehl gegen die Schuldnerin – ohne dass die echte Tina Groll irgendetwas ahnte. Kurz darauf wurde die falsche Tina Groll sogar in Abwesenheit verurteilt. Mit der richterlichen Entscheidung erging ein Eintrag ins Schuldnerregister, auf den Haftbefehl konnten nun auch Polizeibehörden anderswo zugreifen. Noch einmal schlugen die Täter zu: Gegenüber einigen Versandhäusern und den von ihnen beauftragten Inkassodiensten gaben sie sich als besorgte Nachbarn aus. In einem Brief behaupteten sie, eine Familie zu sein, bei der Tina Groll einige Monate gewohnt habe und ständig online Waren bestellt habe. Sie hätten zahlreiche Pakete angenommen und ihr ausgehändigt, irgendwann sei die junge Frau aber unbekannt verzogen. Dann verschwanden auch die Täter.

Die echte Tina Groll erfuhr erst Monate später von dem Datenmissbrauch. Ein Inkassodienst hatte akribisch recherchiert und die echte Person gefunden – und wollte nun horrende Schulden bei der Berliner Journalistin eintreiben. Andere Firmen folgten. Fast ein Jahr lang erhielt Groll täglich neue Rechnungen und Mahnungen, diesmal an ihre echte Adresse. Nur mit der Hilfe eines Anwalts, viel Öffentlichkeit und durch enormen Aufwand konnte sie wieder Herrin über ihr Leben werden.

Als Claudia die Geschichte liest, gruselt sie sich. Wird das auch in ihrem Fall so sein? Immerhin haben schon Opfer des Fake-Shops Anzeige gegen sie, die reale Claudia Pfister, gestellt. Kann auch sie in Abwesenheit verurteilt werden? Wofür muss sie eigentlich haften und welche Verantwortung trägt man für seine Daten? Tina Groll war lange damit beschäftigt, die falschen Daten, Haftbefehle und Einträge im Schuldnerregister löschen zu lassen, mit Richtern und Gerichten zu kommunizieren, die Ermittlungsbehörden zu informieren und immer neue Inkassodienste abzuwimmeln, die Geld von ihr haben wollten. Meist war wenig Zeit zu reagieren, ständig drohte eine Pfändung. Hätte sie in dieser Zeit selbst einen Kredit benötigt, wäre sie etwa selbstständig oder Arbeitgeberin gewesen, hätte das schnell existenzgefährdend werden können. Claudia ahnt, dass sie in den kommenden Wochen viel Stress haben wird. Und noch etwas besorgt sie: Die Berliner Journalistin schreibt, dass ihr vor allem die datenverarbeitenden Unternehmen Arbeit verursachten, weil sie die falschen Daten munter weiter verteilten. Kaum waren etwa miese Bonitätswerte an einer Stelle gelöscht, wurden wieder neue Schulden irgendwo eingetragen und bei den Vertragspartnern der Auskunfteien, von denen es damals gut 80 in Deutschland gab, übernommen. So wurde die Datenbereinigung zur Sisyphusarbeit. Jeden Abend verbrachte Groll daher Stunden am Schreibtisch. Immer musste sie alles rechtssicher dokumentieren, Hunderte von Einschreiben versenden. Die Portokosten und Anwaltskosten summierten sich zu hohen Beträgen auf. Am Ende, so das Fazit der Journalistin, wäre es für sie eigentlich finanziell günstiger gewesen, die von den Kriminellen angehäuften Schulden aus dem Warenkreditbetrug zu bezahlen.

Aber irgendwann hatte der Spuk ein Ende. Denn Grolls Identität war als gesuchte Schuldnerin ohne Bonität für die Kriminellen wertlos geworden. Vor den Kriminellen hatte sie daher nichts mehr zu befürchten, wohl aber von den geprellten Unternehmen. Denn einige hielten sich nicht an das Datenschutzgesetz und löschten die falschen Daten nicht vollständig. Das wurde Jahre später erneut zum Problem: Immer wieder tauchten alte, falsche Daten wieder auf und wurden erneut weiterverteilt. Die Bonität sank erneut, wieder drohte Ungemach, wieder verursachte die Bereinigung viel Arbeit.

Claudia atmet erst einmal tief durch. Was würde so etwas für ihre Selbstständigkeit und für die Familie bedeuten? Immerhin: Die Münchnerin muss im Jahr 2020 nicht mehr mit 80 Auskunfteien kommunizieren. Neben Schufa, Creditreform oder Bürgel gibt es nur noch knapp 20 solcher Unternehmen in Deutschland. Und sie bieten Opfern von Identitätsmissbrauch heute auch bessere Unterstützung an.

Claudia recherchiert auf der Seite der Polizei München. Hier findet sie viele nützliche Informationen für Opfer von Internetkriminalität[17]. Und sie erinnert sich, dass es auch eine Beratung gibt – denn an der Schule ihrer Kinder hatte vor einiger Zeit ein Informationsvortrag für Eltern stattgefunden. Redner war der frühere Interpol-Agent Cem Karakaya, der bei der Sicherheitsbehörde Bürgerinnen und Bürger berät, die Opfer geworden sind. Karakaya kennt sich als Cyberprofiler mit den Tricks der Täter aus. Neben seiner Arbeit für die Münchner Polizei hat er das Netzwerk Blackstone432 aufgebaut, bei dem Cyberprofiler und Ermittler, Detektive, IT-Forensikerinnen und Datenschutzanwälte tätig sind. Sie beraten nicht nur Unternehmen, sondern auch Privatpersonen sowie Behörden, Institutionen, Organisationen, Vereine und Schulen. Claudia erinnert sich, wie sie dem packenden Vortrag des Cyberprofis gelauscht und sich über die teils unglaublichen Geschichten wie etwa dem Identitätsdiebstahl von Tina Groll gegruselt hatte, der in Karakayas Vortrag auch vorkam. Damals hatte sie zudem gelernt: Auf ein langes, kryptisches Passwort kommt es an. Das hatte sie seither beherzigt. Auch darum möchte sie schnellstmöglich wissen, wie die Kriminellen an ihre Daten kamen.

Gleich am nächsten Morgen geht Claudia zur Polizei. Die Beamten nehmen ihre Anzeige auf. Doch aus dem Datenmissbrauch machen sie einen »Computerbetrug«. Claudia wundert sich darüber. Die Polizisten können auch ihre Frage, wer die betrügerische Seite des Kaffeemaschinen-Shops denn schnell vom Netz nehmen kann, nicht beantworten. Aber sie wissen immerhin, wer sich damit auskennt: Cem Karakaya. Und der ruft Claudia auch am gleichen Tag noch zurück.

Claudia ist erleichtert, dass Cem Karakaya, auch aufgrund seiner großen Erfahrung mit der Problematik, das Gespräch einfühlsam führt, alle Fragen beantworten kann und viele praktische Ratschläge hat.

Das Kernproblem an den meisten Fällen von Identitätsdiebstahl ist, dass ein Datenmissbrauch in Deutschland eigentlich kein richtiger

Straftatbestand ist. Das ist in vielen anderen Ländern auf der Welt mittlerweile anders, etwa in den USA, wo sogar schon einmal die amerikanische Schufa, der US-Zahlungsdienstleister Equifax, gehackt wurde. Bei dem Angriff kamen die Daten von fast 148 Millionen US-Amerikanerinnen und -Amerikanern abhanden.[18]

Weil in Deutschland personenbezogene Daten nicht als bewegliches Gut gelten, lässt sich nach deutschem Rechtsverständnis die Identität auch nicht stehlen – darum ist es so schwer, die Fälle überhaupt strafrechtlich zu verfolgen. Es können aber verschiedene andere Straftatbestände betroffen sein – Urkundenfälschung zum Beispiel, Nachstellung und falsche Verdächtigung, Ausspähen und Abfangen von Daten oder Fälschung beweiserheblicher Daten etwa. Leider wird aber nicht immer alles korrekt als Cybercrime erfasst, sondern zum Beispiel als Betrugsdelikt. Damit wandern die Fälle in der Polizeistatistik in die falsche Kategorie. Darum wird auch nur ein kleiner Teil der tatsächlichen Straftaten behördlich erfasst. Hinzu kommt, dass viele Opfer zunächst keinen Begriff davon haben, was überhaupt passiert und keine Anzeige erstatten. »Wenn jetzt Ihr Personalausweis zum Beispiel gestohlen wurde, wäre es einfacher«, erklärt Berater Karakaya. »Wenn, dann wurde der Pass ja physisch entwendet. Wenn Sie ihn aber noch haben und nur eine digitale Kopie davon missbraucht wird, ist es schwieriger. Opfer müssen in Deutschland nachweisen, dass sie tatsächlich Opfer geworden sind. Und das geht oft schlecht, wenn bloß Daten gestohlen wurden«, sagt Karakaya. Er rät Claudia auch zu forensischen Ermittlungen und einer rechtlichen Beratung durch einen Anwalt.

Claudia findet die Kontaktdaten des Münchner Anwalts Marc Maisch, der auf Datenschutzrecht spezialisiert ist und schon viele Opfer von Datenmissbrauch vertreten hat. Mit seiner Kanzlei vereinbart die Unternehmerin noch am gleichen Tag einen Termin.

Der Anwalt hat zum Glück rasch Zeit für sie. Claudia ist froh, als sie den dynamisch wirkenden Anwalt nur wenige Tage später persönlich trifft. Mit einem festen Händedruck und ruhiger Stimme begrüßt er das Kriminalitätsopfer. »Frau Pfister, kommen Sie rein«, sagt er und geleitet sie in einen großen Besprechungsraum. Dieser sei abhörsicher, erklärt Maisch. Dann bittet er sie, das Handy auszuschalten. »Reicht nicht der Flugmodus?«, fragt Claudia verunsichert. »Besser, Sie schalten das Gerät ganz aus«, insistiert der Anwalt. Noch wüssten sie nicht, womit sie es zu tun hätten.

Generell unterscheidet man drei Kategorien von Täterinnen und Tätern. Die einen sind Menschen, meist aus dem Umfeld der Betroffenen, denen es entweder um Rache oder Bereicherung geht. Die Opfer wissen oft, wer hinter der Tat steckt. Die zweite Gruppe sind Kleinkriminelle, oft ohne größere Hacker-Kenntnisse, die Identitätsdaten zum Beispiel im Darknet kaufen, um sich damit zu bereichern oder ihre eigene Identität zu verschleiern. Da aber anscheinend gut gemachte Webshops aufgebaut wurden, dazu noch Kreditkartendaten und Google-Ads-Konten genutzt werden, ist im Fall von Claudia wohl eher von der dritten Gruppe auszugehen: professionalisierte Kriminelle, möglicherweise ein ganzes Netzwerk, vielleicht sogar über mehrere Länder auf der Welt verteilt. »Die Täter werden dann nur schwer zu finden sein«, sagt Marc Maisch.

Claudia wird mulmig. Das Beratungsgespräch mit dem Anwalt zeigt ihr auf, welche Dimensionen ein Datenmissbrauch annehmen kann. Zum Beispiel, wenn Terroristen die persönlichen Daten missbrauchen und wie im Fall des österreichischen Professors unter falschen Identitäten durch die Welt reisen oder gar Anschläge verüben. Verheerend kann es auch sein, wenn Beschäftigte auf sogenannte Fake-President-Attacken oder CEO-Frauds hereinfallen und Millionen Euro im vermeintlichen Auftrag eines falschen Vorstandsvorsitzenden in Drittstaaten transferieren, sodass ein Unternehmen ruiniert ist[19]. Auch solche Fälle häufen sich, denn die Technik wird immer besser – Deepfake-Methoden und KI-Tools fälschen mittlerweile Bilder, Videos und Tonaufnahmen täuschend echt.

Immerhin: Der Anwalt kann Claudia beruhigen. »Terroristen dealen nicht mit Kaffeemaschinen und als freiberufliche Unternehmenscoachin stehen Sie auch nicht unbedingt im Mittelpunkt gezielter CEO-Fraud-Attacken, vermutlich können wir das Ganze bald stoppen«, sagt er. Um aufzuklären, wie die Daten entwendet wurden, welche überhaupt betroffen sind und um die Täter zu stoppen, empfiehlt Maisch ein sogenanntes IT-forensisches Gutachten in Auftrag zu geben. Damit lässt sich auch herausfinden, ob Daten von Claudias Kundinnen und Kunden mit abgefischt wurden. »Im Zweifel sind Sie nämlich als Unternehmerin sogar haftbar«, sagt der Anwalt. Eine Vorstellung, bei der es Claudia kalt den Rücken hinunterläuft. »Aber ich bin doch das Opfer ...?«, fragt sie entsetzt zurück. »Nach der Datenschutz-Grundverordnung sind Sie zu einer Selbstanzeige verpflichtet, wenn Kundendaten entwendet wurden. Sie müssen auch sämtliche Kunden schriftlich darüber informieren«, erklärt der Anwalt ruhig. Claudia überschlägt im Kopf die Anzahl der vielen Menschen, mit denen sie in den letzten Jahren geschäftlichen Kontakt hatte. Ihr wird schlecht. Marc Maisch ist mit seinen Ausführungen zur Rechtslage noch nicht fertig: »Sollten Kundendaten betroffen sein, steht den Betroffenen grundsätzlich auch ein Schadensersatzanspruch zu.« Es müsste dafür aber tatsächlich eine Verletzung von Datensicherheitsvorgaben nachgewiesen werden.

Claudia hat Ende 2019 noch Glück – zu dieser Zeit gibt es erst wenig gerichtliche Entscheidungen über einen Schadensersatz oder Schmerzensgeld nach einer Cyberattacke. Das ist seit Ende 2021 anders: Das Landgericht München sprach in einem Urteil dem Kunden eines Fintech-Unternehmens Schmerzensgeld in Höhe von 2500 Euro zu, nachdem dessen Daten bei einem Datenschutzvorfall an unbekannte Dritte gelangten.[20]

Nach dem Termin mit Marc Maisch steht für Claudia fest: Sie wird umgehend ein IT-forensisches Gutachten erstellen lassen. Das kostet zwar einen drei- bis vierstelligen Betrag, aber so viel ist die Unternehmerin bereit zu investieren. Claudia möchte wieder ruhig schlafen können. Außerdem will sie die Bankkonten ändern und ein sicheres E-Mail-Postfach anlegen.

In den nächsten Tagen verbarrikadiert sie sich im Büro, arbeitet bis spät in die Nacht hinein. Sie prüft Kontoauszüge und Abbuchungen und erstellt eine Übersicht, welche Einzugsermächtigungen sie an welche Dienste erteilt hat. In den vielen Jahren der Selbstständigkeit ist einiges zusammengekommen, sie muss ihren gesamten privaten und geschäftlichen Zahlungsverkehr der letzten Jahrzehnte durchfilzen. Und dann erst die ganze Kommunikation mit den Kundinnen und Kunden! Die alten Bankverbindungen zu ändern, dauert. Immerhin: Einige Dienstleistungen übernimmt die Bank für sie, auch die Kreditkarte ist schnell gelöscht. Bei zwei weiteren Kreditkarten, die von den Tätern bisher noch nicht genutzt wurden, lässt sie die hinterlegten Bankkonten ändern.

Außerdem beauftragt sie die IT-Forensikerin und OSINT-Expertin Rebecca Zinke. Ein IT-forensisches Gutachten hilft dabei, einen Cyberangriff aufzuklären. In der Regel brauchen Unternehmen so ein Gutachten, wenn sie einen Angriff auf ihre IT-Infrastruktur bemerkt haben. Expertinnen wie Zinke prüfen dann, wie die Täter vorgegangen sind, finden Schwachstellen und halten ihre Erkenntnisse gerichtsverwertbar fest. Der Job ist alles andere als einfach – im Grunde sind die IT-Forensikerinnen »gute« Hacker, denn sie müssen vorgehen wie echte Hacker und sind mit kniffligen rechtlichen Fragen konfrontiert, schließlich dürfen sie selbst mit Auftrag nicht in jedes System, Nutzerprofil oder E-Mail-Postfach eindringen.

An Adventsstimmung ist in diesen Tagen nicht zu denken. Immer neue Abbuchungen findet Claudia auf ihren Konten. Es sind überwiegend Konten betroffen, die sie nicht schnell ändern kann. Da haben zum Beispiel Telekommunikationsunternehmen auf einmal Einzugsermächtigungen und buchen mehrmals dreistellige Beträge ab, ein weiterer Handy-Anbieter will einen Vertrag mit Claudia fertigstellen und eine Lottofirma möchte ihre Kreditwürdigkeit bei der Schufa prüfen – zum Glück hat sie sich bei Deutschlands größter Auskunftei mittlerweile als Opfer von Identitätsdiebstahl eintragen lassen[21] und den Service für Identitätsschutz[22] gebucht. Für die Schufa ist es mittlerweile ein Geschäft, viele Dienstleistungen für Opfer von Datenmissbrauch anzubie-

ten, wie etwa in Echtzeit darüber zu informieren, sobald sich Änderungen am Datensatz ergeben oder ein Unternehmen eine Anfrage stellt.

Claudia hat in diesen Tagen mit einigen Problemen zu kämpfen. Einige Rückbuchungen erweisen sich als schwierig, denn die Kreditkartengesellschaft behauptet, sie habe sich doch gerade erst auf Englisch beschwert, dass die Abbuchungen nicht ausgeführt worden seien. Wieder muss Claudia sich identifizieren. Erst dann bekommt sie von dem Kartenanbieter eine E-Mail weitergeleitet – tatsächlich, hier beklagt angeblich sie sich darüber, dass keine Google-Anzeigen ausgeführt worden waren, obwohl ihr Konto ausreichend gedeckt gewesen sei. Verfasst wurde die E-Mail von einer Google-Adresse, gebastelt aus ihrem Namen und einer Zahl. Die echte Claudia kennt diese E-Mail-Adresse nicht, aber ist mindestens so empört wie der Verfasser dieser Fake-E-Mail. »What's next?«, fragt die falsche Claudia in der Mail. Was passiert als Nächstes? Die Nachricht muss von den Tätern geschrieben worden sein. Sie haben also keine Skrupel und machen einfach weiter, obwohl ihnen klar sein muss, dass die echte Claudia Pfister den Datenmissbrauch schon längst bemerkt hat und sich dagegen wehrt.

Mitte Dezember steht plötzlich ein kräftiger fremder Mann bei Pfisters vor der Tür. Claudia ist gerade oben, als ihr jüngster Sohn aufmacht. »Wo ist meine Kaffeemaschine?«, fragt der Stämmige und guckt verdutzt. Dass ihm ein Kind die Tür öffnet, hat er wohl nicht erwartet. – »Mama! Komm mal bitte!«, ruft der Junge. Claudia stürzt nach unten. Sind das jetzt Geldeintreiber, geprellte Kunden oder gar die Täter? Hoffentlich lässt der Mann ihren Sohn in Ruhe! Der Fremde vor der Tür wirkt verunsichert. »Hören Sie, ich verkaufe keine Kaffeemaschinen. Das ist ein Betrug! Das sind Kriminelle, die meinen Namen verwenden!«, faucht sie den Fremden an. Der Mann nickt. »Es tut mir leid, wenn Ihnen ein Schaden entstanden ist. Aber mein Schaden ist noch viel größer!«, fügt Claudia noch hinzu. Der Mann schaut immer noch verstört. Dann entschuldigt er sich. Ihm ist das Ganze einfach peinlich. Er sagt, er habe sich das schon fast gedacht, nachdem er nach seiner Bestellung keine Ware bekommen habe. Aber weil er selbst in München lebe und in der Nähe der im Impressum stehenden Adresse zu tun gehabt habe, wollte er der Sache nachgehen. Bevor Claudia noch überlegen kann, was sie alles von dem geprellten Shop-Kunden wissen möchte, hat er sich schon für den unangenehmen Besuch entschuldigt und ist gegangen.

Das Auftauchen des fremden Mannes vor ihrer Tür macht ihr Angst. Was, wenn noch andere kommen? Sie klebt ihren Briefkasten ab – der Name Claudia Pfister verschwindet, stattdessen steht ihr Mädchenname an der Tür, den sie nun für wichtige Kommunikation nutzt. Claudia hat ihre Identität verloren.

Seltsame Dinge geschehen auch in den darauffolgenden Tagen: Immer wieder klingelt das Telefon – da wollen Menschen aus dem Ausland jemanden sprechen, den Claudia nicht kennt. Oft versteht sie gar nichts. Was wollen diese Leute? Sind das weitere Betrugsopfer? Oder gar die Täter? Nein, wahrscheinlich nicht. Das hatte auch ihr Anwalt gesagt. »Sie werden die Täter vermutlich nie kennenlernen. Die werden nicht zu Ihnen nach Hause kommen – aber sie werden sehr wahrscheinlich auch nicht ermittelt werden können«, so die Einschätzung des Juristen. Die Aufklärungsquote sei gering, gerade dann, wenn die Täter nicht von Deutschland aus agieren.

Eine Woche vor Weihnachten hat Rebecca Zinke ihre Untersuchung abgeschlossen und legt einen 25-seitigen Bericht vor. Demnach wurde Claudias gesamte Entität – also ein umfassender Datensatz mit Namen, Geburtsdatum, Anschrift, E-Mail-Adresse, Passwörtern, Username und hinterlegten Zahlungsdaten – bei einem großen Hackerangriff auf die Designplattform Canva am 24. Mai 2019[23] *entwendet. Betroffen waren nach Angaben des australischen Unternehmens gut vier Millionen Konten von Nutzenden. Claudia ist also eine von sehr vielen. Ihre Daten wurden dann bei einem digitalen Container namens Pastebin veröffentlicht. Solche digitalen Container kommen eigentlich aus der Programmier-Szene: Entwicklerinnen und Entwickler teilen damit zum Beispiel Quellcodes für Webseiten und Anwendungen. Aber auch Whistleblower und Menschen, die unter unterdrückenden Regimen leben, sowie Journalistinnen und Journalisten nutzen diese Container, um Quellen zu schützen und brisante Informationen zu teilen. Weil man sie meist anonym ohne Anmeldung verwenden kann, sind sie auch für Hacker, die illegale Inhalte teilen wollen, sehr attraktiv. Dabei sind illegale Aktivitäten bei diesen Tools natürlich verboten.*

Unklar ist, wer Claudias Daten dort platzierte. Laut der IT-Forensikerin kann die Person aber nicht viel Geld damit gemacht haben – im Darknet bringen eine Million gehackte E-Mail-Adressen mit Passwörtern vielleicht 800 Euro. Was dann mit Claudias Daten geschah, belegt, dass es nicht nur ein Täter ist, sondern wohl mehrere. Dazu gehören jene, die hinter dem Canva-Hack stecken und andere, die die geklauten Daten für den betrügerischen Kaffeemaschinen-Shop erworben haben. Es sind also für Claudia völlig fremde Personen, denen es egal ist, was sie Claudia mit dem Datenmissbrauch antun. Arme Würstchen, denkt Claudia in diesem Moment. Sie beginnt, die Täterinnen und Täter mit anderen Augen zu sehen, nicht als übermächtige Personen, sondern als Menschen, die auf legalem Weg offenbar keine Chance sehen, ihren Lebensunterhalt zu verdienen.

Was aus dem IT-Gutachten auch hervorgeht: Die Täter haben ein altes E-Mail-Postfach von Claudia gehackt und sind so in den Besitz von mindestens 8000 E-Mails gelangt. Private und berufliche, sogar eine Kopie ihres Reisepasses muss darunter gewesen sein. Wer die Daten auswertet, weiß, wie Claudia Pfister denkt, wie sie fühlt, worüber sie sich ärgert. Er kennt ihre Vorlieben und Abneigungen, ihre Wünsche und Träume. Und noch viel schlimmer: Man erfährt auch sehr viel über ihre Kinder. Es fühlt sich an wie ein Einbruch – eine unsichtbare Gewalttat.

In den Tagen darauf ist Claudia angespannt. Die Ermittlungen haben zwar Aufklärung gebracht, aber das Wissen über den Tathergang hat auch ihr Sicherheitsgefühl erschüttert. »Ich fühle mich beobachtet«, sagt Claudia abends ihrem Mann. Eigentlich wollten beide endlich einmal wieder entspannen. Die Kerzen auf dem Adventskranz flackern, sie haben eine Flasche Rotwein aufgemacht, von draußen fällt etwas Licht der weihnachtlich dekorierten Nachbarhäuser herein. Claudia möchte die Afrikareise lieber stornieren. Traurigkeit, ein schlechtes Gewissen den Kindern gegenüber und Wut vermischen sich. Die Familie hätte diesen Urlaub doch bitter nötig. Claudia seufzt. Aber was ist, wenn unter-

dessen weitere und schlimmere Straftaten in ihrem Namen begangen werden? Was, wenn in Südafrika schon gegen sie ermittelt wird? Kann sie es riskieren, jetzt ins Ausland zu fliegen? Ihr Anwalt hatte auch gesagt, dass sich ein Identitätsdiebstahl lange hinziehen kann und oft schnelles Reagieren erforderlich ist. »Diese Ungewissheit ist so quälend«, sagt sie. Ihr Mann seufzt, nimmt sie in den Arm. »Dann verschieben wir die Reise, Liebling. Wir fliegen in ein paar Monaten oder nächstes Jahr«, sagt er. »Und jetzt gönnen wir uns diesen guten Rotwein.«

Am nächsten Morgen meldet sich Rebecca Zinke erneut. Sie hat zwei weitere Fake-Shops entdeckt – im Impressum: Claudias Daten, auch die Domains laufen auf sie. »Ich sage es nicht gern, aber die sind gut gemacht«, sagt die IT-Forensikerin. Einer läuft unter der Domain technikkiste24.com und verkauft unter anderem Parfüms, ein weiterer mit der Domain yourhandy.de vertreibt angeblich Mobiltelefone. Claudia ist sauer. Zinke verweist auf das kleine Schloss-Symbol vor der URL. Es zeigt an, dass die Shops jeweils ein SSL-Zertifikat haben sollen, also vermeintlich sicher sind. Das SSL-Zertifikat signalisiert, dass der Datentransfer zwischen Server und Browser verschlüsselt ist. Die Zertifikate enthalten außerdem Informationen über die Betreibenden der Website. Bei echten Shops ist das wichtig, um sichere Zahlungen ermöglichen zu können. Viele Nutzerinnen und Nutzer achten daher auf das Zertifikat. Im Fall der Fake-Shops fehlen die Informationen über den Betreiber jedoch, schon das ist eine Straftat. Rebecca Zinke hat außerdem herausgefunden, dass einer dieser Shops von einem niederländischen Anbieter registriert worden war – in Panama, wo die europäischen Datenschutzgesetze natürlich nicht gelten. Zinke weiß mittlerweile auch, dass alle Betrugsseiten die freie Verschleierungssoftware Cloudflare nutzen. Die Täter haben also versucht, ihre Spuren zu verwischen. Dennoch findet die Ermittlerin Datenspuren, die sie – schon wieder – in die Niederlande zurückverfolgen kann. Dort sitzen aber wohl nicht die echten Täter, sondern allenfalls eine Art Finanzagent. Der Name eines Mannes taucht in allen drei Fällen auf und auch eine Telefonnummer.

»Ist das etwa der Täter?«, möchte Claudia wissen. »Nein, das ist vermutlich jemand, der einfach nur Transaktionen tätigt. Die Leute wer-

den oft im Nebenerwerb angestellt, quasi ein Minijob. Sie wissen meistens nicht, dass sie in etwas Illegales verwickelt sind, sondern denken, sie tätigen Überweisungen ins Ausland für seriöse Unternehmen«, erklärt die Forensikerin. »Und wohin ins Ausland?«, will Claudia nun wissen. »In die Slowakei. Ich vermute, dass die echten Täter dort sind. Aber da ist noch mehr …«, sagt Zinke. Claudia weiß gar nicht, ob sie es gleich hören will. »Die Seite yourhandy.net steht mit gut 200 co-gehosteten Seiten in Verbindung. Das sind verlinkte URLs, Unterseiten, Links, IP-Adressen. Viele führen zu Pornoseiten oder Instagram-Accounts, die genauso heißen wie der falsche Handyshop«, erklärt die IT-Forensikerin. »Wer die Fake-Shops oder die damit in Verbindung stehenden Seiten besucht, wird offenbar doppelt geschädigt. Man kauft Produkte, die es nicht gibt und wird um das Geld geprellt und sehr wahrscheinlich wird der Rechner noch mit Schadware infiziert.« Sprich: Die Täter können mit Schadware zum Beispiel den Computer der Nutzer auslesen – und deren persönliche Daten abfischen.

Claudia kann vermutlich nur wenig tun, um die Täter zu stoppen, lautet das Fazit der IT-Spezialistin. Denn die Täter agieren aus dem Ausland – irgendwo zwischen den Niederlanden, der Slowakei und Panama und die deutschen Behörden ermitteln nur innerhalb der nationalen Grenzen. Aber es gibt Hoffnung: Da die Kriminellen offenbar ein Netz an weiteren Betrugsseiten und Phishing-Seiten aufgebaut haben, könnte es sein, dass Claudias Daten irgendwann wertlos werden – spätestens, wenn ihr Name ganz klar mit Identitätsdiebstahl verbunden ist. Aus diesem Grund sollten Opfer von Identitätsdiebstahl immer dafür sorgen, dass öffentlich bekannt wird, dass sie nicht die Straftäter sind.

An den Weihnachtstagen wird es etwas ruhiger. Es wird weder Post zugestellt, noch melden sich Banken oder Kreditkartengesellschaften. Und es tauchen auch keine weiteren Unbekannten mehr vor der Haustür der Pfisters auf. Claudia kann endlich in Ruhe nachdenken. Sie liest in dieser Zeit auch noch einmal die Artikel von Tina Groll, deren Identitätsdiebstahl zu dieser Zeit zehn Jahre zurückliegt.

Die Journalistin kämpfte lange gegen die Folgen des Identitätsdiebstahls – in ihrem Fall Warenkreditbetrug im großen Stil. Der Grund war der Datenhandel zwischen Schufa und den geprellten Unternehmen und weiteren Geschäftspartnern, die für ein regelrechtes Datenknäuel aus fiktiven und echten Daten sorgten. So sehr sich Groll bemühte, dass die gespeicherten Daten bereinigt wurden – immer wieder tauchten irgendwo wieder falsche auf, häufig, ohne dass Groll davon wusste. Sie musste erst zeitaufwendig recherchieren, wer welche Daten über sie speicherte und Vertragspartnern zur Verfügung stellte. Aber selbst wenn sie bei den Firmen um Löschung der falschen Daten bat, geschah das oft nicht sofort. Also musste sie das Ganze juristisch erzwingen. Das kostete Zeit, Geld und Nerven. Aktenberge stapelten sich bei der Journalistin, stundenlang saß sie über einer komplexen Tabelle, in der sie festhielt, wer was gespeichert und weitergegeben hatte, wer schon gelöscht hatte und wer nicht. Rund 800 Arbeitsstunden kamen auf diese Weise zusammen. Doch irgendwann war es geschafft: Es trudelten weder neue Mahnschreiben bei der Journalistin ein, noch musste sie irgendwo erreichen, dass falsche Daten gelöscht wurden. Irgendwann hatte sie ihre Identität zurück.

Claudia Pfister seufzt, als sie die Artikel[24] liest. Allerdings hielt das unbeschwerte Leben auch bei Groll nicht so lange an. Bis heute wird die Berlinerin immer mal wieder von den missbrauchten Daten verfolgt.

Zum ersten Mal erlebt Groll das fünf Jahre später, als vermeintlich längst gelöschte falsche Daten und Altforderungen bei nicht nur einem Unternehmen quasi »wiederbelebt« werden. Seitdem tauchen die falschen Daten wie Zombies immer mal wieder auf, werden erneut gehandelt und verbreitet. Groll bemerkt das Ganze jedoch schnell: Sie nutzt den Schufa-Update-Service, der bei jeder Änderung der Daten Alarm schlägt.

Zum Jahresbeginn hat die Ruhe bei Claudia ein jähes Ende: Die Staatsanwaltschaft München meldet sich und teilt ihr mit, dass das Ermitt-

lungsverfahren gegen die unbekannten Täter eingestellt werde, weil die Kriminellen bisher nicht ermittelt werden konnten. »Sollte der Täter im Verlauf weiterer Ermittlungen bekannt werden, so erhalten Sie Mitteilung«, heißt es in dem Schreiben. Nachdem sie den Amtsbrief gelesen hat, fühlt sich Claudia im Stich gelassen.

Dass Verfahren so schnell eingestellt werden, kommt leider häufig vor, denn die Erfolgsaussichten sind gering. Die Aufklärungsquote ist dennoch nicht klein. Laut BKA liegt sie bei knapp 30 Prozent.[25]

Ende Januar der nächste Schlag: Von einem alten Sparkassenkonto werden mehrere Tausend Euro abgebucht – von Google. Wieder wurden mit dem Geld Werbeanzeigen bei dem Internetkonzern bezahlt, obwohl ihr Account doch schon vor Wochen gesperrt worden war. Zugleich ist der Kaffeemaschinen-Shop nicht mehr online, die Website wurde offenbar vom Netz genommen. Für was wurden also Anzeigen geschaltet? Claudia kann es nicht herausfinden, denn bei Google erreicht sie niemanden mehr. Statt mit echten Menschen kommuniziert sie mit einem Bot. In den automatisierten Antworten versichert ihr der Konzern, dass das »Legal Team« Bescheid wisse – mehr Informationen erhält sie nicht.

Entnervt lässt sie das Geld wieder zurückbuchen. Soll Google doch auf dem Schaden sitzen bleiben! Warum bietet ein globaler Konzern wie Google nicht mehr Unterstützung für die Opfer von Datenmissbrauch an, fragt sich die Coachin. Anwalt Marc Maisch legt derweil gegen die Einstellung des Ermittlungsverfahrens in München Beschwerde ein. Kurz darauf meldet sich erneut die Polizei bei Claudia. Diesmal ist es ein Beamter aus ihrer Heimatstadt München. Es ist Ende Januar 2020, in den Medien tauchen zu dieser Zeit erste Berichte über eine gefährliche Lungenkrankheit in China auf. Mediziner vermuten, dass ein neuartiges Virus dahinterstecken könnte. Der Münchner Polizist teilt Claudia mit, dass Anzeigen gegen sie eingegangen seien – sie würde über die Website yourhandy.net Mobiltelefone verkaufen, mehrere Kundinnen und Kunden hätten diese bezahlt, aber nie bekommen. Es könnten Hunderte Anzeigen werden, die Schadenssumme belaufe sich schon jetzt auf einen vierstelligen Betrag. Claudia kennt das Ganze schon, sie seufzt und erzählt dem Polizisten ihre Geschichte. »Wenn Sie unschul-

dig sind, sollten Sie Anzeige erstatten«, rät dieser ihr. Die 50-Jährige lacht. »Wissen Sie was? Das habe ich schon getan. Beim letzten Mal waren es Kaffeemaschinen. Und wissen Sie noch etwas? Die Staatsanwaltschaft hat das Verfahren nach wenigen Wochen eingestellt«, erklärt sie dem Beamten. Den wundert das nicht. »Ich kann Ihren Ärger nur zu gut verstehen«, sagt er mitfühlend.

Bald hat Anwalt Maisch Neuigkeiten. »Ich habe herausgefunden, dass die Staatsanwaltschaft in Niedersachsen das IT-forensische Gutachten gar nicht erhalten hat«, erzählt er. »Da das Gutachten ja zeigt, dass es einen Täter in den Niederlanden gibt und ein Netzwerk mit mehreren Hundert Internetseiten aufgebaut wurde, könnte es doch noch Hoffnung geben, dass die Ermittlungen weiterlaufen«, sagt er. Claudia ist mittlerweile skeptisch.

Ende Februar verfügt die Generalstaatsanwaltschaft in München, dass das Ermittlungsverfahren endgültig eingestellt wird. Man sehe einfach keine »erfolgversprechenden Ermittlungsansätze«, heißt es in der Mitteilung. Zudem sei der finanzielle Schaden auch nicht groß genug gewesen, Ermittlungen im Ausland seien nicht verhältnismäßig. Das IT-forensische Gutachten, immerhin, wurde mittlerweile zu den Akten genommen.

Ende Februar gibt es die ersten Infektionen mit dem neuartigen Corona-Virus im Kreis Heinsberg in Nordrhein-Westfalen[26]. Schnell greift das Virus um sich, bald werden erste Tote gemeldet. Am 22. März 2020 tritt der erste Corona-Lockdown in Deutschland in Kraft – die Welt hat nun ein anderes Thema, das sie bestimmt. Und mit dem Lockdown kommt auch Claudias Leben zum Stillstand. Komischerweise auch das Leben der betrügerischen Claudia Pfister. Es gibt keine seltsamen Abbuchungen mehr von ihren Konten, niemand stellt mehr Anzeige gegen sie, im Netz sind keine Betrugsshops mehr zu finden, die auf ihren Namen laufen. Der Spuk ist so jäh vorbei, wie er begonnen hat. Die Münchnerin hat ihr Leben zurück – ein Leben in einer »neuen« Normalität.

Die Bilanz nach mehreren Monaten Identitätsmissbrauch: Fast ein halbes Jahr drehte sich alles um die Tat. Sechs Monate lang konnte sie so gut wie nicht arbeiten, immerzu war sie mit der Schadensbekämp-

fung beschäftigt. Entsprechend groß sind unterm Strich die finanziellen Einbußen, hinzu kommen die tatsächlich entstandenen Kosten für den juristischen Beistand und das IT-forensische Gutachten. Auch die psychischen Belastungen waren und sind noch lange groß. Die Tat hat Spuren bei der ganzen Familie hinterlassen. Claudias Söhne surfen nicht mehr unbeschwert im Netz, sind zurückhaltend, wenn es um ihre Daten geht. Und alle schrecken noch immer auf, wenn eine unbekannte Person vor der Tür steht.

Und so wie Tina Groll auch 15 Jahre nach dem Identitätsdiebstahl mit einem unguten Gefühl zum Briefkasten geht, hat Claudia Pfister nach wie vor ein gespaltenes Verhältnis zu Kaffeemaschinen: Für die Opfer von Identitätsdiebstahl und Identitätsmissbrauch sind oft vermeintlich neutrale Dinge für immer mit dem Gefühl des Ausgeliefertseins und der Fremdbestimmung verknüpft. Und das ist alles andere als lustig.

»Ich hätte jedes Mal laut schreien können« – ein Gespräch unter Opfern

Opfer von Identitätsdiebstahl fühlen sich häufig alleingelassen. Ein Datendiebstahl ist nicht sichtbar und hinterlässt oft keine greifbaren Schäden. Dennoch haben die Opfer Gewalt erfahren. Besonders belastend finden es viele, dass häufig der Eindruck erweckt wird, die Opfer hätten nicht gut auf ihre Daten aufgepasst oder seien leichtsinnig gewesen. Das muss sich ändern, finden Tina Groll und Claudia Pfister. Ein Gespräch unter Opfern von Identitätsmissbrauch.

Tina Groll: Claudia, kannst du diese Frage noch hören: »Wie konnte denn das passieren?«

Claudia Pfister: Nein. Ich habe da oft das Gefühl, dass die Menschen denken, Opfer von Identitätsdiebstahl seien selbst schuld. Aber das stimmt nicht. Ich habe kryptische Passwörter benutzt, die ich regelmäßig änderte. Ich habe mich regelmäßig über Präventionsmaßnahmen informiert. Als Selbstständige, die mit Daten von Kundinnen und Kunden zu tun hat, habe ich alles unternommen, was empfohlen wird. Und trotzdem kamen meine Daten in falsche Hände, weil eine Plattform gehackt wurde, bei der ich wiederum Kundin war. Wie reagierst du denn auf diese Frage?

TINA: Es gab Zeiten, da hätte ich jedes Mal laut schreien können, wenn mich jemand das gefragt hat. Viele Menschen sind fest überzeugt, sie könnten kein Opfer von Cybercrime werden, weil sie ja alles richtig machen. In Wahrheit aber wissen viele nicht, dass sie bereits Opfer geworden sind und ihre Daten entwendet wurden.

CLAUDIA: Ich bin durch die Tat noch viel vorsichtiger geworden, die ganze Familie eigentlich. Heute sehe ich mich auch als Aufklärerin. Indem ich Menschen von meinen Erfahrungen erzähle, kann ich vielleicht andere davor bewahren, dass sie zum Opfer werden. Auch wenn ich gerne darauf verzichtet hätte, mich mit einem Identitätsdiebstahl beschäftigen zu müssen.

TINA: Opfer von Identitätsdiebstahl werden schnell zu Experten. Ich habe kurz nach der Tat die Website www.identitaetsdiebstahl.info[27] erstellt, um anderen zu helfen und zu informieren. Bis heute melden sich Betroffene bei mir. Was mich erstaunt ist, dass ein Identitätsmissbrauch jedes Mal anders ist, obwohl die Masche ähnlich ist. Es geht entweder um Warenkreditbetrug wie in meinem Fall oder gewerbsmäßigen Betrug wie in deinem Fall, oft auch in Verbindung mit weiteren Phishing-Attacken, um noch mehr Daten einzusammeln. Ich erinnere mich noch an einen Fall, da wurde unter dem Namen eines Lehrers aus Süddeutschland ein Rezepte-Blog betrieben. Die Rezepte waren gut, die Seite war tatsächlich informativ, es gab einen Newsletter, den die Leserinnen und Leser abonnieren konnten. Kochrezepte haben sie aber nie bekommen, stattdessen wurden ihre Daten abgefischt. Ich habe mich gewundert, warum die Kriminellen diesen Aufwand betrieben haben und die Identität einer realen Person nutzten – sie hätten seine Daten für das Impressum überhaupt nicht gebraucht. Der Lehrer vermutete, dass vielleicht ehemalige Schüler dahintersteckten. Vielleicht ging es da auch ein Stück weit um Rache.

CLAUDIA: Ich habe in meinem Fall vieles nicht verstanden. Aber als Opfer erfährt man ja auch nur einen Teil der Wahrheit, es wird nicht alles aufgeklärt. Zum Beispiel weiß ich nicht, ob es dieselben Täter waren, die hinter der Kaffeemaschinen-Seite und hinter der Handy-Seite steckten oder ob es verschiedene waren. Ich habe irgendwann aufgehört, alles verstehen zu wollen, um meinen Frieden zu haben.

TINA: In meinem Fall wurden die Täter nie gefasst, aber die Polizei wusste immerhin, dass es sich um ein Netzwerk gehandelt hat, das noch andere Straftaten verübte. Insofern kann ich froh sein, dass »meine« Täter unter meiner Identität auf Einkaufstour gegangen sind. Bis heute spreche ich von »meinen« Tätern. Wie ist das bei dir?

CLAUDIA: Ich habe gar keine Emotionen gegenüber diesen Personen, Ich bin da mittlerweile neutral.

TINA: Aber warst du nicht wütend? Gab es nicht diesen Moment, als du dir vorgestellt hast, was du diesen Menschen sagen würdest, sollten sie mal gefasst werden?

CLAUDIA: Mir wurde sehr schnell klar, dass die Polizei sie nie finden würde, weil das erste Verfahren so schnell eingestellt worden ist.

TINA: Das war bei mir anders. Vielleicht, weil 2009 so ein Fall von Internetkriminalität noch neu war. Die Ermittlungsbehörden haben das Ganze ernst genommen und lange ermittelt. Ich habe damals als Journalistin selbst über meinen Fall geschrieben und es gab einiges an Medienberichterstattung. Die Polizei hatte sich sogar Zeit für ein Interview mit einem Fernsehsender genommen. Insofern fühlte ich mich als Kriminalitätsopfer gut vertreten. Das war wichtig für mein Sicherheitsgefühl, es hat mein Vertrauen in den Rechtsstaat gestärkt. Die Polizei habe ich als Freund und Helfer wahrgenommen.

CLAUDIA: Diesen Eindruck hatte ich zwar auch, dass alle Beamtinnen und Beamten sehr zugewandt waren. Aber zugleich kamen mir die Behörden hilflos vor angesichts des heutigen Ausmaßes an Internetkriminalität. Wir brauchen bessere gesetzliche Rahmenbedingungen. Wenn das Strafrecht und die Strafermittlung an den nationalstaatlichen Grenzen endet, während Cybercrime zwischen Kontinenten hin- und herspringt, hilft das überhaupt nicht.

TINA: Es ist leider immer noch so, dass die Ausstattung nicht ausreichend ist. Das schmerzt auch die Ermittlungsbehörden.

CLAUDIA: Was hat sich denn nach deinem Eindruck in den letzten 15 Jahren verbessert oder verändert?

TINA: Die Fallzahlen sind stark gestiegen, die Taten haben sich verändert. In meinem Fall haben die Täter noch echte Waren gekauft und diese später weiterverkauft – sie hatten richtig Arbeit damit. Heute sind die Maschen viel raffinierter, wie auch dein Fall zeigt. Da wird virtuell Geld verdient, da werden gleich Tausende abgezockt. Privatpersonen stehen nicht mehr so im Fokus, sondern eher Unternehmen, auch wenn solche Angriffe viel aufwendiger sind, da die Wirtschaft digital nachrüstet. So gut wie jeder Beschäftigte erhält heute IT-Sicherheitstrainings, weil Firmen erkannt haben, dass vor allem die Mitarbeitenden ein Einfallstor sind. Die Präventionsmöglichkeiten und im Schadensfall die Möglichkeiten zur Abwehr und Verteidigung sind viel besser geworden.

CLAUDIA: Was meinst du damit?

TINA: Heute gibt es Cybercrime-Dezernate bei der Polizei, jede Landespolizei hat ein umfangreiches Informationsangebot. Die Verbraucherzentralen und der Weiße Ring kümmern sich um Opfer von Cybercrime. Es gibt Trainings für die verschiedensten Zielgruppen und immer bessere technische Maßnahmen zum Schutz. Banken, Versicherungen und viele weitere Dienstleister haben unterschiedliche Angebote zum Identitätsschutz, im Schadensfall kann man auf eine große Infrastruktur zurückgreifen. Identitätsschutz ist sogar bei vielen Hausratversicherungen abgedeckt.

CLAUDIA: Das ist gut. Aber dennoch hält sich bei vielen Menschen die Vorstellung, dass sie mit einem kryptischen Passwort und Zwei-Faktor-Authentifizierung allein geschützt wären.

TINA: Verhindern kann man Kriminalität damit aber nicht. Im Darknet gibt es Marktplätze, auf denen die Kriminellen solche Datensätze verkaufen. Die kosten nicht viel.

CLAUDIA: Ich finde das Ganze immer noch unbegreiflich. Bis heute weiß ich nicht, wer meine Daten alles abgegriffen hat. Wer damit vielleicht den nächsten Coup plant.

TINA: Die Ohnmacht kenne ich gut. Es ist eine unsichtbare Bedrohung. Man kann Internetkriminalität nicht anfassen. Man kann den Schaden oft nicht einmal quantifizieren, weil man das gesamte Ausmaß nicht kennt, weil man über den Schaden immer nur zeitversetzt und scheibchenweise Kenntnis erlangt.

CLAUDIA: Bei einem Wohnungseinbruch werden viele Menschen auch traumatisiert. Zu wissen, dass eine fremde Person die eigene Wohnung betreten hat, ist eine Gewalterfahrung. Beim Identitätsdiebstahl ist es ähnlich.

TINA: Aber heute finden Opfer Hilfe zum Beispiel beim Weißen Ring. Ich habe mich im Jahr 2009 entsetzlich allein gefühlt, als es noch nichts gab.

CLAUDIA: Was hältst du eigentlich von den vielen Angeboten zum Identitätsschutz?

TINA: Vieles ist überdimensioniert und teuer. Ich habe einmal die gängigen Versicherungsprodukte für Verbraucherinnen und Verbraucher verglichen. Mein Eindruck war, dass man genau prüfen sollte, was da versichert wird, was es kostet und ob das im konkreten Fall sinnvoll ist. Manchmal ist das Geld besser für ein Cybersecurity-Training investiert oder einen Passwortmanager sowie eine blickdichte Folie für die eigenen Geräte.

CLAUDIA: Ich finde es wichtig, dass allen Menschen klar sein muss, dass es keinen 100-prozentigen Schutz vor Kriminalität gibt.

TINA: Das würde ich sofort unterschreiben. Eine Frage habe ich noch an dich – wie hat dich der Identitätsdiebstahl verändert?

CLAUDIA: Mir ist klar geworden, dass man auch seine digitale Identität, bestehend aus den vielen persönlichen Daten, gut beschützen muss. Ich habe auch über den Identitätsbegriff neu nachgedacht.

TINA: Ich fand es spannend, dass du zwischendurch wieder deinen Mädchennamen verwendet hast. Auch ich hatte zwischenzeitlich überlegt, den Namen zu wechseln. Irgendwann habe ich aber

Kampfgeist entwickelt: Ich wollte, dass mein Name wieder reingewaschen wird. Daher habe ich von allen Firmen verlangt, die falschen Daten zu löschen. Dass wir nach der Datenschutz-Grundverordnung ein generelles Auskunftsrecht haben, uns also regelmäßig eine Selbstauskunft zusteht, wer welche Daten über uns gespeichert hat, finde ich wichtig. Viele Menschen wissen nicht, wie gut das europäische und vor allem das deutsche Datenschutzrecht ist.

CLAUDIA: Ist es bei dir später noch einmal zu einem Datenmissbrauch gekommen?

TINA: Zum Glück nicht, aber ich habe immer noch Angst davor und verwende daher kryptische, mindestens 13-stellige Passwörter, die ich regelmäßig wechsle. Ich habe überall die Zwei-Faktor-Authentifizierung eingeschaltet und versuche, mit Daten sparsam zu sein. Eine Firewall und regelmäßige Updates sind ebenso selbstverständlich wie Dokumente auf Papier bei Vernichtung zu schreddern und darauf zu achten, dass meine Bildschirme nicht offen einsehbar sind. Und ich nehme regelmäßig an Cybersecurity-Trainings teil und verfolge mit einem Google-Alert die News zum Thema Internetkriminalität und Identitätsdiebstahl. Und wenn doch wieder etwas passiert, weiß ich ja mittlerweile, wie ich mich wehren kann.

Checkliste: 20 Tipps, wie Sie sich vor Identitätsdiebstahl schützen können

1. **Sichere Passwörter:** Verwenden Sie starke und einzigartige Passwörter für alle Ihre Konten. Nutzen Sie einen Passwortmanager, um sie sicher zu speichern.
2. **Zwei-Faktor-Authentifizierung:** Aktivieren Sie, wenn möglich, die Zwei-Faktor-Authentifizierung (2FA) für Ihre Onlinekonten.
3. **Virenscanner:** Installieren Sie eine vertrauenswürdige Antivirus-Software auf Ihren Geräten und halten Sie diese aktuell.

4. **Phishing vermeiden:** Seien Sie vorsichtig bei der Interaktion mit verdächtigen E-Mails, Textnachrichten oder Anrufen. Klicken Sie nicht auf Links oder Mailanhänge, die Sie nicht erwartet haben.
5. **Firewall:** Stellen Sie sicher, dass eine Firewall auf Ihren Geräten aktiv ist.
6. **Sichere WLAN-Verbindungen:** Verwenden Sie nur sichere und vertrauenswürdige WLAN-Netzwerke, insbesondere beim Zugriff auf sensible Informationen.
7. **VPN:** Ein virtuelles privates Netzwerk (VPN) kann dazu beitragen, Ihre Online-Aktivitäten zu verschlüsseln und Ihre Daten zu schützen.
8. **Aktuelle Software:** Halten Sie Ihre Betriebssysteme und Anwendungen stets auf dem neuesten Stand.
9. **Soziale Medien:** Seien Sie vorsichtig mit den Informationen, die Sie in sozialen Medien teilen. Cyberkriminelle können diese Informationen verwenden, um Ihre Identität zu stehlen.
10. **Kreditberichte (Selbstauskunft, Bonitätsscores etc.) überwachen:** Überprüfen Sie regelmäßig Ihre Kreditberichte auf ungewöhnliche oder verdächtige Aktivitäten.
11. **Datenschutzeinstellungen:** Überprüfen und aktualisieren Sie regelmäßig Ihre Datenschutzeinstellungen auf allen Plattformen und Anwendungen.
12. **Sichere Zahlungsmethoden:** Verwenden Sie sichere Zahlungsmethoden wie Kreditkarten anstatt Debitkarten, da diese oft besseren Schutz gegen Betrug bieten.
13. **Vertrauenswürdige Quellen:** Laden Sie Apps und Software nur von vertrauenswürdigen Quellen herunter.
14. **PIN-Codes:** Verwenden Sie PIN-Codes, um Ihre Geräte zu sperren und zusätzliche Sicherheit zu gewährleisten.
15. **Persönliche Dokumente:** Bewahren Sie persönliche Dokumente wie Ihren Pass und Ihre Sozialversicherungskarte sicher auf.
16. **Bank- und Kreditkartenauszüge:** Überprüfen Sie regelmäßig Ihre Bank- und Kreditkartenauszüge auf verdächtige Transaktionen.

17. **Shreddern von Dokumenten:** Zerstören Sie alle Dokumente mit persönlichen Informationen, bevor Sie sie wegwerfen.
18. **Spamfilter:** Verwenden Sie Spamfilter für Ihre E-Mails, um Betrugsversuche abzufangen.
19. **Persönliche Informationen schützen:** Geben Sie Ihre persönlichen Informationen nicht an unbekannte oder nicht vertrauenswürdige Quellen weiter.
20. **Schulungen zur Cybersicherheit:** Bilden Sie sich weiter und bleiben Sie über die neuesten Betrugsmethoden und Schutzmaßnahmen auf dem Laufenden.

Kapitel 2

Lassen Sie Ihre Identität nie unbeaufsichtigt: Neue Phänomene von Internetkriminalität

Die Methoden der Täter werden raffinierter: Die Kriminellen kopieren täuschend echt seriöse Anbieter bestimmter Dienstleistungen, sie spielen mit Angst, Gier oder Neugierde, sie bedienen sich neuester Technik. Manchmal sind die Tricks selbst für gut informierte Menschen nicht auf Anhieb als Betrugsversuch zu erkennen. Im folgenden Kapitel zeigen wir Ihnen die aktuellen Methoden und Tricks und erklären Ihnen, wie Sie sich schützen können.

Vorsicht vor Quishing

Sind QR-Codes nicht herrlich bequem? Mit ihnen sind Zahlungen so wunderbar einfach, man kann mit ihnen auf Webseiten zugreifen, Speisekarten lesen und so viel mehr tun. Sogar das Ordnungsamt verteilt vielerorts nun Knöllchen, die mit einem QR-Code versehen sind. Einfach mit dem Handy den Code abscannen, schon öffnet sich ein Bezahldienst – schnell, bequem, einfach großartig. Auch Cyberkriminelle haben die QR-Codes für sich entdeckt, für »Quishing«. Solche Codes befinden sich etwa in Phishing-Mails als Köder, um Benutzerdaten zu stehlen. In den Mails wird meistens behauptet, es läge ein Sicherheitsproblem vor und man solle nun aktiv werden. Manchmal heißt es auch, dass mit dem QR-Code ein bestimmtes, notwendiges Dokument heruntergeladen werden könne.

In jedem Fall wird ein starker Anreiz gesetzt, den Code zu scannen. Der Link führt dann auf eine Phishing-Seite. Das Bundesamt für Sicherheit in der Informationstechnik (BSI) warnt davor, solche QR-Codes zu nutzen. Denn die meisten Sicherheitslösungen sind darauf noch nicht ausgestattet. Sie scannen allenfalls Anhänge und URLs in Mails und filtern so Phishing-Links heraus. Diese Schutzmechanismen versagen bei QR-Codes jedoch, weil die Codes als Bilder und nicht als Texte verarbeitet werden. Das BSI empfiehlt daher[28], E-Mails stets zu prüfen und bei einem Verdacht auf keinen Fall QR-Codes zu scannen.

Plötzlich Ärger mit dem Finanzamt

Jedes Jahr der gleiche Stress mit der Steuererklärung. Kennen Sie dieses mulmige Gefühl, wenn ein Brief vom Finanzamt kommt? Eine gängige Betrugsmasche baut auf der Grundlage dieser Angst vor der Finanzbehörde auf. Auf den ersten Blick ähnelt das Schreiben einem offiziellen Behördenschreiben sehr. Die Opfer erhalten bei diesem Trick eine scheinbar offizielle Nachricht vom Finanzamt – allerdings nicht per Post, sondern als E-Mail. In dem Schreiben werden erhebliche Strafen angedroht, bis zu einer halben Million Euro oder sogar Gefängnis stehen demnach auf ein angebliches Vergehen. Der Absender ist eine Sachbearbeiterin von einer sogenannten »Generaldirektion Finanzen«, die ihren Sitz in der Berliner Wilhelmstraße 97 im Zentrum der Hauptstadt haben soll. Hier befindet sich tatsächlich das Bundesfinanzministerium. Im Briefkopf steht daher auch das Logo des Bundesfinanzministeriums, die Betreffzeile enthält oft das Wort »Steuerbenachrichtigungsmitteilung« und ein kompliziertes Aktenzeichen. Es heißt, dass bei einer Überprüfung der Steuererklärungen ein Vergehen festgestellt wurde oder dass gegen den Empfänger oder die Empfängerin mehrere Anzeigen wegen Steuerbetrugs vorlägen. Die unterschiedlichsten Steuerarten sollen betroffen sein: Einkommens- und Vermögenssteuern und auch Sozialversicherungsbeiträge. Am Ende sind mehrere Tausend Euro offen, die innerhalb einer Frist von 48 Stunden überwiesen werden sollen.[29] Dazu soll sich das Opfer schnellstmöglich bei der Finanzbehörde melden. Mit einem Siegel und Unterschrift ist die Nachricht häufig außerdem noch versehen. Wer bei Erhalt einer solchen Mail in Panik verfällt und tatsächlich darauf reagiert, hat schon verloren – denn dahinter stecken Betrüger und keine Finanzbeamten.

Besser ist es, einmal tief durchzuatmen und zu überlegen: Würde das Finanzamt wirklich eine E-Mail verschicken? Warum sollte das zuständige Finanzamt plötzlich im Bundesfinanzministerium und nicht mehr lokal vor Ort sitzen? Wie sehen elektronische Nachrichten von der Finanzbehörde normalerweise aus? Sie enthalten immer die richtige Steuernummer oder Steueridentifikationsnummer des Empfängers, erst recht, wenn es um angebliche Steuerschulden oder einen Bescheid geht. Wenn diese Daten fehlen, ist das ein erstes Anzeichen für eine Betrugsmasche. Ein weiteres: Wenn die Absenderadressen nicht stimmen und die Endungen der Mails ins Ausland führen. Noch ein Indiz kann sein, wenn die Nachricht seltsam formuliert ist und sprachliche Fehler enthält.

Auf die gleichen Anzeichen sollte man achten, wenn man eine Nachricht im Namen von Interpol, Europol oder dem Bundeskriminalamt erhält – eine Masche, die schon länger kursiert. Auch hier haben es die Täter auf Geld und persönliche Daten abgesehen. Mitunter enthalten solche Nachrichten zusätzlich Links, die auf Phishing-Seiten führen oder Anhänge, die mit Schadsoftware verseucht sind.

Daher bleiben Sie ruhig, wenn angebliche Autoritäten sich per Mail melden, drastische Forderungen haben und Strafen androhen. Überprüfen Sie den Absender genau, recherchieren Sie im Netz. Oft reicht es, einen Teil des Nachrichtentextes zu kopieren und bei Google einzugeben. Viele Webseiten, die über Betrugsmaschen im Internet aufklären, warnen über neue Methoden. Man wird daher meistens schnell fündig. Und wenn man dennoch unsicher ist, sollte man persönlich Kontakt aufnehmen. Allerdings nicht unter den in den Schreiben angegebenen Daten, sondern denen, die man auf den echten Seiten der Behörden findet. Im Fall der Generaldirektion Finanzen, also beim Bundesfinanzministerium. Spätestens dann wird klar: Eine Generaldirektion Finanzen gibt es in Deutschland nicht – das Bundesfinanzministerium warnt auf seinen Internetseiten vor dieser und weiteren Betrugsmaschen.[30] Und Steuerbescheide und Forderungen ergehen hierzulande immer noch postalisch.

Im Übrigen auch die Mitteilungen über Steuererstattungen. Denn die Masche funktioniert genauso gut andersherum – in diesem Fall sollen den Opfern hohe Erstattungsbeträge überwiesen werden und man wird gebeten, seine Kontoverbindung zu bestätigen. Auch hier gilt: Durchatmen und in Ruhe nachdenken. Eine Steuererstattung teilt das Finanzamt mit einem Steuerbescheid mit, auf den man sowieso wartet, weil man seine Steuererklärung abgegeben hat.

»Die Buchung ist leider fehlgeschlagen«

Endlich Urlaub – Kai Neumann freute sich auf den Winterurlaub mit der Familie. Es war ein anstrengendes Jahr gewesen. Der Jüngste war im Herbst in die Schule gekommen und hatte Probleme, sich einzugewöhnen. Und die Ältere, jetzt in der sechsten Klasse, kämpfte mit Mathe. Dabei ging es doch um den Notenschnitt, damit es mit dem Wunsch-Gymnasium funktionieren würde. Zugleich hatte seine Frau wieder angefangen, Vollzeit zu arbeiten. Zwei Eltern in Vollzeit, zwei Kinder eingespannt mit Schule und Hobbys – bei Familie Neumann sind viele Bälle in der Luft zu halten. Der schöne Hotelurlaub in den Alpen über Weihnachten sollte endlich Entspannung bringen. Doch dann bekam Kai plötzlich eine E-Mail vom Hotel, zugestellt über die Plattform Booking.com, über die er das Hotel gebucht hatte. Ein Mitarbeiter schrieb, das Hotel habe eine Benachrichtigung von Booking.com erhalten, wonach seine Kreditkarte nicht vollständig bestätigt wer-

den konnte. »Normalerweise geben sie uns in solchen Fällen einen Link, über den Sie umbuchen können. Da der Reservierungsservice Ihre Karte abgelehnt hat, müssen Sie Ihre Karte überprüfen lassen. Der Buchungsbetrag wird auf der Karte eingefroren und innerhalb von drei bis fünf Minuten nach der Überprüfung wieder freigegeben. Bitte beachten Sie, dass unser Zahlungssystem gleichzeitig mit der Buchung arbeitet und zwei Bestätigungen erfordert. Die erste Bestätigung ist das Einfrieren des Geldes zur Überprüfung. Die zweite Bestätigung ist die Freigabe des Guthabens«, teilte das Hotel mit. Die Nachricht enthielt auch einen Verifizierungslink mit der URL: https://booking.verification-card.com/reservation/23789. Das Hotel warnte, dass die Buchung storniert würde, wenn Kai sie nicht binnen 24 Stunden erneut bestätigte.

Oje, dachte der 45-Jährige, was für ein Ärger. Komisch erschien ihm an der Mail nichts. In einer Sicherheitsschulung bei der Arbeit hatte er einmal gelernt, worauf man achten müsse, um Phishing-Mails zu erkennen. Aber das Hotel hatte ihn mit »Hallo, lieber Kai Neumann« angeschrieben und mit Hotel Sonnenhof unterschrieben, jenes Hotel, das er gebucht hatte. Versendet worden war die Nachricht außerdem von der offiziellen Booking.com-Adresse unter noreply@booking.com. Eine Phishing-Mail konnte es daher nicht sein. Rechtschreibfehler enthielt die Nachricht auch nicht, der Link schien auch direkt auf eine Seite von Booking.com zu führen. Also klickte Kai diesen an. Es erschien eine Seite, die aussah wie von der Buchungsplattform. Kai gab alle Daten noch einmal ein und schickte sie ab. Geschafft, jetzt sollte dem Urlaub wirklich nichts mehr im Weg stehen.

Einige Tage später bekam er wieder eine Mail vom Hotel, diesmal mit einer Willkommensnachricht und dem Angebot, vorab schon online einzuchecken. Voller Urlaubsvorfreude wollte Kai das Hotel noch fragen, ob sie für die Kinder Skisachen über das Hotel ausleihen könnten. Also rief er die Rezeption an. Die Mitarbeiterin war freundlich und sagte ein Arrangement zu. Kai war zufrieden. »Vielen Dank. Ich hatte schon Sorge, dass unsere Buchung storniert würde – hat denn mit der Bestätigung meiner Kreditkarte alles funktioniert?«, fragte er die Hotelmitarbeiterin noch. Die war irritiert. »Warum sollten wir denn stornie-

ren? Sie hatten doch über Booking.com gebucht«, antwortete sie. Jetzt war Kai verwirrt. »Aber Sie hatten mir doch eine Nachricht geschickt, dass die Plattform meine Kreditkarte nicht verifizieren konnte.«– »Ja? Soweit ich das hier über unser Buchungssystem nachvollziehen kann, haben wir keine solche Mail geschickt, aber ich prüfe das gern noch einmal«, versprach sie. Kai bedankte sich und legte auf. Das Ganze kam ihm komisch vor. Vielleicht sollte er mal seine Kreditkartenabrechnung prüfen? Er loggte sich in das Onlinebanking ein und checkte seinen Kontostand. Erschrocken stellte er fest: Sein Konto war fast ins Minus gerutscht! Dabei hatte er doch gerade erst Gehalt und Weihnachtsgeld bekommen. Aber sein Konto war regelrecht geplündert worden – und zwar nicht vom Hotel Sonnenhof, sondern von Kriminellen, die mit dieser raffinierten Phishing-Methode erst seine Daten ausgespäht und dann das Konto abgeräumt hatten.

Die Methode mit den angeblich fehlgeschlagenen Buchungen ist seit einiger Zeit beliebt. Betroffen sind oft gehackte Booking.com-Accounts. Das macht es für die Betroffenen auch so schwierig, die Attacke zu erkennen. Es gibt aber einige Anhaltspunkte: So führt der Link »booking.verification-card.com« eben nicht auf eine Booking.com-Seite, sondern zu einer Phishing-Seite, die Daten abgreift. Man kann den Betrug aber nur über den Link erkennen. Dazu muss man allerdings Domains und Subdomains erkennen können. Denn die Internetadresse »booking.verification-card.com« wird durch Punkte gegliedert – und der Punkt nach »booking« weist auf eine Subdomain hin. Das bedeutet, dass es sich um eine Unterseite einer Webseite handelt – man befindet sich also nicht, wie man denken könnte, im Angebot von »booking.com«, sondern einer Unterseite von »verification-card.com«, die einfach »booking« genannt wurde! https://booking.verification-card.com/reservation/23789

Wäre der Link ein echtes Angebot von Booking.com, müsste die Domain mit »booking.com« abschließen. Sichere Buchungen auf Booking.com findet man nämlich unter der Adresse https://secure.booking.com. Beachten sollte man daher immer: Ist nach der Top-Level-Domain noch ein »/« vorzufinden, kennzeichnet das einzelne Seiten einer Website – hier gilt es aufmerksam zu sein, um einen Phishing-Versuch zu erkennen. Generell gilt auch: Bevor man Zahlungsdaten zweimal bestätigt, sollte man immer überprüfen, ob nicht das Geld bereits vom Konto abgebucht wurde. Außerdem sollte man nie Links aus E-Mails anklicken. Ein Anruf direkt im Hotel nach Erhalt der E-Mail hätte Kai vor der Abzocke bewahrt.[31]

Kai Neumann hatte allerdings Glück im Unglück: Er rief sofort seine Bank an und konnte das Geld wieder zurückbuchen lassen. Außerdem erstattete er Anzeige bei der Polizei – auch wenn die Täter nicht ermittelt werden konnten, fließt seine Anzeige in die Kriminalitätsstatistik ein. Und Kai warnte auch das Hotel, das froh darüber war, denn so konnte das Management alle Gäste, die über Booking.com gebucht hatten, vor der Betrugsmasche warnen. Kai Neumanns Fall hatte somit dafür gesorgt, dass andere geschützt wurden. Den Urlaub hat die Familie dennoch angetreten und zum Dank vom Hotel eine Flasche des vom Hotelchefs selbst gebrannten Obstlers bekommen. Im nächsten Jahr wollen die Neumanns wieder ihren Skiurlaub dort verbringen. Diesmal buchen sie dann direkt über das Hotel – ohne Plattform dazwischen.

Wohnungssuche mit Hindernissen

So schnell werden die Kinder erwachsen: Eben war Oskar noch ein Baby, jetzt hielt der Sohn das Abiturzeugnis in den Händen. Ralf und Carmen Hofmann waren stolz auf ihren Jungen. Jetzt würde der 18-Jährige erst einmal mit seinen Freunden in den Sommerurlaub starten, Mountainbiken in Tirol, dann noch Strandurlaub in der Türkei mit der Freundin – für einen Familienurlaub konnten die Eltern den frisch gebackenen Abiturienten leider nicht mehr begeistern. Im Herbst würde ihr einziges Kind schon studieren gehen: Politikwissenschaften an der Freien Universität in Berlin, zum Glück vom Hamburger Speckgürtel, wo die Hofmanns lebten, vergleichsweise schnell zu erreichen.

Wenn man nur ein Kind hat, fällt es noch schwerer, es ziehen zu lassen, fand Carmen. Auch Ralf tat sich schwer. Sie waren spät Eltern geworden, Carmen war schon 39 Jahre alt gewesen, er Mitte 40. Oskar war ihr Ein und Alles.

Keine Frage also, dass die Eltern dem Sohn bei der Suche nach einer schönen Studentenwohnung behilflich sein wollten. Die Suche nach einem WG-Zimmer gestaltete sich aber als schwierig und weil Oskars Freundin Namika nach ihrem Freiwilligen Sozialen Jahr auch nach Berlin zum Studieren gehen wollte, sollte eine eigene kleine Wohnung her und kein WG-Zimmer. Oskar hatte schon alle Immobilienportale durchforstet. Eine Wohnung halbwegs in der Nähe des Otto-Suhr-Instituts wäre ideal, aber Lichterfelde und Zehlendorf waren teuer. Also übernahm der Papa die Suche und stellte Suchprofile bei den bekannten Immobilienplattformen ein, täglich wurde er nun per E-Mail über die neuesten Angebote informiert. Nach fast vier Wochen war endlich eine Annonce dabei, die Ralf interessant fand: eine schöne 2,5-Zimmer-Wohnung in einem sanierten Altbau mit Balkon, einem wunderbaren Dielenboden und einer neuen Einbauküche. Der Preis war unschlagbar: 850 Euro kalt und die Nebenkosten gar nicht hoch. Das alles direkt vom Eigentümer, der laut der Annonce mit dem günstigen Angebot etwas gegen den Mietpreiswahnsinn in der Hauptstadt tun wollte und der nicht auf das Geld angewiesen war, da ihm mehrere Wohnhäuser in der Hauptstadt gehörten. Ralf war begeistert. Jetzt schnell handeln, bestimmt würden Hunderte Interessentinnen und Interessenten um diese Wohnung buhlen. Ralf schrieb dem Eigentümer sofort und meldete sein Interesse an. Weil Oskar noch im Urlaub war und er als Student sowieso noch kein eigenes Einkommen hatte, würde Ralf die Wohnung für den Sohn anmieten.

Nur wenige Stunden später meldete sich der Eigentümer zurück. Er schrieb, dass es ihm sympathisch sei, dass sich die Eltern kümmerten und er gern die Wohnung an Ralf und seinen Sohn vermieten wolle. Vorher sollte Ralf das Objekt aber noch besichtigen – alles andere wäre schließlich nicht seriös. Sie vereinbarten eine Besichtigung für den nächsten Samstag. Ralf und Carmen waren glücklich, dass sie trotz der ange-

spannten Wohnungssituation so schnell etwas gefunden hatten und verbanden die Besichtigung mit einigen Tagen in der sommerlichen Hauptstadt. Auch Oskar war begeistert. Aus dem Urlaub mit den Freunden schickte er ein paar Nachrichten und likte die Bilder der Wohnung, die ihm sein Papa geschickt hatte. Auch seine Freundin war hin und weg von der kleinen Altbauwohnung.

Am Dienstagabend nach der Arbeit fuhren Ralf und Carmen los. Sie freuten sich auf den Städtetrip und hatten noch Karten für ein Konzert in der Waldbühne ergattert, wollten außerdem die Museumsinsel besuchen, shoppen gehen und das hübsche Boutiquehotel genießen, das sie gebucht hatten. Und sie freuten sich auf ein Abendessen mit einem alten Studienfreund von Carmen, der in Berlin wohnte. »Berlin hat so viel zu bieten und wir können Stephan und seine Frau dann auch öfter sehen, wenn Oskar in Berlin studiert«, sagte Carmen voller Vorfreude auf der Hinfahrt. Ralf trat aufs Gaspedal. »Wir sollten dann öfter mit der Bahn fahren – mit dem Auto zu fahren, dauert viel länger«, murrte Ralf. Carmen aber hörte nicht zu. Sie sah auf Ralfs Handy. »Da ist eine Nachricht gekommen.« Ralf ließ die Nachricht über das Sprachassistenzsystem im Auto vorlesen. Der Eigentümer der Wohnung teilte mit, dass er für eine dringende geschäftliche Angelegenheit ins Ausland reisen müsste und daher leider für den Termin verhindert sei. Aber eine Mitarbeiterin könnte den Schlüssel für die Wohnung ins Hotel der Hofmanns bringen. Sie sollten dafür jedoch eine Kaution von 400 Euro überweisen. Sobald diese eingegangen sei, würde er seine Assistentin mit dem Schlüssel zu den Hofmanns ins Hotel schicken. Eine Paypal-Verbindung hatte er auch mitgeschickt. »Dann sollten wir jetzt schnell sein«, sagte Ralf. Carmen überwies das Geld mobil noch während der Autofahrt.

Am nächsten Tag fragte Ralf beim Wohnungseigentümer nach, ob die Kaution angekommen sei. Der antwortete aber nicht. »Der hat bestimmt viel zu tun und wer weiß, wo er im Ausland ist«, sagte Carmen. Noch war Zeit, sie saßen gerade beim Frühstück. Ralf kam das Ganze komisch vor. Als abends immer noch keine Antwort kam, versuchte Ralf es mit einer weiteren E-Mail. Wieder folgte keine Reaktion. Auch am Mittwoch und Donnerstag hatten sie noch nichts vom Vermieter gehört, ein Wohnungsschlüssel war im Hotel auch nicht hinterlegt worden. Per Telefon erreichten sie den Mann ebenfalls nicht. Am Samstagmorgen hatten die Hofmanns immer noch nichts gehört. Also fuhren sie zu der angegebenen Adresse. Hier befand sich aber gar nicht das Haus, das sie auf dem Foto in dem Inserat gesehen hatten, sondern ein Discounter. Sie waren einer Fake-Anzeige aufgesessen. Aber immerhin hatten die Hofmanns eine schöne Berlinreise unternommen.

Eine Wohnung fand Oskar dann etwas später doch: Eine Kollegin von Carmens altem Studienfreund suchte einen Nachmieter für ihre Wohnung in Lichterfelde. Diesmal klappte es mit der Besichtigung auf Anhieb.

Die Betrugsmasche mit den Fake-Immobilienanzeigen ist verbreitet. Meist kontaktieren die angeblichen Wohnungseigentümer die Interessenten vor der geplanten Besichtigung und teilen wie im Fall der Hofmanns mit, dass sie verhindert sind. Sie bieten aber an, dass sie den Schlüssel für die Wohnungsbesichtigung per Post zuschicken oder durch eine dritte Person übergeben können. Dafür ist immer eine Kaution nötig, die vorab überwiesen werden muss. Kaum hat man das Geld überwiesen, ist der vermeintliche Vermieter aber verschwunden und nicht mehr erreichbar. Es gibt aber auch Fälle, bei denen tatsächlich ein Schlüssel zugesandt wird – meist per Nachnahme. Die Verbraucherzentralen raten generell dazu, kein Geld zu überweisen, solange man eine Wohnung nicht besichtigt hat. Außerdem sei nicht gesagt, dass der Schlüssel überhaupt passt – oder die Immobilie überhaupt existiert. Daneben gibt es auch Fälle, in denen eine Wohnung oder ein Haus direkt zur Miete angeboten wird, ohne dass man es jemals angeschaut hat. Die angeblichen Eigentümer wollen dann vorab eine Kaution haben – auch in solchen Fällen sollte man vorsichtig sein: Denn eine Mietkaution wird immer erst dann fällig, wenn man tatsächlich einen Mietvertrag geschlossen hat, warnen die Verbraucherzentralen.

Ebenso sollte man sich nicht darauf einlassen, Geld dafür zu bezahlen, um in eine Vorauswahl von Mietinteressenten zu kommen –

auch dahinter stecken oft Betrügerinnen und Betrüger, die angeblichen Wohnungen existieren oft gar nicht.

Noch gefährlicher wird es, wenn eine Kopie des Personalausweises gefordert wird. Vor allem, wenn man diese als E-Mail-Anhang verschicken soll, noch ehe man überhaupt eine Immobilie gesehen und eine Zusage für den Abschluss eines Mietvertrags erhalten hat. Seriöse Vermieterinnen und Vermieter verlangen eine Kopie des Ausweises erst, wenn sich beide Seiten einig sind und nach einer Besichtigung. Man sollte auch immer im Hinterkopf haben: Mit dem Personalausweis sind die Betrüger im gesamten Besitz einer Identität – mit einem Personalausweis kann man Konten eröffnen, Kaufverträge abschließen und noch viel mehr tun.

Im Namen von Immobilienportalen versenden Betrüger auch Phishing-Mails, um an personenbezogene Daten der Interessentinnen und Interessenten zu kommen. Durch die Mails wird man etwa dazu aufgefordert, sich über einen bestimmten, schon in der E-Mail befindlichen Link mit den Zugangsdaten der Plattform einzuloggen oder einen Anhang der Mail zu öffnen. Der Link führt in der Regel zu einer gefälschten Login-Seite, welche die Daten dann abfischt. E-Mail-Anhänge können Schadsoftware enthalten – man sollte diese daher nie öffnen, vor allem, wenn sie auf ».exe« enden. Vorsicht ist auch geboten, wenn die Vermieter von auffälligen Domains, wie zum Beispiel Name@günstige-traumwohnung.de schreiben.

Um Betrug bei der Wohnungssuche frühzeitig zu erkennen, gibt es aber einige Kniffe: Ein auffällig günstiger Preis etwa ist meist ein Hinweis darauf, dass etwas mit dem Angebot nicht stimmt. Ungewöhnlich niedrige Kauf- und Mietpreise sollten daher ein Alarmsignal sein. Aufschluss darüber, was der durchschnittliche und realistische Mietpreis ist, gibt der örtliche Mietspiegel, den die Kommunen veröffentlichen. Auch wenn Bilder auffällig gut aussehen und wirken, als seien sie aus einem Immobilienprospekt übernommen worden, sollte man vorsichtig sein. Betrüger greifen oft auf solches Bildmaterial zurück, um die Opfer zu täuschen. Ob ein Bild aus dem Netz gestohlen wurde, lässt sich einfach überprüfen – Google bietet schon seit vielen Jahren die Möglichkeit zur umgekehrten Bildersuche[32] an, mit der man herausfinden kann, wo das Bild im Netz noch verwendet wird.

Ein Anzeichen für eine Fake-Immobilienanzeige können auch schlechtes Deutsch oder viele Rechtschreib- und Grammatikfehler in der Annonce sein. Oft agieren die Täterinnen und Täter nämlich aus dem Ausland und benutzen Übersetzungsprogramme. Allerdings muss das nicht immer der Grund sein – es gibt schließlich auch viele Vermieter, die keine Muttersprachlerinnen und Muttersprachler sind oder Rechtschreibprobleme haben.

Die Sprache in einer Immobilienanzeige kann noch weitere Hinweise liefern. Manchmal erscheint der Text wie aus anderen Annoncen kopiert. Kommt einem das komisch vor, kann man den Text oder Textpassagen kopieren und mit Google überprüfen lassen. Wenn man sehr viele ähnliche Anzeigen findet, deutet dies auf eine Betrugsmasche hin.

Auch fehlende Angaben etwa über die Höhe der Kalt- und Warmmiete und den Energieausweis können ein Zeichen für einen Betrug sein. Wer auf der Seite einer Immobilienagentur sucht und diese Seite kein oder kein korrektes Impressum enthält, ist das ein weiterer Hinweis darauf, dass etwas nicht stimmt. Man sollte darauf achten, ob es einen Ansprechpartner gibt und auch angegebene Telefonnummern überprüfen.

Ein weiteres Indiz für einen Betrug ist Vorkasse: Im Grunde sollte man immer, wenn man Geld im Voraus bezahlen soll, schon mal skeptisch werden. »Seriöse Makler oder Eigentümer verlangen kein Geld von Ihnen, bevor Sie die Immobilie besichtigt haben«, warnen etwa die Verbraucherzentralen.[33] Besondere Vorsicht ist außerdem bei Überweisungen ins Ausland geboten – bei der IBAN gibt das Länderkürzel zu Beginn der Nummer Aufschluss. DE steht zum Beispiel für Deutschland, AT für Österreich und so weiter. Kommt ein Länderkürzel vor, das einem seltsam erscheint, sollte man skeptisch sein. Mitunter erklären die Betrüger ein ausländisches Konto mit einer guten Geschichte.

Und was kann man tun, wenn man wie Familie Hofmann einem Betrug aufgesessen ist?

Hier bleiben leider nur wenige Möglichkeiten: Geld zurückbuchen lassen etwa. Wenn man selbst überwiesen hat, muss die Bank diesem Wunsch aber nicht nachkommen. Bei Paypal gibt es das Geld ebenfalls nicht zurück, wenn es über die Option »Freunde und Familie« gesendet wurde. Anders bei der Lastschrift: Hier kann man acht Wochen lang die Rückerstattung verlangen. Unbedingt sollte man den Betrug auch bei der Polizei und bei dem Portal anzeigen.

Checkliste: So sind Sie sicher bei der Wohnungssuche

1. **Persönliche Besichtigung**: Insistieren Sie auf eine persönliche Besichtigung, seien Sie misstrauisch, wenn der Vermieter keine Besichtigung anbietet oder Ausreden erfindet, warum er nicht vor Ort sein kann.
2. **Keine voreilige Übermittlung von Daten**: Geben Sie persönliche Informationen und Dokumente nicht voreilig preis. Fragen Sie sich, ob die geforderten Informationen für eine Mietanfrage wirklich notwendig sind. Insbesondere Ausweiskopien sollten Sie niemals vor einer persönlichen Besichtigung und einem persönlichen Treffen mit dem Vermieter übermitteln.
3. **Sichere Zahlungsmethoden**: Seien Sie vorsichtig bei ungewöhnlichen Zahlungsmethoden wie einer Zahlung über »Western Union« oder ähnliche Dienste. Zahlen Sie keine Kaution oder Miete im Voraus, ohne einen Mietvertrag unterschrieben und die Wohnung gesehen zu haben.
4. **Überprüfen Sie die Angaben**: Recherchieren Sie den Namen des Vermieters und die Adresse der Wohnung im Internet. Oftmals finden Sie Hinweise auf Betrug oder bereits gemeldete Betrugsfälle.

What the Hack: Abzocktricks mit Hacking

Viele Menschen haben Angst davor, gehackt zu werden – verständlich, immerhin ist Cybercrime so stark verbreitet, dass so gut wie jeder ein Opfer kennt. Im Folgenden zeigen wir Ihnen einen Überblick über die gängigsten neuen Phänomene, die mit der Angst vor Hacking spielen.

Ihr Konto wurde gehackt!

Endlich Wochenende. Kerstin Hauser hatte sich für das graue Märzwochenende vorgenommen, die Steuererklärung fertig zu machen. Es war zwar noch etwas Zeit bis zum Abgabetermin, aber wenn das Wetter endlich besser werden würde, hatten Kerstin und ihre Frau schon ein Großprojekt für den Garten vor: Sie wollten eine große Spielanlage für ihren Sohn, den fünfjährigen Erik, anlegen. Dafür wäre auch die Rückerstattung der zu viel gezahlten Steuer eine willkommene Finanzspritze. Bei den Hausers war Kerstin für die Finanzen zuständig. Sie tauchte gerne in Zahlen ab und hatte, einmal angefangen, Spaß an der Steuererklärung. Einen Steuerberater brauchten die Hausers daher nicht. Und das, obwohl die beiden Mischeinkünfte hatten. Denn Kerstins Partnerin Katharina hatte ein Haus an der Ostsee geerbt, das die beiden als Ferienunterkunft über eine Wohnungsplattform vermieteten und das ihnen ein kleines Nebeneinkommen einbrachte. Katharina brachte gerade frischen Kaffee ins Arbeitszimmer. »Wow, da macht die Steuererklärung ja gleich noch mehr Spaß!«, sagte Kerstin. Katharina grinste. »Meine Lohnabrechnung fürs vergangene Jahr hast du? Ich habe sie dir gestern nochmal als PDF weitergeleitet«, sagte Katharina. Kerstin nickte und startete das E-Mail-Programm. »Was macht Erik?«, fragte sie, denn es war verdächtig ruhig. »Spielt hoch konzentriert mit seinen Legosteinen. Und nachher kommt ja noch Adil zum Fußballspielen«, sagte Katharina. Adil war ein guter Freund der beiden und so etwas wie eine Vaterfigur für den Sohn des lesbischen Paares. Der 30-Jäh-

rige hatte gerade sein Informatikstudium abgeschlossen und arbeitete als Webentwickler bei einem mittelständischen Unternehmen. Katharina und Kerstin hatten Adil 2016 durch ihr ehrenamtliches Engagement für Geflüchtete kennengelernt. Damals war der Student gerade in einer Asylunterkunft angekommen, er war aus Syrien geflohen. Kerstin und Katharina halfen ihm beim Deutschlernen und bei Behördengängen. Schnell wurden sie Freunde. Mittlerweile war Adil in Deutschland angekommen, hatte seit vier Jahren eine deutsche Freundin und hatte kürzlich sogar Einbürgerung beantragt. Nun widmete sich Kerstin wieder den E-Mails, in denen noch einige Bescheinigungen waren, die sie für die Steuererklärung ausdrucken wollte.

Beim Blick in das Postfach fand Kerstin allerdings eine Nachricht vor, die ihr merkwürdig erschien. »Ihr Konto wurde gehackt. Ihre Daten wurden gestohlen«, stand im Betreff. Was sollte das? Eine Spamnachricht? Sollte Kerstin die Mail öffnen? Sie überlegte. Hatte sie nicht erst neulich davon gehört, dass Hacker es auch zunehmend auf Vermieter von Ferienhäusern abgesehen hatten? Sie entschied sich dennoch, die Nachricht zu öffnen. Wenn sie keinen Anhang herunterladen und öffnen würde, könnte bestimmt nichts passieren. Kerstin begann, die Nachricht zu lesen, Panik stieg dabei in ihr auf.

»Hallo! Ich bin ein Hacker und habe mir erfolgreich Zugang zu Ihrem Betriebssystem verschafft. Ich habe auch vollen Zugriff auf Ihr Konto. Ich beobachte Sie nun schon seit einigen Monaten«, stand da und weiter »Tatsache ist, dass Ihr Computer über eine von Ihnen besuchte Webseite mit Malware infiziert worden ist. Ein Trojaner-Virus gibt mir vollen Zugriff und Kontrolle über Ihren Computer. Warum hat Ihr Antivirusprogramm keine Malware erkannt? Antwort: Die von mir verwendete Malware ist treiberbasiert und ich aktualisiere alle vier Stunden ihre Signaturen. Daher kann Ihr Antivirenprogramm die Malware nicht erkennen.« Kerstin verstand nicht genau, was das heißen sollte. Sie las weiter:

»Das bedeutet, dass ich alles auf Ihrem Bildschirm sehen kann, ohne dass Sie etwas davon wissen. Ich habe auch Zugriff auf alle Ihre Kontakte und deren Daten sowie Ihre gesamte Korrespondenz. Ich kann

diese Daten und auch Ihre gesamte E-Mail-Korrespondenz und den Chatverlauf in den von Ihnen verwendeten Messenger-Diensten veröffentlichen – etwas, das Sie sicherlich nicht wollen. Sie haben oft über Ihren Arbeitgeber gelästert und Arbeitszeitbetrug im Homeoffice begangen. Ob Ihr Arbeitgeber das toleriert? Außerdem wären Ihre Kontakte sicher nicht erfreut, wenn deren persönliche Daten veröffentlicht werden.«

Kerstin war schockiert. Sie hatte tatsächlich und insbesondere an Homeoffice-Tagen mit Kollegen über Vorgesetzte per Chat gelästert. Dann dachte sie an all die E-Mails, die sie mit Feriengästen austauschte. Nicht auszudenken, was passierte, wenn deren Daten, vor allem deren Zahlungsdaten, öffentlich werden würden. Denn so viel wusste Kerstin: Datenschutzverstöße können sehr teuer werden.

Der Hacker wollte natürlich Geld erpressen. Er schrieb: »Wenn Sie das nicht wollen, überweisen Sie 1 400 Euro in Bitcoin an meine Bitcoin-Adresse (wenn Sie nicht wissen, wie das geht, suchen Sie einfach bei Google Bitcoin kaufen). Meine Bitcoin-Adresse (BTC-Wallet) lautet: 15iRjn9gnNDWsac6adwA4jgirDKmW6Brpa. Nachdem ich Ihre Zahlung bestätigt habe, werden Sie nie wieder etwas von mir hören.«

Ob das stimmte? Warum sollte er mit der Erpressung aufhören, wenn sie einmal zahlte?

»Ich gebe Ihnen 50 Stunden Zeit, um zu bezahlen. Wenn Sie diese E-Mail öffnen und der Timer beginnt, werde ich eine Benachrichtigung erhalten. Es macht keinen Sinn, irgendwo eine Beschwerde einzureichen, denn diese E-Mail kann nicht nachverfolgt werden, genauso wie meine Bitcoin-Adresse. Sollte ich feststellen, dass Sie diese Nachricht an jemand anderen weitergegeben haben, werden alle Daten sofort veröffentlicht!«

Kerstin war geschockt. Konnte das echt sein? Es wäre ein Desaster. Sie rief Katharina und zeigte ihr die Nachricht. Katharina atmete tief durch. »Ich rufe sofort Adil an. Er kann vielleicht einschätzen, ob das echt ist«, sagte sie.

Das Paar erreichte Adil beim Brunchen mit seiner Freundin. Adil riet zur Gelassenheit. »Das Ganze dürfte ein Betrugsversuch sein, ein

Fall von Scareware«, so seine Einschätzung. »Aber ich komme gleich zu euch rüber und schau mir das Ganze an.«

E-Mails, die behaupten, ein Hacker habe das System gehackt, tauchen immer wieder auf. Auch wenn das Ganze vielleicht unheimlich klingt, sollte man nicht in Panik verfallen – meist handelt es sich tatsächlich um Scareware, also Nachrichten, die verunsichern und einschüchtern sollen. Oft steckt aber kein echter Hack dahinter, sondern ein Betrugstrick. Wer darauf hereinfällt, zahlt oft ein Lösegeld, völlig ohne Not. Oft wird in den angeblichen Hackernachrichten auch behauptet, es sei ein peinliches Video des Internetnutzenden gemacht worden[34], der Hacker hätte angeblich die Kamera des Computers unbemerkt steuern können und zum Beispiel gefilmt, wie der Nutzer eine Erotikseite im Internet oder sogar eine Pornoseite besucht und zum Beispiel dabei masturbiert habe. Dann wird gedroht, dass dieses Video an alle Kontakte verschickt werde. In anderen Fällen drohen die Betrüger damit, das Konto zu plündern, alle Daten zu verschlüsseln oder zu löschen oder noch ganz andere Dinge im Namen des Opfers zu tun. Ziel ist immer, Geld zu erpressen.

Ein echter Hackerangriff ist auch deshalb unwahrscheinlich, weil so etwas sehr aufwendig ist. Für echte Hacker ist es lukrativer, mit solchem Aufwand zum Beispiel Unternehmen anzugreifen und dann hohe Summen statt vergleichsweise läppische Beträge im unteren vierstelligen Bereich von normalen Bürgerinnen und Bürgern zu erpressen. Aber wie kann man wirklich sicher sein?

Es gibt mehrere Indizien, anhand derer sich der einfache Betrugsversuch von einem Hackerangriff unterscheiden lässt: Zum einen würden Betrüger, wenn sie wirklich den Computer kontrollieren, einen Beleg dafür zeigen und sehr konkrete Details nennen – etwa Screenshots oder Aufnahmen des Bildschirms oder von Daten, die sich tatsächlich auf der Festplatte befinden. Zum anderen ist die Behauptung, die Antivirensoftware habe die Schadsoftware nicht erkannt, meist Fake, die meisten Programme werden ständig aktualisiert. Sofern man alle Updates regelmäßig ausführt, dürfte auch die meiste Malware erkannt werden. Auch die Androhung, sämtliche Daten von Kontakten oder die gesamte Korrespondenz zu veröffentlichen, ist meist Humbug. Denn bei einem solchen Schritt müssten die Täter Spuren hinterlassen, mit denen IT-Profis sehr schnell Rückschlüsse auf die Identität der Hacker ziehen könnten. Das Ganze ist daher viel zu riskant – echte Hacker riskieren das nicht. Ein sehr deutliches Zeichen für einen Betrug ist zudem die Aufforderung, in Bitcoins eine bestimmte Summe binnen einer kurzen Frist überweisen zu müssen. Man sollte niemals Geld an eine unbekannte Person überweisen, schon gar nicht in einer Kryptowährung. Besser ist es daher, einfach nichts zu unternehmen. Es kann vorkommen, dass sich die Täter nach Ablauf der Frist abermals melden und dann weitere Drohungen vornehmen und nochmals eine Frist setzen. Oft passiert aber nach Ablauf der ersten Frist – nichts. Am allerbesten ist es, E-Mails mit einem Betreff, die vor einem gehackten Konto warnen, gar nicht erst zu öffnen. Meistens enthalten sie nämlich neben leeren Drohungen recht reale Schadware.

Und wie erkennt man einen echten Angriff? Er richtet sich in der Regel auf ein Unternehmen, aber das können auch Selbstständige sein – oder eben Vermieter. Daher war die Sorge von Kerstin und Katharina nicht unbegründet. Bei einem echten Angriff werden die Täter die ergaunerten Daten tatsächlich auf Plattformen im Darknet veröffentlichen oder eben verschlüsseln, wenn das geforderte Geld nicht überwiesen wird. Das sind quasi die Marktführer unter den Bösewichten, dahinter steckt eine russischsprachige Gruppe, welche Ransomware-as-a-Service betreibt, also als professionelles Unternehmen agiert. Die Ransomware Lockbit tauchte 2020 auf, dazu gehört auch ein Affiliate-Programm, das heißt, die Erpressungsdienstleistungen werden sogar vertrieben. Ebenfalls seit 2020 existiert im Darknet eine Website, über welche die Gruppe erbeutete Daten veröffentlicht, wenn die Opfer nicht bezahlen oder dort die gestohlenen Daten nach Transfer des Lösegelds wieder aushändigt. Normale Bürgerinnen und Bürger müssen dennoch keine so große

Angst vor Lockbit haben – die Gruppe hat es auf die großen internationalen Konzerne abgesehen. 2021 etwa griff die Gruppe das Beratungsunternehmen Accenture an, erbeutete mehrere Terabyte an Daten und forderte dafür 50 Millionen US-Dollar. Accenture zahlte jedoch nicht, das Unternehmen konnte die Daten aus Back-ups wiederherstellen. Auch der britische National Health Service oder der Autozulieferer Continental gerieten schon ins Visier von Lockbit. Die Frankfurter Allgemeine Zeitung bezeichnete Lockbit sogar als »gefährlichstes Start-up der Welt«.[35] Tatsächlich sind viele Hacker am Ende auch nur Geschäftsleute: Zahlen die Opfer nicht, werden die geklauten Daten zu einem etwas niedrigeren Preis als das Lösegeld auf den Darknet-Plattformen veräußert. Der Markt reguliert auch hier den Preis.

Im Fall von Kerstin und Katharina passierte zum Glück nichts, als die Frist abgelaufen war. Adil checkte ihren Rechner – und fand keine Schadware. Aber Kerstin änderte nach der Fake-Erpressung alle Passwörter.

Verdächtige Netflix-Anmeldungen und gefakte Amazon-Bestellbestätigungen

Nicht nur mit vermeintlich gehackten E-Mail-Konten, auch mit angeblichen Ungereimtheiten bei Accounts großer Internetdienste wie Amazon oder Netflix täuschen Cyberkriminelle Angriffe vor. Eine beliebte Masche ist zum Beispiel die unbefugte Anmeldung bei Netflix.[36]

Der Nutzer oder die Nutzerin erhält eine Nachricht, in der vor einer verdächtigen Anmeldung gewarnt wird. In der Mitteilung heißt es oft: »Warnung: Wir haben eine verdächtige Anmeldung bei Ihrem Netflix-Konto festgestellt. Wir haben Ihr Konto aus Sicherheitsgründen gesperrt.« Die E-Mail verwendet das Netflix-Logo. Um sein Konto zu reaktivieren, soll man auf einen mitgelieferten Link klicken, der sich hinter einem Button versteckt, und mit einem

Identitätsnachweis wieder entsperren. Außerdem heißt es oft noch, Netflix nehme Sicherheit ernst und habe angeblich nicht überprüfen können, ob es schon einmal eine Anmeldung von diesem Gerät gegeben habe. Dies könne aber auch vorkommen, wenn man sich erstmals von einem Gerät anmelde, sich im privaten Modus befinde oder die Cookies im Browserverlauf gelöscht habe. Diese Erklärungen erhöhen die Glaubwürdigkeit der Nachricht. Wer auf den Button klickt, landet auf einer Phishing-Seite.

Der echte Netflix-Konzern würde nicht über E-Mail mit Button nach persönlichen Daten fragen – besser ist es nach so einer Nachricht, seinen Netflix-Account selbst zu überprüfen. Kann man sich problemlos einloggen, handelt es sich um eine Phishing-Mail. Außerdem lohnt es sich, einen Auszug der E-Mail kurz in einer Suchmaschine zu überprüfen. Oft gibt es bereits Meldungen über einen Betrugsversuch, der gerade kursiert. Man sollte solche E-Mails auch den echten Anbietern melden. Oft findet man dann ohnehin schon eine Warnung der Dienste an die Nutzerinnen und Nutzer.

Ganz ähnlich funktioniert der Betrug mit der angeblichen Amazon-Bestellbestätigung, in der eine angeblich nicht autorisierte Bestellung mitgeteilt wird. Auch hier setzen die Kriminellen auf Dringlichkeit und erzeugen Angst. Auch hier soll man wieder personenbezogene Daten wie Bankverbindungen angeben. Und auch hier gilt: Ruhe bewahren und sich bei Amazon einloggen und die Bestellungen überprüfen.

Weitere Hinweise auf einen Betrug können die Rechtschreibung und Grammatik sein, eine unpersönliche Anrede wie »Lieber Kunde« und ein verdächtiger Absender. Fahren Sie dazu mit dem Mauszeiger über die Absenderadresse und lassen sich die tatsächlich hinterlegte E-Mail-Adresse anzeigen. Spätestens, wenn diese nicht mit der Adresse, die auf den ersten Blick dargestellt wird, übereinstimmt, sollte man die Nachricht löschen. Viele E-Mail-Programme sortieren solche Nachrichten automatisch aus – zumindest kann man die Einstellung entsprechend vornehmen. Mit dem Mauszeigertrick kann man auch Links gegenchecken – aber Vorsicht mit nervösen Fingern: Leider kommt es immer wieder vor, dass die Empfänger die Nachrichten oder Links beim Überprüfen versehentlich anklicken.

Wenn das Handy nachts klingelt

Sind Sie auch schon einmal nachts von einer unbekannten Nummer angerufen worden? Es kann alles harmlos sein und jemand hat sich einfach nur verwählt. Es können aber auch Hacker dahinterstecken, die versuchen, Ihre WhatsApp-Nummer zu kapern[37]. Oft bleibt es nicht bei einem Anruf, das Telefon klingelt gleich mehrfach. Was soll das Ganze? Die Anrufe sollen eine Sicherheitslücke ausfindig machen, die die Cyberkriminellen dann nutzen können. Denn sie geben die Handynummer des Opfers als ihre eigene aus und versuchen dann, das Konto zurückzusetzen. Das funktioniert bei WhatsApp nicht nur per PIN-Code und E-Mail, sondern auch telefonisch. In diesem Fall wird der PIN-Code zum Zurücksetzen telefonisch vorgelesen.

Sie denken vielleicht, dass das eine dämliche Methode ist, weil die Opfer ja geweckt werden? Das ist aber nicht immer der Fall. Viele Menschen haben ihr Telefon so eingestellt, dass die Mailbox oder ein anderer Anrufbeantworter den Anruf annimmt, wenn sie selbst nach einigen Malen nicht rangehen können. Das ist auch noch halbwegs unkritisch, wenn man das Passwort für die Mailbox regelmäßig ändert. Viele aber haben das noch nie getan. Man bekommt also mit dem Standardpasswort, oft die letzten Ziffern der Telefonnummer, Zugriff auf die Mailbox. Dann ist es relativ simpel, bald auch Zugriff auf das WhatsApp-Konto zu haben. Die Kriminellen rufen dann nämlich einfach die Mailbox an, geben das Passwort an – und lassen sich den Rücksetzcode vorlesen. Laut dem Schweizer Bundesamt für Cybersicherheit (BACS) richten die Hacker dabei häufig die Zwei-Faktor-Authentisierung ein und hacken außerdem die Kontakte der Opfer. Was dann passiert? Alles Mögliche, etwa weitere Straftaten, bei denen Spam nur das geringste Problem ist. Die eingerichtete Zwei-Faktor-Authentifizierung macht es den realen Inhabern der Profile dann umso schwerer, ihre Accounts zurückzubekommen.

Der Bist-du-das-Trick

Vielleicht haben auch Sie schon einmal eine Nachricht mit dieser Frage erhalten: »Bist du das auf dem Video?« Die vermeintlich harmlose Frage, meistens verschickt per Facebook-Messenger, macht neugierig. Oft kommt sie von dem Account eines Freundes oder von einer Kollegin, vielleicht auch einer Angehörigen. Man wundert sich vielleicht noch, dass diese Person sich über Facebook meldet, hat man doch seit Langem nichts von ihr gehört. Tatsächlich stecken aber nicht die echten Personen hinter der Nachricht. Die Betroffenen nutzen Facebook meist schon lange nicht mehr. Ihr verwaister Account wurde aber gehackt und wird nun für Spam und Betrug missbraucht. Die Bist-du-das-Nachrichten werden oft massenhaft verschickt. Außerdem sind die verwaisten Facebook-Konten für Cyberkriminelle noch anderweitig wertvoll. Mit dem Facebook-Login kann man schließlich noch jede Menge andere Dienste nutzen. Daher sollten Sie vorsichtig sein, wenn Ihnen jemand eine harmlose Nachricht mit dem Link zu einem Video schickt. Wer auf den Link klickt, landet auf einer Phishing-Seite, oft eine Seite, die aussieht wie die Facebook-Anmeldeseite. Wer hier nochmals seine Daten eintippt, gibt sie Betrügerinnen und Betrügern. Besser ist es, vorher das Browserfenster zu schließen und die Nachricht zu löschen – und den Absender auf einem anderen Weg, etwa über das Telefon, über den Facebook-Konto-Hack zu informieren.

Die Masche mit der Hilfe beim Facebook-Log-in

Plötzlich poppt eine neue Nachricht auf: Ein alter Freund braucht Hilfe – er kann sich angeblich nicht mehr bei Facebook einloggen. Ein bisschen komisch ist das vielleicht schon, dass er ausgerechnet Sie um Hilfe bittet. Meist hat man lange von dieser Person nichts mehr gehört oder steht ihr gar nicht nahe. Aber man will ja nicht unhöflich sein, so eine einfache Bitte wird man wohl kaum abschlagen können. Der Freund schreibt, dass er Ihnen einen Code schicken wird, den Sie ihm dann bitte per Messenger-Dienst zukommen lassen sollen. Doch dann passiert etwas Seltsames: Als Sie die E-Mail anklicken, stellen Sie fest, dass es Ihr eigener Account ist. Wurde dieser etwa gehackt?

Noch nicht, aber bei dieser Methode handelt es sich um Phishing. Tatsächlich versuchen Betrüger, so an Ihre Daten zu gelangen. Die Methode verändert sich seit einiger Zeit, wird immer geschickter und auch persönlicher, sodass sie immer schwerer zu erkennen ist.

Denn der vermeintliche Login-Code, den der Freund zusendet, ist in Wirklichkeit ein Bestätigungscode, mit dem Sie das Passwort Ihres eigenen Facebook-Kontos ändern können. Wer den Code an den angeblichen Bekannten zurückschickt, gibt damit einem Kriminellen Zugriff auf den Account. Postings, Freundeslisten, Kontakte, Bilder, Videos und sämtlich private Nachrichten sind dann in den Händen von Cyberkriminellen. Die können den Account auch zum Login bei zahlreichen anderen Diensten nutzen, Malware damit verbreiten oder Spam-Nachrichten versenden. Manchmal ändern die Kriminellen auch zunächst die Sprache, zum Beispiel in Arabisch, damit die echten Nutzerinnen und Nutzer nicht so schnell wieder Zugriff auf ihr Konto bekommen.

Grundsätzlich gilt: Geben Sie niemals Sicherheitscodes weiter, die Sie per E-Mail oder SMS erhalten haben. Diese Codes sind speziell für Ihr Konto und dürfen nur von Ihnen verwendet werden.

Und was tun, wenn ein Freund sich mit so einem Hilferuf bei Ihnen meldet? Den angeblichen Freund anrufen und checken, ob er wirklich hinter der Nachricht steckt. Außerdem sollte man immer skeptisch sein, wenn Personen einem eine Freundschaftsanfrage schicken, mit denen man schon lange befreundet ist. Auch hier gilt: Überprüfen Sie lieber einmal mehr, das ist besser, als in eine Falle zu tappen.

Man sollte auch regelmäßig überprüfen, ob weitere unbekannte Geräte mit dem Konto verknüpft sind – übrigens nicht nur bei Facebook, sondern auch bei WhatsApp. Denn auch hier können Täter über die Webanwendung andere Geräte registrieren.

Sinnvoll ist in jedem Fall, die Zwei-Faktor-Authentifizierung einzurichten. Aber auch hierbei kann es zu Betrug kommen. Etwa, wenn einem unerwartet ein Code zugeschickt wird – oft von einer unbekannten Nummer. In diesem Fall sollte man immer wachsam sein, da solche Aktivitäten darauf hinweisen können, dass sich Betrüger am Account zu schaffen machen. Enthält eine solche Nachricht zudem noch Links, sollte man das auf keinen Fall ignorieren, sondern schnell die Login-Daten ändern. Und auf keinen Fall irgendwelche Links anklicken.

Kampf der Hacker

Zum Abschluss wollen wir noch ein paar wichtige Fakten über Hacker klären: Hacker kann man in zwei Gruppen teilen – White Hats, das sind ethisch gute Hacker, die sich für Sicherheit einsetzen, sowie Black Hats, das sind kriminelle Hacker, die gegen Gesetze oder ethische Standards verstoßen. Während die Guten ihr Wissen und ihre Fähigkeiten für Cybersecurity und damit für die Verteidigung einsetzen, haben es die anderen vor allem aufs Schnelle-Beute-Machen abgesehen.

Zwischen beiden Gruppen findet oft ein ungleicher Kampf statt. Denn während eigentlich überall Verteidigung notwendig ist, was einen enorm großen Aufwand und viele Ressourcen erfordert, kann sich der Angreifer eine Schwachstelle aussuchen. Eine Verteidigung ist nur gegen bekannte Angriffe und Schwachstellen möglich. Der Angreifer wird seine Ressourcen darauf verwenden, nach unbekannten Schwachstellen zu suchen und dort anzugreifen. Während die Verteidigung ununterbrochen Wachsamkeit erfordert, kann der Angreifer zu einem Zeitpunkt zuschlagen, mit dem die Verteidigung nicht rechnet. Der gravierendste Unterschied aber ist: Die Verteidigung muss sich an die Regeln halten, der Angreifer aber hält sich an kein Gesetz.

Andere Methoden, wie Kriminelle an Ihre Daten und Ihr Geld kommen wollen

Gier liegt in der Natur des Menschen. Man möchte beim Verkauf das Optimum erzielen, man braucht vielleicht Geld und das schnell – oder man kann nach einem ersten Gewinn einfach nicht genug bekommen. Auch das nutzen Kriminelle aus. Wir zeigen, mit welchen Tricks die Cyberkriminellen die Gier ausnutzen.

Wo ist mein Gewinn?

Ein Tiny House, Lego, Freikarten für den Zoo oder ein E-Bike – immer wieder kursieren Fake-Gewinnspiele in sozialen Netzwerken. Sie laufen oft nach dem gleichen Schema ab. Die Spiele versprechen hochwertige Preise, die Nutzerinnen und Nutzer sollen dafür Seiten oder Profile liken und teilen. Das bringt viele Fans und Follower, oft sind es schon nach wenigen Tagen mehrere Zehntausend. Dann wird der Status des vermeintlichen Gewinnspiels bearbeitet, ab jetzt muss ein weiterer Schritt von den Nutzerinnen und Nutzern unternommen werden: Sie müssen auf einen Link klicken, der auf eine externe Seite führt. Damit die Nutzenden das tun, wird oft ein wenig Druck erzeugt. »Klick jetzt auf: gefällt mir«, steht dort etwa oder auch: »Klick auf: gefällt mir und du landest im Gewinntopf.« Manchmal wird auch versprochen, dass sich die Gewinnchancen erhöhen, wenn der Beitrag geteilt wird. Folgt man dem Link auf die externe Seite, befindet sich dort meist ein Formular, das ausgefüllt werden muss, um am Gewinnspiel teilnehmen zu können. Damit sammeln die Kriminellen persönliche Daten, die entweder weiterverkauft oder für Spam missbraucht werden.

Sollte man daher Gewinnspiele im Netz generell meiden? Nein, aber wachsam sein. Ein Fake-Gewinnspiel erkennt man daran, dass die Seite oder Profil des Spielveranstalters erst seit Kurzem existiert. Ein Klick ins Profil lohnt sich daher, um die Sache zu überprüfen. Es fehlen in der Regel auch das Impressum und die Kontaktmöglichkeit. Ein echtes Gewinnspiel hat schnell auffindbar die Teilnahmebedingungen zum Nachlesen – das ist gesetzlich nämlich vorgeschrieben. Verdächtig ist auch, wenn gar keine Gewinnerinnen und Gewinner bekannt gegeben werden und man keinen Hinweis darauf findet, welches Unternehmen tatsächlich hinter dem Spiel steckt. Skeptisch sollte man auch sein, wenn die Gewinne angeblich von Sponsoren stammen, die »nicht genannt werden wollen« oder mit Fotos beworben werden, die schon vielfach im Netz benutzt werden.

Plötzlich Profi-Geldwäscher – Vorsicht vor unseriösen Jobangeboten

In Krisenzeiten ist das Geld bei vielen Menschen knapp. Wie wäre es da mit einem Nebenjob? Im Netz kursieren viele Fake-Jobanzeigen, die ohne Vorkenntnisse leicht verdientes Geld versprechen. Aber Vorsicht, oft ist das sogar gefährlich, weil man sich zum Beispiel unwissentlich an einer Straftat wie Geldwäsche beteiligt.

Ein bekanntes Beispiel dafür waren etwa Jobangebote der Firma »Santo-Vermögen«, in Anspielung auf die echte Santo Vermögensverwaltung mit Sitz in München. In diesem Fall war die Finanzberatung ein Fake und bot Stellen als »Backoffice-Mitarbeiter/-in«, also

Bürobeschäftigte, an. Die Tätigkeit konnte bequem aus dem Homeoffice verrichtet werden, die Arbeitszeiten waren flexibel, sogar Aufstiegschancen angeblich vorhanden. Die konkrete Tätigkeitsbeschreibung allerdings war unpräzise: Gelder transferieren und festhalten, welche Transaktionen durchgeführt wurden. Die Anforderungen an die Bewerberinnen und Bewerber waren gering. Sie sollten bloß über ein deutsches oder österreichisches Konto sowie ein Smartphone verfügen. Die Fake-Finanzberatung versprach ein attraktives Gehalt, viele Menschen fielen darauf herein und fanden sich ahnungslos als sogenannter »Geldtransportesel« in einem Betrugsfall wieder, im Englischen wird diese Methode auch »Money Mule« genannt.

Tatsächlich steckt hinter angeblich flexiblen Nebenjobs mit Geldtransfer oft ein illegales Geschäft: Die Backoffice-Mitarbeiter waschen mit den Transfers nämlich meist Schwarzgeld aus betrügerischen Machenschaften rein, die Umbuchungen dienen dazu, die Herkunft der Zahlungen zu verschleiern. Wenn Ermittlungsbehörden das Ganze aufdecken, erfolgt der Zugriff zunächst oft nur gegenüber den armen Geldtransporteurinnen und -transporteuren. In vielen Fällen wurden sie zudem nicht von den Kriminellen bezahlt. Polizei und Finanzaufsicht warnen, sich auf Stellenangebote einzulassen, bei denen Gelder transferiert werden sollen[38]. Eine hilfreiche Übersicht der aktuellen Fake-Jobangebote im Internet bietet auch die österreichische »Watchlist Internet«, die über Methoden und Maschen von Internetbetrug in Österreich und Deutschland aufklärt[39].

Vorsicht ist außerdem geboten, wenn bei Jobangeboten für das Bewerbungsgespräch ein Video-Ident-Verfahren erforderlich ist, um sich auszuweisen. Den Ausweis sollte man niemals vor eine Kamera halten. Einzige Ausnahme: Man möchte bei einer Bank ein Onlinekonto eröffnen und das Geldinstitut bietet ausschließlich ein Video-Ident-Verfahren an. Bei Arbeitgebern hingegen ist so etwas nicht verbreitet. Besteht ein Unternehmen dennoch darauf, kann man anbieten, den Ausweis zum ersten Arbeitstag mitzubringen.

Achtung Autokauf-Abzocke

Aus Autos haben sich Thomas und Martina Meyer aus Berlin nie viel gemacht, aber als Martina schwanger wird, kaufen sie einem älteren Ehepaar günstig deren Wagen ab. Sechs Jahre später sind Martina, Thomas und der nun bald sechsjährige Anton das Autofahren schon wieder leid. Größtenteils steht das Fahrzeug bei ihnen nur nutzlos herum und nimmt Platz weg. Berlin diskutiert über die Verkehrswende, Teile der Friedrichstraße werden zu dieser Zeit zu einer Fahrradstraße und Fußgängerzone umgebaut. Thomas und Martina unterstützen diese Politik. Sie wollen das Auto abschaffen und lieber ein Lastenrad kaufen. Also versucht Thomas, den Gebrauchtwagen zu verkaufen. Aber was kann er für den nun zwölf Jahre alten Verbrenner noch verlangen? Die letzte Reparatur war teuer, der Satz Allwetterreifen ist noch keine zwei Jahre alt. Das wollen die Meyers wieder heraushaben. Thomas inseriert das Fahrzeug bei AutoScout24 und fordert einen kleinen vierstelligen Betrag. Er hofft, dass die Interessenten nicht merken werden, dass der Verkäufer keine Ahnung hat. Schon bald melden sich gleich mehrere Interessenten.

Abends gehen Thomas und Martina die Gebote durch. Die einen haben zahlreiche Rückfragen, wollen allerhand technische Daten wissen. »Puh, keine Ahnung«, murmelt Thomas und auch Martina hat keine Lust, lange E-Mails zu verfassen und die gewünschten Daten herauszusuchen. Die nächsten wollen das Fahrzeug anschauen, aber keiner der vorgeschlagenen Termine passt, außerdem wird der Preis infrage gestellt. Der Dritte versucht schon in der ersten Kontaktaufnahme, den Preis herunterzuhandeln. Dann stößt Thomas auf eine Nachricht, die seriös klingt. Ein Mann aus Dortmund schreibt sehr freundlich, er suche einen gebrauchten Wagen als Zweitauto – der von Thomas vorgeschlagene Preis sei fair und er würde den Wagen gern kaufen. Klingt gut, finden Thomas und Martina. Zwar hat auch dieser Mann ein paar Fragen. Er möchte etwa wissen, ob das Auto jemals einen Unfall hatte, welche vorgeschriebenen Inspektionen gemacht wurden, wann die letzte Wartung war und ob Thomas der Erstbesitzer sei und warum er das Auto verkaufe. Martina findet die Fragen berechtigt. »Wir könnten ja auch Betrüger sein«, sagt sie. Sie findet es auch gut, dass der Mann sogar schon eine Ausweiskopie angehängt hat. »Das finde ich seriös. Man schickt nicht eine Kopie von seinem Ausweis einfach so per Mail an jemanden, wenn man kein ernsthaftes Interesse hat«, gibt sie zu bedenken. Thomas nickt. Er antwortet dem Interessenten per E-Mail, um die weiteren Verkaufsbedingungen zu klären. Sie vereinbaren einen Termin, an dem der Käufer das Auto abholen will. Zuvor kann er den Wagen im Beisein von Thomas noch einmal Probe fahren.

Doch einige Tage vorher kommt eine unerwartete Nachricht: Der Käufer muss beruflich ins Ausland, er kann den Termin nicht einhalten. Stattdessen möchte er eine Spedition beauftragen, um das Auto abzuholen. Er erklärt, dass er den Kaufpreis sowie die Kosten für die Spedition bereits bei seiner Bank eingezahlt habe und schickt eine Kopie des Überweisungsbelegs. Die Bank soll das Geld treuhänderisch verwalten und erst freigeben, wenn das Auto übergeben ist. Thomas erhält eine E-Mail mit Priorität von der Bank als Bestätigung. Der Käufer bittet ihn nun, die Versandkosten an die Spedition per Paypal zu überweisen, um seine Vertrauenswürdigkeit zu beweisen. Außerdem soll er zur Sicherheit für den Käufer eine Kopie seines Personalausweises schicken. Die Versandkosten sind allerdings schön teuer: 800 Euro für den Transport quer durch die Republik. Die Kosten wird der Familienvater aber natürlich in wenigen Tagen mit dem Kaufpreis für das Auto auf seinem Konto haben. »Also, wenn der Käufer schon so in Vorleistung gegangen ist und wir auch die Bestätigung der Bank haben, dann kann man das schon machen«, findet auch Martina. Thomas überweist die 800 Euro also, scannt seinen Ausweis ein und schickt eine Kopie an den Käufer mit einem Beleg der Zahlung an die Spedition. Die soll zehn Tage später das Auto abholen.

Doch zehn Tage später meldet sich keine Spedition. Auch vom Käufer hört Thomas nichts mehr – und weder das Geld für das Auto noch die Gebühr für die Spedition ist auf seinem Konto angekommen. Noch schlimmer ist aber: Weil er über Paypal per kostenloser Überweisungsfunktion das Geld transferiert hat, bekommt er die 800 Euro nicht zurück!

Wie sich herausstellt, gibt es den Käufer aus Dortmund gar nicht. Thomas ist Betrügern aufgesessen, die nun auch noch eine Kopie seines Personalausweises haben. Der 43-Jährige ist schockiert. Wie konnte ausgerechnet er nur so dumm sein?

Der Familienvater hat allerdings noch Glück gehabt. Sein Pass wäre eh kurz darauf abgelaufen, also hat er sofort einen neuen beantragt und den alten einfach als gestohlen gemeldet. Zudem ist das Auto noch da – das verkauft er schließlich an eine Kollegin, die ihm anstandslos den gewünschten Betrag bezahlt. Am Ende waren die 800 Euro für den 43-Jährigen ein Lehrgeld.

In vielen Fällen geht die Masche aber noch weiter: Vor allem, wenn ein Kauf abgebrochen wird, werden die Opfer von den Betrügern bedroht. Da meldet sich angeblich die Bank oder die Spedition, mitunter sogar erfundene Inkassobüros, die noch Geld haben wollen. Und in manchen Fällen soll sogar mit der Einschaltung von FBI oder Interpol gedroht worden sein[40].

Die Masche geht auch andersherum: In solchen Fällen sind die angeblichen Verkäufer die Betrüger, die meist auf Plattformen wie mobile.de, autoscout24.de oder auch kleinanzeigen.de agieren und zu günstigen Preisen attraktive Fahrzeuge inserieren, die oft im Ausland stehen. Auch im umgekehrten Fall haben sich die Verkäufer bereits um eine Spedition gekümmert, damit der Wagen an die Käuferin oder den Käufer überführt werden kann. Meist erhalten die Opfer einen angeblichen Beleg darüber, dass das Fahrzeug schon an die Spedition übergeben wurde. Vom Geschäftspartner wird dann per E-Mail ein Identitätsnachweis in Form einer Ausweiskopie, der Kaufvertrag und eine entsprechende Bankverbindung übermittelt, wo das Geld für das Fahrzeug treuhänderisch verwaltet wird. In vielen Fällen erhalten die Opfer auch eine scheinbar funktionierende Tracking-ID, aus der die Überführung des Fahrzeuges hervorgeht. Das Auto wird nie geliefert. Bevor die Opfer entdecken, dass sie betrogen werden, ist das Geld oft schon weg.

Es gibt viele Variationen dieses Betrugs, in der Regel bleibt das Grundprinzip, nachdem der Betrüger versucht, den Verkäufer dazu zu bringen, echtes Geld auf Basis eines gefälschten Schecks oder einer anderen betrügerischen Zahlungsweise zu überweisen.

Wenn Sie ein Fahrzeug verkaufen oder kaufen möchten, sollten Sie daher immer wachsam sein und auf verdächtige Anzeichen achten. Es ist ratsam, Zahlungen nur in Form von Banküberweisungen oder anderen sicheren Zahlungsmethoden zu akzeptieren und sicherzustellen, dass das Geld auf Ihrem Konto eingegangen ist, bevor Sie das Fahrzeug herausgeben oder Zahlungen an Dritte weiterleiten. Nie sollte man eine Zahlung via »Paypal für Freunde« abwickeln. Denn mit dieser Funktion kann man das Geld nicht mehr zurückbuchen.

Und was könnte mit dem Ausweis von Thomas, obwohl das Dokument nicht mehr gültig war, im schlimmsten Fall passieren? Die Täter benutzen den Ausweis beim nächsten Opfer und geben sich als Thomas aus. Wer überprüft schon das Datum einer Ausweiskopie?

Angriff von Blackmamba1923

Er nennt sich »Blackmamba1923«. Er findet, das klingt verwegen. Dabei wissen die meisten Menschen nichts von seinem Alter Ego. Wenn er gefragt wird, was er beruflich macht, dann antwortet er, er sei IT-Spezialist. Das erklärt, warum er von zu Hause aus arbeitet. Nachfragen stellt dann meistens kaum jemand. In Wirklichkeit ist seine Arbeit aber aufregend. Sie ist wie Detektivarbeit. Er muss gründlich recherchieren, genau sein, im richtigen Moment zuschlagen. Denn der Mann, der sich Blackmamba1923 nennt, ist Hacker, ein sogenannter Black Hat. Er erpresst Unternehmen.

Wenn er ein Ziel auswählt, klickt er zunächst ins Impressum der Firmenseite. Hier findet er die wichtigsten Daten. So will es der Gesetzgeber per Telemediengesetz, ein Segen für Hacker wie ihn. An diesem Tag findet er bei seinem anvisierten Ziel aber wenig Konkretes. Lediglich die Telefonnummer der Firmenzentrale steht hier. Das bringt ihm nichts. Also klickt er weiter in den Pressebereich, findet dort die Durchwahl der Pressesprecherin. Sie ist dreistellig, ein Hinweis darauf, dass bei dem Unternehmen mindestens einhundert Beschäftigte arbeiten. Bei Firmen dieser Größe lohnt sich eine Erpressung in der Regel. Blackmamba1923 hat sich auf mittelständische Unternehmen spezialisiert – meist ist der Mittelstand schlecht gesichert, die Mitarbeiter kaum geschult, die Beute daher schnell gemacht. Viele Firmen zahlen lieber, als einen Imageschaden zu riskieren.

Bevor er anfängt, braucht er einen Kaffee. Er schlurft in die Küche. Seine Katze schaut ihn maunzend an. Sie ist schwarz, ihr Fell glänzt, ihre Augen funkeln. Er nennt sie Blackmamba-Cat. Das klingt agiler, als die Katze in Wirklichkeit ist. Am liebsten liegt sie auf der Heizung oder frisst. Auch jetzt will sie schon wieder Futter. »Wenn du so weitermachst, kannst du dich nicht mehr bewegen«, sagt er zu dem Tier. Und öffnet dann doch eine neue Dose Katzenfutter. Immerhin hat ihm seine Katze schon Damenbesuch beschert. Blackmamba1923 nutzt dafür eine Dating-Plattform. Und weil er lieber keine Bilder von sich im Netz sehen möchte, hat er die Fotos seiner Katze hochgeladen. Zu seiner eigenen Überraschung springen viele Frauen darauf an.

Besonders die witzigen Schnappschüsse der Katze bringen ihm Likes – sie sind aber auch nützlich für Phishing-Versuche, vor allem bei den weiblichen Zielpersonen. Bei Männern funktionieren hingegen Bilder von schönen Frauen besser. Manchmal wundert er sich, wie sehr Klischees doch stimmen. So oder so haben bisher fast alle Zielpersonen auf die für sie bestimmten Fotos geklickt und sie auch noch weitergeleitet. Wie dumm die Menschen doch sind, denkt er. Und streichelt seine Katze. Denn Blackmamba-Cat ist das Einzige, das ihm von seiner Großmutter geblieben ist. Seit seine Oma vor drei Jahren gestorben ist, hat er niemanden mehr.

Zurück im Arbeitszimmer setzt er sich mit dem dampfenden Kaffee an den Schreibtisch. Der Hacker recherchiert weiter: Die Firma ist auf Facebook, bei Xing, LinkedIn, sogar Instagram. Auch viele Beschäftigte des Unternehmens findet er auf den Plattformen. Viele haben öffentlich einsehbar angegeben, wer ihr Arbeitgeber ist. Furchtbar dumm, findet er. Aber nützlich für ihn.

Besonders wertvoll sind für Blackmamba1923 die Profilseiten der Pressesprecherinnen und Pressesprecher auf den Plattformen. Von hier kann er etliche weitere Profile von Mitarbeiterinnen und Mitarbeitern der Firma identifizieren. Nur wenige Klicks sind nötig, um sogar auf den Profilen der Vorstandsmitglieder zu landen. Auf seinem zweiten Bildschirm öffnet er eine Tabelle. Hier tippt er ihre Namen und Positionen ein. Außerdem braucht er noch die verantwortliche Person für die IT-Sicherheit und den Leiter der IT-Abteilung. Auch ihre Namen trägt er in der Tabelle ein, gefettet. Blackmamba1923 grinst. Dass sich Kollegen immer untereinander auf diesen Plattformen befreunden! Und weil die meisten Menschen Freundschaftsanfragen sehr schnell annehmen, werden auch seine Anfragen von einem Fake-Konto blitzschnell akzeptiert.

Blackmamba1923 mag die Informationsbeschaffung. In einem anderen Leben wäre er vielleicht Soziologe oder Psychologe geworden, aber die Schule hat er irgendwann abgebrochen. Seine Legasthenie wurde nie erkannt, sein Talent für Logik, Zahlen und Programmieren auch nicht. Seinen Vater hat er nie kennengelernt und seine Mutter war die meiste Zeit betrunken. Sie starb an einer Leberzirrhose, als er 13 Jahre alt war. Seine Oma nahm ihn auf. Sie war die Einzige, die an ihn glaubte. Er seufzt, als er an seine Großmutter denkt. Seine Oma hielt es sogar für möglich, dass er studieren könnte. Doch da war seine Schullaufbahn schon verkorkst, da war er schon als Scriptkiddie aktiv, erledigte kleinere Aufträge im Darknet gegen Geld. Auch als Hacker kann man die Menschen studieren. Er findet vieles über seine möglichen Zielpersonen heraus. Ihre Hobbys und Interessen, ihre politischen Einstellungen, sogar ob sie verheiratet sind oder getrennt, wie alt ihre Kinder sind, welche Bücher sie lesen, wo sie Urlaub gemacht haben. Den Leuten scheint immer noch nicht klar zu sein, was sie da alles preisgeben.

Zur ersten Phase des Angriffs gehört aber noch mehr Recherche. Wie ein Journalist muss er weitere Quellen durchforsten – Nachrichtenseiten, Branchenmagazine, Wirtschaftszeitungen. Im Bundesanzeiger findet er auch die Bilanzen des Unternehmens der vergangenen Jahre. Jetzt hat er einen Überblick und erkennt, dass die Firma Jahr für Jahr mehr Gewinn erwirtschaftet.

Während der Recherche hört er meistens Musik. Dann stört es ihn nicht, wenn jemand an der Tür klingelt. Weil er in einer Erdgeschosswohnung lebt, ist das fast immer der Postbote, der Pakete für die Nachbarn abgeben möchte. Besuch bekommt Blackmamba1923 selten. Er lebt zurückgezogen.

Heute hat er sein Lieblingsalbum ausgewählt, der Soundtrack der Serie »The Punisher«, ein Marvel-Comic. In seinem Arbeitszimmer hat er auch Poster der Serie aufgehängt. Es mag kindisch anmuten, aber dieser Comic hat für ihn mit echter Leidenschaft zu tun. Wie der Serienheld will auch er, dass alles in Ordnung gebracht werden soll. Und wenn das nicht auf legalem Weg geht, dann eben anders.

Er arbeitet hochkonzentriert, draußen regnet es noch immer. Irgendwann ist es dunkel geworden. Sein Blick fällt auf die Uhr: Es ist kurz vor 21 Uhr. Lange schon Zeit für den Feierabend. Doch bevor er den Computer herunterfährt, will er noch schnell im Darknet nach neuen Nachrichten schauen. Die Plattform, die Blackmamba1923 nutzt, ist wie ein Supermarkt. Hier schreiben ihm einige Kontakte, was sie brauchen. Einer fragt, ob er eine App programmieren könne, um dessen Freundin auszuspionieren. »Wie erbärmlich«, denkt Blackmamba1923. Er antwortet auf die Frage mit einem Wort: »Google.« Ein anderer möchte neue E-Mail-Adressen für eine Spam-Attacke. Diesen Auftrag gibt der Hacker einem Scriptkiddie weiter, einem Teenager, der noch kein wirklicher Hacker ist, sondern nur Programme und Scripts benutzt. Für kleinere Aufträge wie diese fehlt Blackmamba1923 mittlerweile die Zeit. Früher, als er selbst ein Scriptkiddie war, hat er so etwas gerne gemacht.

Dann findet er noch diese Nachricht vor: »Hey Blackmamba1923! Mein Chef hat mich rausgeschmissen. Ich will mich dafür rächen. Ich habe gehört, dass du gerne Ungerechtigkeiten in Ordnung bringst … Kannst du mir helfen und hast ein paar Ideen?« Der Hacker schüttelt den Kopf über so viel Dummheit. »Viel Spaß beim Weitersuchen«, denkt er. Solche Racheangriffe macht kaum noch jemand, sie sind viel zu gefährlich.

Da kommt Blackmamba-Cat ins Zimmer. Sie miaut. »Ja, ich weiß, du hast wieder Hunger – ich auch. Lass uns etwas essen.« Er fährt seinen Rechner herunter, nimmt seine Katze auf den Arm und geht mit ihr in die Küche.

Abends kocht er gerne frisch. Ein Hobby, das er vor einiger Zeit begonnen hat. Er wollte etwas für seine Gesundheit tun, hat auch angefangen zu trainieren. Er entspricht eben nicht den Klischees und darauf ist er stolz.

Beim Essen schaut er, ob es Neues bei der Dating-App gibt. Das ist sein Moment der Entspannung, abends zu checken, wie viele Frauen die Katzen-Fotos gelikt oder ihm geschrieben haben. Seitdem er gesünder lebt, gibt es auch Fotos von ihm selbst zu sehen. Er wählt dann den Ausschnitt so, dass nur ein Teil seines Gesichts zu sehen ist – das macht neugierig und stellt zugleich sicher, dass keine Bilder von ihm im Netz existieren. Heute hat er keine neuen Nachrichten bekommen. Also schaltet er das Smartphone aus. Sollte er jetzt noch einmal rausgehen? Draußen regnet es. Also holt er seine Yogamatte raus und öffnet die Fitness-App. Alle Übungen lassen sich ohne Geräte machen. Seit er abends regelmäßig trainiert, hat er abgenommen. Er findet, er sieht besser aus.

Kurz vor Mitternacht, zurück aus der Dusche, will er ins Bett. Als er die Vorhänge schließt, fällt sein Blick auf einen kleinen roten Bus auf der Straße. Das Fahrzeug kommt ihm verdächtig vor. Also schaltet er sein Smartphone wieder ein, tippt das Kennzeichen des Busses auf einer Plattform ein. Sein Herz pocht. Doch die Seite liefert zu dem Kennzeichen keine Ergebnisse. Der Hacker atmet tief durch. Es hätte auch ein Polizei-Observationswagen sein können. Beruhigt schließt er die Vorhänge und macht das Licht aus. Heute Nacht ist Schlaf wichtig, denn morgen wird ein entscheidender Tag werden.

Unterdessen sitzen im roten Bus vor dem Mehrfamilienhaus tatsächlich zwei Personen, die mit Observierungen beschäftigt sind. Es sind Polizisten, die den Hacker schon länger im Visier haben. Der eine ist Müjdat Coskun, Anfang 50, er ist der Einsatzleiter. Der andere Max

Stadlmann, ein junger Kommissar Anfang 30. Coskun spricht gerade in ein Walkie-Talkie: »Zielperson geht entweder ins Bett oder wird das Haus verlassen. Team 2, macht euch bereit für die Verfolgung.« Zehn Minuten lang starren die Männer auf den Hauseingang.

Nachdem sich nichts tut, gibt der Beamte Entwarnung: »Unser Dornröschen schläft, wir hören uns morgen um 6 Uhr.« Stadlmann schaut Coskun an. Der sitzt am Tisch im Fahrzeug und macht ein nachdenkliches Gesicht. »Ich denke, wir können gleich Feierabend machen. Zuvor hätte ich aber bitte gern sein Bewegungsprofil von letzter Woche. Stadlmann, könnten Sie Kaplan auch noch bitten, dass sie dem Hacker noch heute Nacht eine Nachricht über die Dating-App schickt? Sie soll ihm schreiben, wie süß seine Katze ist.« Stadlmann verzieht das Gesicht. »Aber die Katze ist hässlich.« Coskun lacht: »Sie müssen ihm auch nicht schreiben, sondern Kaplan.« Kaplan heißt eigentlich Elif Kaplan und ist eine junge Polizistin, die seit einiger Zeit im Team von Coskun arbeitet. Die junge Frau mit türkischen Wurzeln ist froh, einen Einsatzleiter zu haben, der ebenfalls türkischstämmig ist. Der Job als Polizistin ist ihr Traumberuf. Schon als kleines Mädchen wollte Elif Kaplan Kommissarin werden und Bösewichte jagen. Sie möchte die Welt ein Stückchen sicherer und gerechter machen. Da hat sie auch keine Skrupel, sich auf Datingplattformen als Köder zur Verfügung zu stellen. Coskun schätzt sie für ihr Engagement, ihren Mut und ihren Charme. Seit sie im Team arbeitet, ist die Stimmung unter den Kollegen gleich viel besser. Jetzt überlegt der erfahrene Polizist aber, welche Fehler sie unbedingt vermeiden sollten. Zu seinem Kollegen sagt er dann: »Morgen müssen wir hier weg, es ist sonst zu auffällig, wenn der rote Bus mehrere Tage hintereinander hier parkt. Ich denke, wir brauchen auch ein drittes Team.« Max Stadlmann nickt. »Chef, ich kümmere mich darum.«

Schon am frühen Morgen klingelt bei Blackmamba1923 der Wecker. Er ist wie jeden Tag fünf Minuten früher wach geworden. Er schlurft in die Küche und macht sich einen Kaffee. Zurück im Arbeitszimmer, öffnet er die Vorhänge – draußen geht gerade die Sonne auf. Es verspricht, ein schöner Tag zu werden, nicht wie gestern mit Dauerregen. »Dann also ohne Regenschirm«, sagt er und grinst. Nachdem er sich fertig gemacht und gefrühstückt hat, geht er erst einmal einkaufen. Außer Katzenfutter braucht er frische Sachen zum Kochen und am Kiosk will er noch die aktuelle Ausgabe von »Computercheck« kaufen.

Kurz nach zehn Uhr beginnt er mit der eigentlichen Arbeit. Vorher hat er die Zeitschrift durchgeblättert und einige Interviews und Berichte gelesen, dabei auch die Namen der Redakteurinnen und Redakteure studiert. Am Ende eines Artikels steht in einem Kasten, wer der Autor ist, welche Position er bei der Zeitschrift hat und was sein Fachgebiet ist – eine wertvolle Information.

Der Hacker öffnet nun wieder seine Tabelle auf dem einen Bildschirm und auf dem zweiten ein Dokument mit diversen Interviewfragen. Er wird gleich selbst in die Rolle als Journalist schlüpfen. Zunächst wählt er die Nummer der Pressesprecherin des Unternehmens und stellt sich ihr als Andreas Backmann von der Zeitschrift Computercheck vor – der dort zuständige Redakteur für das Thema IT-Security. »Hallo Frau Hartmann, Andreas Backmann von Computercheck hier. Wir sind ein IT-Fachmagazin, Sie kennen uns vielleicht. Ich rufe Sie an, weil ich gerne ein Interview mit Ihrem IT-Abteilungsleiter« – Blackmamba1923 schaut kurz auf den anderen Bildschirm in die Tabelle, wo der Name des Mannes gefettet ist – »... Herrn Martin Müller führen würde. Wir stellen in einer losen Reihe immer wieder interessante IT-Experten vor, die sich in einem bestimmten IT-Security-Bereich gut auskennen – und weil ich viel von Herrn Müller gehört habe, wollte ich mal anfragen, ob er dafür zur Verfügung stünde?« Die Pressesprecherin ist begeistert. »Das freut mich. Das können wir gern machen und ein gemeinsames Interview vereinbaren. Haben Sie denn eine Deadline? Wie sind Ihre zeitlichen Verfügbarkeiten und wollen Sie persönlich herkommen? Bringen Sie einen Fotografen mit? Soll es ein Wortlautinterview werden?« Blackmamba1923 ist auf diese Rückfragen vorbereitet. »Ich hatte gehofft, dass Sie mich mit Herrn Müller zunächst einfach mal verbinden könnten. Ich muss zugeben, dass ich erst einmal nur ein Vorgespräch führen muss, denn ich muss das Ganze noch meinem Redaktionsleiter schmackhaft machen. Danach würde ich dann mit Ihnen die Details für das Inter-

view abstimmen.« Die Pressesprecherin ist einverstanden. »Ich kann das Ganze gern mit Herrn Müller einmal besprechen und mich dann bei ihnen wieder melden«, sagt sie. Blackmamba1923 ist langsam genervt. Früher konnte er einfach in der Zentrale anrufen und sich durchstellen lassen, heute sind diese Pressestellen das reinste Nadelöhr. »Wir sind ja ein Special-Interest-Magazin und daher würde ich gern persönlich in einem kurzen Telefonat herausfinden, ob Herr Müller tatsächlich der passende Protagonist für unsere IT-Security-Reihe ist …«, sagt er. »Ich verstehe – da kann eine PR-Expertin wie ich natürlich nicht mithalten. Sie wollen also ohne mein Beisein das Vorgespräch führen? Na gut. Ich verbinde Sie mit ihm. Und Sie melden sich dann bei mir wieder, wenn es konkret wird, ja?«, flötet die Pressesprecherin zurück. Na bitte. »Vielen Dank!«, sagt der Hacker. Endlich ertönt Wartemusik. Dann ist eine Männerstimme zu hören. »Hallo, hier ist Martin Müller und Sie sind von Computercheck? Wissen Sie, ich lese die Zeitschrift sehr gern.« Der Hacker ist froh, dass er vorhin noch die neue Ausgabe gekauft hat. Wenn er sich schon als Redakteur des Hefts ausgibt, sollte er auf dem neuesten Stand sein. »Das höre ich gerne. Ich rufe Sie an, um ein paar Hintergrundinformationen zu bekommen. Ich habe bei meinem Besuch der Messe IT-Security Lounge von Ihnen gehört. Sie haben eine interessante Laufbahn hingelegt«, Blackmamba1923 schaut wieder auf den ersten Bildschirm und öffnet das LinkedIn-Profil von Müller. »Henriette GmbH, Blackmoon AG und Gumus Consulting – jetzt sind Sie bei der Firma Kafka Automatics. Ganz ehrlich, ich dachte, dass ich Sie für eine der nächsten Ausgaben vielleicht in unserer Security-Reihe vorstellen könnte. Hätten Sie für mich Zeit? Es wäre zunächst ein Vorgespräch. Ich muss das Ganze noch in der Redaktion vorstellen und wir würden dann später einen offiziellen Termin machen und auch mit einem Fotografen kommen«, sagt er.

Müller ist dabei. Der Hacker versucht nun, das Gespräch in eine bestimmte Richtung zu drehen – und zwar, ohne dass der IT-Leiter Verdacht schöpft. Eigentlich ist nur eine einzige Frage für ihn wichtig: Welches Druckermodell das Unternehmen nutzt. Dafür fehlt ihm noch die endgültige Bestätigung. Er stellt dem IT-Leiter also eine Reihe von persönlichen und dann technischen Fragen, alle rund um das Thema IT-Security. Der Mann kommt ins Plaudern, Blackmamba1923 lacht an den richtigen Stellen – am Ende weiß er, dass das von ihm vermutete Druckermodell tatsächlich von der Firma Kafka genutzt wird. Zum Schluss verspricht der falsche Journalist noch, dass er sich ganz bald zur Terminabsprache bei der Pressesprecherin melden werde und sich sehr auf das Interview freue. Dann legt er auf und ist froh, dass er kein weiteres Mal mit dem IT-Leiter reden muss.

Dann öffnet er einen kleinen Schrank, in dem er allerhand Ausweise von Mitarbeitenden aufbewahrt. Dort findet er den richtigen: Auf der Karte steht über einem erfundenen Namen das Logo des Druckerherstellers. In einem weiteren Schrank hat er Arbeitskleidung, darunter einen Arbeitskittel, an den er den gefälschten Hausausweis anheftet. Aus einer Schublade holt er noch eine Tasche und kontrollierte den Inhalt. Alles da, bis auf eine Festplatte, die bei dem Netzwerkdrucker benutzt wird. Die hat er in einem Containerschrank. Er platziert die Festplatte in der Tasche, zieht den Kittel an. Dann schaut der Hacker noch einmal aus dem Fenster: Der Bus von gestern Abend bleibt verschwunden.

Blackmamba1923 ahnt nicht, dass ein drittes Team ihn schon den ganzen Morgen beobachtet. Es hat sich an der nächsten Ecke auf der gegenüberliegenden Straße postiert. Ein Polizist hat mit dem Fernglas von hier aus aber eine gute Sicht auf das Arbeitszimmer. Jetzt spricht er in das Walkie-Talkie. »Er schaut aus dem Fenster. Und es sieht so aus, als habe er einen Kittel angezogen«, sagt der Beamte. Nicht weit von hier hinter dem Haus parkt auch der Bus. Dort sitzen wieder Coskun und Stadlmann. Sie lauschen der Meldung des Kollegen aus dem dritten Observationsteam. »Was soll das mit dem Kittel? Er geht keiner Arbeit nach, die eine solche Kleidung erfordert«, murmelt Max Stadlmann. Coskun drückt auf einen Knopf der Anlage vor ihm und sagt: »Team 2: Bereit machen für die Verfolgung.«

Inzwischen hat Coskun das Profil von Blackmamba1923 im Darknet-Markt genauer studiert. Als Profilbild benutzt der Hacker das Symbol der Serie Punisher. Coskun ist immer wieder erstaunt, wie sehr viele Hacker den gängigen Klischees über sie entsprechen – auch dieser. Plötz-

lich poppt auf dem Computerbildschirm eine Nachricht auf. Sie stammt von der Kollegin Elif Kaplan. »Er hat auf die Nachricht geantwortet«, sagt der Einsatzleiter zu seinem jungen Kollegen.

Das Herz von Blackmamba1923 schlägt schneller. Eine Frau hat ihm letzte Nacht geantwortet. Sie ist auf die Katze angesprungen. Männer, die Katzen hätten, seien viel attraktiver, schreibt sie. Sie habe auch eine Katze, genauer gesagt, einen Kater. Der Hacker schaut sich noch einmal das Profilbild der Frau in der Dating-App an. Sie ist schön, lange schwarze Haare, braune Augen, schlank und durchtrainiert. Sie nennt sich Catwoman und das findet er anziehend. Und dann erst ihre Fotos! Ein herzliches Lachen, sie im Sommerkleid und mit einem Drink in der Hand. Am Strand beim Surfen im kurzen Neoprenanzug. Sogar eines mit dem Kater ist dabei. Sie hält ihn in die Kamera, ihr schöner Mund grinst. Er überlegt kurz, ob es zu voreilig ist, ihr gleich ein Doppeldate vorzuschlagen. Man könnte sich bei einem Essen kennenlernen, sie solle doch gern ihren Kater mitbringen, denn seine Katze fühle sich einsam. Er entscheidet, dass diese Antwort nicht zu vorschnell ist, sondern witzig. Und schickt die Nachricht, versehen mit vielsagenden Smileys, ab. Dann verlässt er das Haus. Als er in seinem Auto sitzt, vibriert sein Smartphone. Die Frau hat ihm schon geantwortet! »Wir sind ja in derselben Stadt, warum nicht? Wie sieht es morgen Abend aus? Wo wohnst du?«, will sie wissen. Wow, denkt er. Und tippt schnell eine Antwort: »Morgen Abend passt wunderbar. Um 18:30 Uhr? Hier die Anschrift …« Dann sieht er, dass die Frau sofort reagiert – sie schickt zwei Smileys und einen Daumen hoch. Voller Vorfreude auf das Date startet er den Wagen und bemerkt nicht, dass ein Auto, nur wenige Meter von ihm entfernt geparkt, ebenfalls losfährt.

Weit hat er es nicht. Die Firma Kafka befindet sich in seiner Heimatstadt München, keine halbe Stunde Autofahrt von seiner Wohnung. Er parkt den Wagen auf einem öffentlichen Parkplatz, greift nach seiner Tasche und geht zur Eingangstür der Firma. Was er nicht bemerkt: Das Auto, das ihm gefolgt ist, hat ebenfalls nahe dem Eingang zur Firmenzentrale gehalten. Der Hacker bekommt auch nicht mit, dass darin Polizisten sitzen, die ein Foto von ihm machen, als er das Unternehmen betritt. Das Bild schicken sie sofort dem Einsatzleiter. Coskun vergrößert es und wählt den Ausschnitt so, dass der gefälschte Mitarbeiterausweis gut zu sehen ist. »Rufen Sie bitte diesen Druckerhersteller an und fragen Sie, ob jemand mit diesem Namen dort arbeitet«, sagt Coskun zu seinem jungen Kollegen.

Unterdessen ist der Hacker am Empfang angekommen, wo er sich als Mitarbeiter des Druckerherstellers vorstellt und sagt, dass er die Drucker überprüfen und Updates durchführen müsse. »Ein Gerät müssen wir unbedingt überprüfen, sonst kann das ganze Stockwerk nichts mehr ausdrucken. Der IT-Leiter, Herr Müller, hat den Auftrag gestern erteilt«, sagt er und zeigt der Assistentin eine Auftragsbestätigung mit Logo des Herstellers. Als Auftraggeber steht hier die Firma Kafka – und der Name des IT-Leiters. Das Dokument hat er gefälscht. Die Assistentin zögert. Sie möchte erst den IT-Leiter anrufen, ehe sie den vermeintlichen Dienstleister an die Geräte lässt. »Das brauchen Sie doch nicht«, sagt der Hacker. »Ich kenne schon sein Büro im zweiten Stockwerk.« Die Assistentin ist irritiert. »Es ist im dritten Stock«, sagt sie und greift zum Telefon. Blackmamba1923 reagiert sofort. »Ah, stimmt. Ich bin so viel im Außendienst und wissen Sie was? Die IT sitzt ganz oft im zweiten Stock. Ich habe das anscheinend verwechselt.« Blitzschnell hat er in die Tasche gegriffen und holt eine Spielzeugente heraus. Sie hat unterm Flügel einen kleinen Laptop. »Gefällt Ihnen die Ente?«, fragt er und lächelt. Die Assistentin ist noch immer irritiert, aber nimmt das Gummispielzeug in die Hand. Sie drückt es, das Entchen quietscht. »Das ist unser Maskottchen«, sagt er. »Kleine Kinder lieben es. Und Hunde auch.« Dann lacht er. Die Assistentin lacht nun auch. »Ich habe sogar beides – ein kleines Kind und einen Hund«, sagt sie. – »Wissen Sie was? Ich schenk Ihnen die Ente. Sie dürfen entscheiden, ob sie die Ihrem Kind oder Ihrem Hund geben. Und wenn ich das nächste Mal komme, bringe ich noch eine zweite und sogar eine dritte mit«, sagt er dann. Die Frau lächelt. »So viele Enten brauche ich gar nicht«, sagt sie. »Oh doch, eine muss hier am Empfang bleiben. Denn da schreiben wir jetzt eine Drei drauf und dann weiß ich schon Bescheid, dass ich in den dritten Stock muss«, sagt er Hacker. Jetzt muss die Assistentin laut lachen und winkt ihn durch. »Na, dann gehen Sie mal durch – und ich hoffe, es geht nicht um das Gerät vom Chef, der auch im dritten Stock sein Büro hat.« Das kommt Blackmamba1923 sehr entgegen. »Nein, es geht um den Drucker im zweiten Stock. Aber ich muss ja erst zu Herrn Müller in den dritten Stock. So sagt es zumindest die Ente, und Enten mit Laptops haben immer recht!« Mit einem Grinsen verabschiedet er sich.

Währenddessen hat Stadlmann eine Rückmeldung vom Druckerhersteller erhalten: »Es gibt keinen Mitarbeiter mit diesem Namen!«, sagt er zu seinem Chef. Coskun ist zufrieden. »Dann warten wir jetzt ab, was er für eine Aktion plant und lassen ihn erst einmal machen. Rufen Sie aber die IT-Leitung der Firma an und sagen Sie, sie sollen das Netzwerk herunterfahren.«

In der Firma Kafka fährt Blackmamba1923 nicht in den dritten, sondern direkt in den zweiten Stock. Der Drucker steht gut sichtbar auf dem Flur. Er öffnet seine Tasche, holt ein Blatt Papier heraus – darauf steht das Passwort des Admins, zumindest jenes, das direkt vom Hersteller vergeben wurde. Eigentlich muss es sofort bei Inbetriebnahme des Geräts und dann regelmäßig geändert werden, aber selbst versierte IT-Sicherheitsexperten vergessen so etwas. So kommt es, dass viele Unternehmen vielleicht eine gute Sicherheitsinfrastruktur haben, aber bei banalen Dingen wie einem Drucker enorme Sicherheitslücken. Anscheinend hat auch IT-Leiter Martin Müller kein neues Passwort vergeben. Schnell ist Blackmamba1923 im Admin-Menü, holt zudem ein Gerät aus der Tasche und verbindet es mit dem Drucker. So müsste er Zugriff auf das Netzwerk bekommen. Denn auch ein Drucker ist ein Computer und mit dem Firmennetzwerk verbunden. Doch der Zugriff gelingt dem Hacker nicht. Wie kann das sein? Verärgert verzieht er das Gesicht. Für weiteres Herumprobieren hat er nun keine Zeit. Er muss zu Plan B übergehen und holt einen Schraubenzieher aus der Tasche, baut die Festplatte des Druckers aus. Über das Admin-Menü kann er überprüfen, welche Einstellungen die Festplatte hat – und tatsächlich, sie löscht nicht alle Druckaufträge sofort, sondern hat sie alle gespeichert. Wunderbar. Nun tauscht der Hacker diese mit der Festplatte aus, die er mitgebracht hat. Dann ist es an der Zeit, die Firma Kafka zu ver-

lassen. Um nach unten zu gelangen, nimmt er lieber die Treppe und Hintertür. Er möchte nicht noch einmal mit der Assistentin sprechen. Doch auf dem Hinterhof stehen einige Mitarbeiter und rauchen. Einer spricht ihn plötzlich an. »Hallo – Sie waren doch erst vorgestern da, was ist denn passiert?«

Damit hat der Hacker nicht gerechnet. Irritiert schaut er den Kafka-Mitarbeiter an. Der stellt sich ihm vor: »Ich bin Markus aus der IT.« Der Hacker überlegt, wie er aus dieser Situation kommt. »Mein Kollege hatte eine Installation vergessen, das Problem ist jetzt aber behoben«, murmelt er. IT-Markus ist sichtlich irritiert – und stellt Nachfragen: »Das kann ich mir nicht vorstellen. Ihr Kollege hatte doch die komplette Installation mehrfach überprüft.« Blackmamba1923 möchte nur noch schnell weg. »Ja, aber anscheinend hat er etwas übersehen. Ich möchte ihn auch nicht in Misskredit bringen und muss außerdem zum nächsten Kunden«, sagt er und schiebt IT-Markus zur Seite. »Na, dann vielen Dank und bis zum nächsten Mal«, sagt dieser noch. – »Nichts zu danken, das ist unser Job!«, ruft Blackmamba1923 dem Mann noch zu, während er schnellen Schrittes das Gelände verlässt.

Als er endlich wieder in seinem Auto sitzt, holt er tief Luft. Da vibriert sein Handy. Seine Stimmung schlägt rasch um – es ist wieder eine Nachricht von der Frau. »Ich freue mich schon auf morgen Abend!«, schreibt sie und schickt einen Smiley.

Beim Fahren entspannt er sich. Sein Auftritt war doch erfolgreich, und ein Date hat er auch. Zufrieden fährt er nach Hause. Dort angekommen, zieht er zuerst den Kittel aus und nimmt auf seinem Sessel im Wohnzimmer Platz. Er startet seine teure Musikanlage, dreht den Punisher-Soundtrack laut auf und zieht dann die Festplatte aus der Tasche. Er betrachtet sie und sagt: »Hoffentlich bringst du mir viel Geld.«

Im Arbeitszimmer verbindet er sie mit seinem Computer. Nun kann er sich die Druckaufträge ansehen: E-Mails, Schriftverkehr mit den Kunden, Rechnungen und Verträge. »Jackpot«, denkt er. Dann durchforstet er die E-Mails. Viele sind darunter, die sich die Mitarbeitenden untereinander geschickt haben, oft belangloses Zeug, sogar lustige Katzenbilder sind dabei. Das Material reicht auf jeden Fall, um die

Firma zu erpressen. Und es geht noch viel einfacher. Er kann einfach eine Phishing-Mail verfassen. So unachtsam wie die Mitarbeiter in den Firmen-Mails sind, ist klar: Irgendjemand wird die Nachricht anklicken und seinen Trojaner herunterladen. Warum soll er sich da noch mehr Arbeit machen? Die Phishing-Mail ist schnell getippt. Außerdem soll eine E-Mail direkt an den IT-Leiter Müller und den Vorstand der Firma gehen. Im Anhang schickt er ein paar Dokumente mit, die er auf der Festplatte gefunden hat. Und eine kleine Bosheit erlaubt er sich auch noch: »PS: Wenn Sie wollen, dass ich Ihnen erzähle, wie ich es geschafft habe, an diese Daten zu kommen und was Sie besser machen sollten, stehe ich Ihnen gerne zur Verfügung. Kostet aber extra.«

Der Hacker ist zufrieden – jetzt kann er sich Gedanken darüber machen, was er morgen für sein Date kochen möchte. Außerdem sollte er vorher noch die Wohnung putzen und das Katzenklo gründlich reinigen. Blackmamba-Cat ist mittlerweile wieder da. Sie rekelt sich im Wohnzimmer auf ihrem Lieblingsplatz und hat anscheinend ein großes Geschäft auf dem Katzenklo verrichtet. Der Hacker seufzt. Was tut man nicht alles aus Liebe zum Tier?

Es dauert nicht lange, bis auch Ermittler Coskun die Erpressungs-E-Mail vor sich hat. Der gewarnte IT-Leiter hat sie ihm sofort weitergeleitet. »Haben die das Netzwerk etwa nicht heruntergefahren?«, fragt er seinen Kollegen. Der hat den Vorgang auch nicht verstanden. »Doch, angeblich sofort«, sagt dieser. Coskun ruft den IT-Leiter an. Dem ist das Ganze peinlich. Doch, das Netzwerk hätten sie schon heruntergefahren, sagt dieser. Allerdings könne es sein, dass der Hacker einen anderen Trick angewendet habe. Müller zögert. Dann räumt er gegenüber dem Einsatzleiter ein, dass er das Admin-Passwort des Druckers nicht hat ändern lassen. Ein fataler Fehler in seiner Position. Nach Überprüfung des fraglichen Druckers hat der IT-Leiter nämlich eine leere Festplatte ohne sämtliche Druckaufträge vorgefunden. Er geht davon aus, dass der Hacker die Festplatten einfach ausgetauscht hat. Coskun reicht das als Erklärung. Jetzt müssen sie den Erpresser nur noch festnehmen. IT-Leiter Müller hingegen hat ein Problem: Er muss dem Vorstand seine Fehler erklären und hat Angst, dass ihn das Ganze den Job kostet. Aus einem Interview mit Computercheck wird so auf jeden Fall nichts.

Es wird bereits dunkel, als Blackmamba1923 mit der Hausarbeit fertig ist und sich wieder an den Schreibtisch setzen kann. Er will noch einmal die Festplatte durchstöbern. Da klingelt es. Für einen Lieferanten ist es jetzt eigentlich zu spät. Wer kann das sein? Auch sein Handy vibriert. Die Katzenfrau hat wieder geschrieben. »Überraschung!« steht da nur. Dann klingelt es wieder an der Tür. Zaghaft öffnet er die Wohnungstür – vor ihm steht tatsächlich sein Date. Und im realen Leben ist sie noch viel schöner als auf den Fotos in der Dating-App. Sogar Blackmamba-Cat kommt maunzend an die Tür. »Wow«, hört er sich stammeln. »Hallo – ich wollte dich überraschen. Oh, und das muss wohl deine süße Katze sein«, sagt sie und beugt sich herunter, streckt ihre Hand mit den wohl manikürten Händen zur Katze hin. Die lässt sich schnurrend kraulen. So zugewandt ist Blackmamba-Cat sonst nicht, stellt er erstaunt fest. »Ich weiß, wir waren erst morgen verabredet. Aber ich habe gerade ein paar Tage Resturlaub, mir war langweilig und – tada!«, sagt die Schöne und zeigt auf eine Tüte, die sie mitgebracht hat. »Asiatisch. Ich hoffe, du magst das? Jetzt fehlt nur noch der Wein«, sagt sie und lächelt. Der Hacker ist entzückt und immer noch sehr überrascht. »Ich mag asiatisch. Aber ich habe normalerweise keinen Alkohol zu Hause. Guten Wein hätte ich erst morgen besorgt«, sagt er entschuldigend.

Elif Kaplan mag Einsätze wie diese, auch wenn sie dem Hacker gleich das Herz brechen wird. Irgendwie ist dieser Typ doch süß, so schüchtern, wie er vor ihr steht, denkt sie. Aber ein guter Kerl ist er eben nicht. »Weißt du was, ich kann auch grad noch eine Flasche besorgen, gleich um die Ecke ist ja ein Supermarkt. Oder du bist ein Gentleman und kaufst welchen und ich spiele zwischenzeitlich mit deiner Katze?«, fragt sie und lächelt den Hacker an.

Der willigt sofort ein. Was für eine Traumfrau! Da muss er Gentleman sein. Blackmamba1923 schließt noch rasch die Tür zu seinem Arbeitszimmer und zieht sich dann die Schuhe an. »Ich bin in spätestens zehn Minuten zurück!«, ruft er und zieht die Tür ins Schloss. Als er weg ist, weiß die Ermittlerin im Undercover-Einsatz, dass sie nur wenig Zeit hat. Sie nimmt sofort Kontakt mit ihren Kollegen auf. »Er ist unsere Zielperson«, bestätigt sie. – »Hast du die Festplatte?«, fragt Einsatzleiter Coskun zurück. Elif Kaplan schaut im Arbeitszimmer auf den Schreibtisch. Da liegt sie. »Ja«, sagt sie und fügt lachend dazu, »und jede Menge Poster von Punisher.« Coskun grinst. »Festplatte sichern und abwarten. Wenn er wieder zurückkommt, sind wir gleich bei dir.«

Tatsächlich ist der Hacker kurz darauf zurück. Er öffnet die Tür, die Weinflasche in der Hand. »Hier ist der Wein!«, ruft er, als er die Wohnung betritt. Hinter ihm spürt er einen harten Griff – ein Mann steht dort und sagt: »Und hier ist die Polizei. Auf den Boden!« Ehe der Hacker versteht, was geschieht, liegt er auf dem Boden, der Beamte hält ihn fest. Er kann trotzdem seinen Kopf heben und zur Katzenfrau schauen. Er versteht nicht, was er da sieht. Sie hält eine Waffe in der Hand, auf ihn gerichtet. Dann kommt ein weiterer Mann herein – Einsatzleiter Coskun. Der beugt sich zu dem Hacker herunter und flüstert ihm ins Ohr: »Wenn Sie wissen möchten, wie wir es geschafft haben, Sie zu überführen, kann ich Ihnen das gern auf dem Weg ins Revier erzählen. Ich hätte da auch noch einige Sicherheitstipps für Sie. Aber das kostet extra.« Blackmamba-Cat steht maunzend im Flur. Der Hacker, noch immer fassungslos, gibt auf. Er schaut seine Katze traurig an. Was wird aus ihr, wenn er jetzt ins Gefängnis muss? »Ich brauche keine Sicherheitstipps. Aber bitte kümmern Sie sich um Blackmamba-Cat«, fleht er. Kaplan senkt die Waffe. Auch sie beugt sich zum Festgenommenen herunter. »Das tun wir. Weißt du was? Ich habe tatsächlich einen Kater, der einsam ist, seit seine Spielgefährtin vor einiger Zeit an Altersschwäche gestorben ist. Ich nehme deine Katze auf – und wenn sich beide vertragen, dann wird wenigstens aus den Katzen ein Paar.«

Die gängigsten Methoden der Täter in der Übersicht

Der Mensch ist ein soziales Wesen, er ist neugierig, lässt sich mitunter leicht in Angst versetzen, er ist gierig, er ist manchmal nur auf seinen Vorteil bedacht. Er kann mitfühlend sein und hilfsbereit sein. Alle diese Eigenschaften werden beim Social Engineering ausgenutzt. Social Engineering zielt darauf ab, rationale Überlegungen außer Kraft zu setzen, indem es starke Emotionen hervorruft und zu einem unüberlegten Handeln verleitet.

Fatal ist es, wenn die Angegriffenen an wichtigen Schnittstellen in Unternehmen arbeiten und es zu hohen Schadenssummen kommt. Sie glauben vielleicht, das könnte Ihnen nicht passieren? Sie werden staunen, wie leicht Menschen auf diese Manipulationsmethoden hereinfallen. Laut dem Verizon Data Breach Investigations Report (DBIR) aus dem Jahr 2022[41] beinhalten 82 Prozent der Datenschutzverletzungen ein menschliches Element – sprich: Jemand hat einen Fehler gemacht. Und in einer Studie des Unternehmens Barracuda aus dem Jahr 2021[42] wurde festgestellt, dass ein Unternehmen im Schnitt rund 700-mal im Jahr Angriffen ausgesetzt ist, häufig setzen die Täter dabei auf soziale Manipulationen von Beschäftigten.

Digitale Tools spielen dabei oft keine so große Rolle – die Täter nutzen viel lieber die menschlichen Schwachstellen aus. Sie greifen zum Telefon (oft mit verfremdeten Stimmen, etwa um zu klingen wie der Unternehmenslenker), sie schlüpfen in Rollen und tauchen als Dienstleister, Handwerker, Reinigungspersonal oder Kundinnen verkleidet in Firmen auf, um mit den Mitarbeitenden zu sprechen, so wie es etwa der Hacker Blackmamba1923 getan hat.

Man unterscheidet verschiedene Formen des Social Engineerings. Beim Pretexting etwa geben sich die Täter oft als Autoritätspersonen wie Polizeibeamte aus. Die Angreifer versuchen einen falschen Vorwand (»Pretext«) zu nutzen, um das Gegenüber zu überlisten. Die Rolle als Autoritätsperson versetzt die Täter in die vermeintlich überlegene Position, auf die gewünschten Informationen zuzugreifen. Es muss aber nicht immer eine Autoritätsperson sein, es kann auch eine Rolle der helfenden Hand sein, die das Opfer vermeintlich unterstützen will. Immer wird eine plausible Geschichte erfunden und eben eine Rolle gespielt.

Beim Tailgating (»Durchschlüpfen«) wiederum kommt es zu physischen Angriffen auf Unternehmen – so auch im Fall von Blackmamba1923. Tailgators dringen unbemerkt, getarnt oder auch eingeladen in eine Firma ein und lesen dann mit speziellen Werkzeugen, etwa einem wie ein USB-Stick aussehenden Tool, Tastatureingaben an Rechnern aus. Die Sticks können aber noch mehr – zum Beispiel Tastatureingaben ausführen.

Eine weitere Form ist der Social-Engineering-Angriff mit einem Köder. Hier wird vor allem mit Verlockungen oder der Angst, etwas zu verpassen, gespielt. Auch hier geht es darum, ein bestimmtes Verhalten auszulösen. Da werden etwa Mitarbeitenden kostenlose Geschenke angeboten, wenn sie Unternehmensdaten verraten.

Beim sogenannten Spearphishing hingegen wird eine verfeinerte Form des Phishings genutzt. Hier ist der Angriff sehr sorgfältig auf ein bestimmtes Opfer zugeschnitten. Laut einer Studie der britischen Regierung zur Cybersicherheit[43] ist bei der Mehrheit (83 Prozent) der Unternehmen, die einen Cyberangriff feststellen, Phishing bzw. Spearphishing das Einfallstor. Und so gehen die Täter dabei vor:

1. **Zielauswahl**: Die Angreifer wählen ein spezifisches Individuum oder eine Organisation als Ziel aus. Dies kann zum Beispiel auch ein Unternehmensleiter, eine Regierungsbeamtin in hoher Funktion oder eine andere Person mit Zugang zu sensiblen Informationen sein, etwa die Leiterin der IT-Abteilung eines Unternehmens.
2. **Informationssammlung**: Vor dem Angriff sammeln die Täter detaillierte Informationen über ihre Zielperson. Sie durchforsten Profile in sozialen Netzwerken, Unternehmenswebsites oder andere Quellen.

3. **Nachrichtenerstellung**: Basierend auf den gesammelten Informationen erstellen die Täter eine speziell auf die Zielperson ausgerichtete E-Mail, Messenger-Nachricht oder einen Brief, manchmal machen sie auch einen Anruf. Hier geht es dann etwa um eine bevorstehende Konferenz, ein aktuelles Projekt oder ein anderes persönliches oder berufliches Interesse.
4. **Manipulation**: Die Nachricht wird so gestaltet, dass sie von einer vertrauenswürdigen Quelle zu stammen scheint, wie einem Kollegen, einer Vorgesetzten oder einem bekannten Unternehmen. Sie kann Links zu gefälschten Websites enthalten oder Anhänge mit Malware.
5. **Aktion**: Die Zielperson wird aufgefordert, eine bestimmte Aktion auszuführen, wie das Klicken auf einen Link, das Öffnen eines Anhangs oder das Weitergeben vertraulicher Informationen. Da die Nachricht persönlich und relevant erscheint, ist die Wahrscheinlichkeit höher, dass das Opfer die Aufforderung befolgt.

Spearphishing ist gefährlich, weil die Angriffe individuell und daher sehr schwer zu erkennen sind, selbst technisch versierte Individuen können getäuscht werden.

Ein bekanntes Beispiel war der Angriff auf die E-Mails des Democratic National Committee im Jahr 2016 während des US-Wahlkampfs.[44, 45] Die Angreifer waren wohl russische Hacker. Sie verwendeten Spear-Phishing_Mails, die so aussahen, als stammten sie von Google, und forderten die Empfängerinnen und Empfänger auf, ihre Passwörter zu ändern. Die Links führten zu gefälschten Websites. Die eingegebenen Passwörter wurden von den Angreifern erfasst. Ebenfalls 2016 wurde der österreichische Flugzeughersteller FACC Ziel einer solchen Attacke und verlor dadurch rund 50 Millionen Euro.[46, 47] Das E-Mail-Konto des Geschäftsführers wurde von den Tätern gefälscht. Ein Angestellter des Unternehmens erhielt dann eine vermeintlich vom Chef stammende dringende E-Mail-Anfrage für eine Geldüberweisung. Der Beschäftigte kam der Aufforderung nach – das Geld wurde an die Täter transferiert.

2020 nutzten Cyberkriminelle Phishing-Angriffe bei mindestens 50 000 Zoom-Nutzerinnen und -Nutzern, die die Videostreaming-Plattform über einen Firmenaccount ihres Arbeitgebers verwendeten. Gespielt wurde hier mit der Angst vor einer möglichen Kündigung. Die Betroffenen bekamen einen Link zu einem Zoom-Call mit der Personalabteilung. Wer ihn anklickte, landete auf einer gefälschten Anmeldeseite[48], mit der die Täter die Passwörter stahlen.

Opfer wurde auch das Marriott-Hotel in Maryland (USA) im Jahr 2022. Hier wurden Social-Engineering-Taktiken genutzt, um 20 GB persönlicher und finanzieller Daten zu stehlen.[49] Ebenfalls 2022 wurde das US-Arbeitsministerium (Department of Labor, DoL) Opfer eines sozial manipulierten Angriffs[50], bei dem Anmeldedaten für Microsoft Office 365 gestohlen wurden. Für den Angriff nutzten die Täter ein ausgeklügeltes Phishing, das auf geschickt gefälschten Domains basierte, die wie die legitime DoL-Domain aussahen.

Sogar Sicherheitsanbieter wurden bereits zum Opfer: etwa die Firma Crowdstrike im Jahr 2022[51]. Betrüger nutzten die vertrauenswürdige Marke des Unternehmens, um Phishing-Mails an Mitarbeitende zu senden. Die E-Mail enthielt Details zu einer möglichen Malware-Infektion und eine Telefonnummer, die angerufen werden sollte, um die installierte Schadware zu entfernen. Die Mitarbeiter sollten den Angreifern dann Zugang zu ihren Computern gewähren.

All diese Beispiele zeigen: Cyberangriffe können jedes Unternehmen treffen. Und tatsächlich passiert das auch, täglich. Arbeitgeber sollten ihre Mitarbeitenden daher regelmäßig schulen und Daten sichern. Wichtig ist ein Notfallplan, der genau vorsieht, was im Falle eines Cyberangriffs zu tun ist. Der Plan hat im Idealfall auch Lösungen für die Kommunikation nach außen, damit keine Reputationsschäden entstehen. Mit einer sogenannten Endpoint Security – das ist ein mehrschichtiger Schutz für Unternehmen, insbesondere bei verdächtigen Aktivitäten im IT-Netzwerk – bleibt man laufend informiert und kann sofort reagieren, wenn es zu einer Gefahrenlage kommt. In der Regel testen die Täter zunächst die Schwachstellen, ehe der echte Angriff erfolgt.

Anti-Ransomware-Funktionen schützen zudem Dateien vor Verschlüsselung, stellen Dateien automatisch wieder her und stoppen Angriffe mittels Verhaltensanalysen. Die meisten Systeme arbeiten heute mit künstlicher Intelligenz, die bekannte und unbekannte Malware ganz ohne Signaturen erkennt. Sie blockiert auch sogenannte Exploits und Techniken, die zur Verbreitung von Malware, zum Diebstahl von Zugangsdaten und zur Verschleierung von Angriffen eingesetzt werden. Und das Schönste daran ist, dass die IT-Abteilung die komplette Kontrolle über eine zentrale Konsole hat.

Gefährlich ist aber auch das E-Mail-Postfach. Vor allem dann, wenn die Täter das Passwort haben. Oft müssen sie dazu nichts hacken, man kann die Daten für wenig Geld im Darknet kaufen. Auf den größeren Plattformen gibt es aktuell knapp 15 Milliarden E-Mail-Adressen samt Passwörtern. Damit lassen sich dann automatisiert Erpressungsnachrichten verschicken. Ein Programm wechselt jeweils die E-Mail-Adresse und das Passwort der Opfer aus.

Sie sollten sich daher E-Mails in der Textversion darstellen lassen, nicht als HTML; außerdem keine externen Inhalte automatisch herunterladen und PDFs mit einem alternativen Programm wie dem PDF-Viewer anzeigen. Checken Sie bei verdächtigen E-Mails, ob die Absender-Domain zum Webauftritt passt und die Bankdaten zum Unternehmen. Und nutzen Sie die Dienste von VirusTotal[52], Browserling[53] oder urlscan.io[54], um Links zu überprüfen.

Kapitel 3

Übermenschliche Bedrohungen – Cybercrime mit KI

Programme mit sogenannter künstlicher Intelligenz wie die Chatbots ChatGPT, Bard oder das Bildprogramm Midjourney haben die Welt im Sturm erobert. Die Tools erleichtern das Leben enorm – und haben großes Missbrauchspotenzial. Doch längst haben Cyberkriminelle eigene KI-Anwendungen entwickelt – eine große Gefahr. In diesem Kapitel zeigen wir Ihnen, wie schmal der Grat zwischen Science-Fiction und Realität bereits ist, wie KI schon von Kriminellen eingesetzt wird und wohin es künftig gehen könnte.

Kampf gegen falsche Bücher

KI-Tools wissen nicht alles, meistens erfinden sie nur. Das kann unterhaltsam, aber auch gefährlich sein. Ein Beispiel gefällig? Als die KI-Chatbots neu waren, galt in vielen Redaktionen in Deutschland die Devise: Testen, was das Zeug hält. Und was haben die meisten Journalistinnen und Journalisten zuerst getestet? Sie haben die KI über sich selbst ausgefragt. Über sich selbst weiß man immerhin am meisten und so kann man recht gut ohne weitere Faktenprüfung herausfinden, wie groß der Wahrheitsgehalt der von den Anwendungen erstellten Texte ist. Natürlich hat auch Tina Groll ChatGPT und Bard als Erstes gefragt, was die Chatbots über sie wissen. Und staunte nicht schlecht, als sie plötzlich zu einer Autorin einer Reihe kluger Bücher wurde, die sie leider nie geschrieben hat, aber immerhin geschrieben haben könnte. Das Erstaunliche dabei ist: Mit jedem neuen Selbsttest erfanden die Maschinen neue Werke. So behauptete ChatGPT einmal, dass einige von Grolls bekanntesten Büchern folgende seien:

- »Die Machtfrage: Anspruch und Wirklichkeit von Führung in Deutschland« (zusammen mit Eva-Maria McCormack). Dieses Buch behandelt das Thema Führung in Deutschland und untersucht, wie Führungskräfte in verschiedenen Branchen und Unternehmen agieren.
- »Das demokratische Unternehmen: Neue Arbeits- und Führungskulturen im Zeitalter digitaler Wirtschaft«. In diesem Buch beschäftigt sich Tina Groll mit den Veränderungen in der Arbeitswelt durch die Digitalisierung und wie Unternehmen darauf reagieren können.

Die Kommunikationsstrategien Eva-Maria McCormack hat Tina Groll erst durch die kreative Schaffenskraft von ChatGPT kennengelernt. Es gibt sie immerhin wirklich, aber vermutlich kennt auch Frau McCormack Frau Groll nicht. Gemeinsame Bücher haben die beiden nie geschrieben. Was hier vielleicht ein Schmunzeln hervorruft, führt bei anderen Autorinnen zu handfesten Problemen. Etwa im Fall der Schriftstellerin Jane Friedman.[55] Die US-Autorin ist seit 25 Jahren im Medien- und Verlagswesen tätig, sie gibt unter anderem den Newsletter »The Hot Sheet«[56] heraus. Sie hat Bücher wie »The Business of Being a Writer« (University of Chicago Press)[57] veröffentlicht und lehrt außerdem als Professorin für Medien an renommierten US-Universitäten. Kurzum: Mit ihrem Namen ist Qualität verbunden.

Doch eines Tages stellte Friedmann fest, dass bei Amazon und Goodreads, der größten englischsprachigen Website für Buchrezensionen, durch nicht professionelle Leserinnen und Leser, eine Reihe von Büchern von ihr zu finden waren, die sie gar nicht geschrieben hatte. Und anders als bei den von ChatGPT erfundenen Büchern gab es diese Werke tatsächlich als Bücher zum Anfassen. Sie waren hochwertig formatiert und wurden geschickt vermarktet – anscheinend hatten viele von Friedmanns Leserinnen und Lesern diese Publikationen bereits gekauft und gelesen. Für die Schriftstellerin war das Ganze ein Desaster. Wer gab sich da für sie aus? Woher kamen diese Fake-Bücher und wer verdiente daran?

Schnell war klar, dass die Bücher mit KI-Tools geschrieben worden waren, die möglicherweise mit ihren Texten sogar trainiert worden sein könnten, um ihren Stil zu kopieren. Die Programme sind schon lange in der Lage, schneller als echte Menschen sinnvolle Texte zu erstellen – und sie können den Stil bestimmter Autorinnen und Autoren imitieren. Aus diesem Grund warnen Urheber:innen, also Autor:innen, Designer:innen, Fotograf:innen und Medienschaffende davor, dass ihre Arbeit bald wertlos werden könnte, da KI sie überflüssig machen würde. In den USA haben auch die Schauspielerinnen und Schauspieler sowie Drehbuchautorinnen und Drehbuchautoren 2023 dafür gestreikt, dass ihre Arbeit nicht von KI ersetzt wird. Sie wollten von den Auftraggebenden Zusicherungen, dass sie auch in Zukunft weiter beschäftigt werden.[58] Jane Friedman wiederum wehrte sich gegen die Verbreitung der Fake-Bücher. Doch so einfach war das Ganze nicht, denn Amazon und auch Goodreads glaubten der US-Autorin zunächst nicht und verlangten Belege dafür, dass nicht sie die Autorin dieser Werke war. Wie beweist man, dass man etwas nicht geschrieben hat, wenn es doch unter eigenem Namen publiziert, vermarktet und vertrieben wird? Friedmann ging an die Öffentlichkeit. Erst als sie sich öffentlich wehrte und etwa auf Goodreads die Hilfe von freiwilligen Mitarbeitenden nutzte, wurden die Fake-Bücher entfernt.

Der Fall von Jane Friedman ist nicht der Einzige: Immer mehr KI-Romane und auch von KI erstellte Reiseführer erscheinen auf dem Büchermarkt, manche davon haben es sogar schon in die Bestsellerlisten geschafft. Viele Plattformen sind noch nicht gut genug geschützt. Immerhin versprachen im Juli 2023 die sieben US-Giganten Amazon, Anthropic, Google, Inflection, Meta, Microsoft und OpenAI, dass sie KI-Inhalte mit einem Wasserzeichen markieren wollen.[59] Und auch auf europäischer Ebene ist eine Kennzeichnungspflicht von KI-Inhalten bereits politisch auf den Weg gebracht worden. Aber reicht das? Immer öfter verschwimmen schließlich die Grenzen zwischen menschlich und künstlich erstellten Inhalten. Immer mehr Medien nutzen künstliche Intelligenz und nicht alle kennzeichnen exakt. Wie soll das auch gehen? Spätestens da, wo ein Mensch wieder mit den künstlich generierten Texten und Werken weiterarbeitet, sie prüft, eigene Recherchen hinzufügt, entsteht ja wieder eine menschliche Urheberschaft.

Der Verifizierungsprozess wird damit immer mehr zu einer Frage, die täglich neu verhandelt werden muss.

WormGPT und FraudGPT – KI für Kriminelle

Eine KI, speziell für Cyberkriminelle: Natürlich hat es nicht lange gedauert, bis Cyberkriminelle eigene digitale Einbruchswerkzeuge geschaffen haben. Sie heißen WormGPT oder FraudGPT und sind Schadprogramme auf Basis künstlicher Intelligenz, mit Firmen und Privatleute von Kriminellen angegriffen werden. Einige Experten befürchten, dass diese Tools die Betrugsmodelle skalieren können, weil komplexe Cyberangriffe damit auch für weniger talentierte Kriminelle möglich werden. Die Entwickler von WormGPT behaupten zum Beispiel, dass ihre KI perfekt für die Attacke auf Firmen ausgelegt sei und eine ähnliche Qualität wie ChatGPT erreiche. Überprüfen lässt sich das kaum. Auch die Entwickler von FraudGPT machen vollmundige Behauptungen. Sie sagen etwa, dass ihre KI noch mehr Funktionen als ChatGPT biete. Sprachmodelle können nicht nur Texte schreiben, sondern auch Computercodes. Diese Fähigkeit soll FraudGPT nutzen, um gezielt Schadsoftware zu entwickeln.

Klar ist, dass kriminelle Hacker eigene KI entwickeln, die ihnen beim Durchführen von Angriffen hilft. E-Mails und Webseiten fälschen, perfekte Phishing-Angriffe durchführen: KI erleichtert bekanntlich den Arbeitsalltag – auch für Bösewichte. Kriminelle gelangen mit KI-Tools noch viel leichter an persönliche Informationen wie Passwörter oder Kreditkartendaten. Auch Recherche lässt sich damit viel schneller erledigen, vieles lässt sich effizienter automatisieren. Und KI ist in der Lage, Sprachhürden zu überwinden. Betrügerische E-Mails müssen nun nicht mehr händisch übersetzt oder für unterschiedliche Empfänger oder Empfängerinnen angepasst werden. Damit beschleunigt KI das Tempo, in dem es zu Angriffen kommt. Teilweise schlägt sich das schon in den Beobachtungen von Ermittlungsbehörden weltweit nieder – konkrete Zahlen fehlen aber noch. Wer kann am Ende schon genau sagen, ob eine Betrugsmail oder ein Phishing-Versuch technisch generiert wurde oder noch von einem Menschen geschrieben worden ist. Das Problem an dem schnellen technischen Fortschritt: Wenn KI das Verfassen von Betrugsmails übernimmt und dabei bessere Arbeit schneller leistet, als es Menschen können, dann kursieren künftig immer mehr schadhafte E-Mails, die nahezu fehlerfrei sind.

Hinzukommt eine ethische Dimension: KI-Anwendungen wie ChatGPT sind so programmiert, dass sie sich an ethische Standards halten sollen. Die Maschinen sind in vielen Funktionen eingeschränkt, mit denen Missbrauch möglich wäre. FraudGPT und WormGPT kennen diese ethischen Grenzen hingegen nicht. Dabei lassen sich auch die gesicherten Modelle wie ChatGPT für kriminelle Zwecke einsetzen. Hacker diskutieren im Darknet, mit welchen Tricks sich die Sicherheitsmechanismen aushebeln lassen.

Bisher schützen sich die meisten Menschen mit Virenscannern vor Schadware. Doch die funktionieren bei der Abwehr von WormGPT und FraudGPT nicht einwandfrei. Softwarehersteller und Kriminelle liefern sich also weiterhin ein Wettrüsten. Die Frage wird sein: Wer ist hier der Boss – die Ermittlungsbehörden, die Bösewichte oder die menschliche Bequemlichkeit?

»Mama, ich habe eine Frau totgefahren« – das Grauen mit Deepfake

Es war ein normaler später Freitagnachmittag, als Sabrina Bauer aus Köln einen Anruf erhielt, der ihr Leben auf den Kopf stellen sollte. Eine anonyme Nummer rief an. Am Ende war ihr Sohn. Er klang verzweifelt und hatte eine schockierende Nachricht für seine Mutter.[60] *»Mama, ich bin's. Ich habe einen Unfall gebaut und eine Frau totgefahren.« Dann überreichte er das Telefon wohl einem Polizisten, der bestätigte, dass man den Sohn nach dem Unfall festgenommen habe. »Ihr Sohn kann aber gegen Zahlung einer Kaution vorerst wieder freikommen«, so der Beamte ganz sachlich. Dann erklärte er ihr das Prozedere und gab eine Bankverbindung durch. Die 54-jährige Kölnerin stand neben sich, notierte die Bankdaten, in ihrem Kopf ratterte es. Ihr Sohn hatte in diesem Jahr in einer nicht weit entfernten Großstadt ein duales Studium begonnen. So ein dramatischer Unfall – sollte das Leben des gerade 20-Jährigen nun ruiniert sein? Sabrina rief ihren Mann Martin herbei, der gerade nach Hause gekommen war. Auch der 55-Jährige konnte die Horrornachricht kaum glauben. Aber statt sofort mit dem Onlinebanking zu beginnen und eine hohe Summe zu transferieren, wählte Martin kurzerhand die Nummer des Sohnes. Oder hatte man ihm sein Smartphone vielleicht schon abgenommen? Es läutete. Dann meldete sich Johann. Und zwar nicht aus einer Gefängniszelle oder von einer Polizeiwache, sondern aus dem Großraumbüro. Als der Vater ihn fragte, ob er einen Autounfall mit Todesfolge verursacht habe, reagierte der 20-Jährige verstört. »Papa, hast du getrunken?«, wollte Johann wissen. Er konnte gar nicht glauben, was ihn sein Vater da fragte. Der aber war völlig aufgelöst, seine Mutter auch. Und die Eltern erzählten dem Sohn von dem Schreckensanruf mit seiner Stimme und dass ein angeblicher Polizeibeamter mehrere Tausend Euro Kautionszahlung haben wollte. »Mama, Papa, ich bin den ganzen Tag bei der Arbeit. Und mein Auto steht hier in der Tiefgarage, falls es nicht geklaut wurde …«, sagte Johann. Ihm machte es große Sorge, dass seine Mutter angeblich seine Stimme am anderen Ende gehört haben wollte. Wie konnte das sein?*

Johanns Kollege aus der IT-Abteilung hatte eine Vermutung: »Deepfake! Gibt es irgendwo im Internet Video- oder Tonaufnahmen von dir?«, fragte dieser, nachdem Johann ihm von dem Anruf bei seinen Eltern erzählt hatte. Der 20-Jährige musste nicht lange überlegen. Viele Jahre hatte er in der Theater-AG seiner Schule gespielt. Er war auch Mitglied in einer Improvisationstheatergruppe, die regelmäßig für Veranstaltungen gebucht wurde. Es gab diverse Videos auf Youtube von ihm.

Offenbar haben Betrüger für diese perfide Betrugsnummer nicht nur mit den Ängsten der Familie Bauer gespielt, sondern auch KI eingesetzt. Es gibt eine Reihe von Deepfake-Tools, die Kriminelle besonders für Identitätsmissbrauch, CEO-Frauds und betrügerische Schockanrufe einsetzen. Eine Übersicht der größeren und mittlerweile verbreiteten Tools haben wir am Ende dieses Kapitels zusammengestellt. Einige davon sind ganz oder teils kostenfrei nutzbar und erzeugen schon mit kurzen Aufnahmen qualitativ hochwertige Ergebnisse – sprich: Die künstlich generierte Audioaufnahme ist von der echten Menschenstimme nicht mehr zu unterscheiden. Expertinnen geben die Genauigkeit der KI-Stimmen im Schnitt mit 95 Prozent an. Kein Wunder also, dass Sabrina Bauer glaubte, ihren Sohn zu hören. Solche Schockanrufe nehmen zu, die Aufklärungsquote bei diesen Fällen ist gering.

Laut einer Anfrage des Investigativ-Formats »Vollbild« vom SWR beim Bundesinnenministerium[61] stehen die Sicherheitsbehörden wegen der rasanten Entwicklung dieser Technik »täglich vor vielfältigen und komplexen Herausforderungen«. Allein in Nordrhein-Westfalen wurden laut polizeilicher Kriminalstatistik im Jahr 2022 mehr als 8000 Straftaten in Verbindung mit Schockanrufen und Enkeltricks begangen. Auch eine Studie im Auftrag des IT-Unternehmens McAfee im Jahr 2023 zeigt, dass Angriffe mit Deepfake-Methoden, vor allem mit Audioaufnahmen, immer häufiger vorkommen. Demnach wurde schon jeder vierte Befragte in dieser Studie Opfer eines Audio-Betrugs oder kennt Personen, die Opfer geworden sind.[62] Und es geht noch umfassender: Mit Deepnude[63] etwa können Nutzer gewöhnliche Aufnahmen in Nacktbilder umwandeln oder in Pornos einsetzen lassen. Die Kleidung der auf dem Foto abgebildeten Person wird dabei durch nackte Haut ersetzt. Und zwar so, dass es realistisch aussieht. 2019 kam erstmals eine App auf den Markt, die genau das versprach. Sie hieß Deepnude – und war nur für Fotos von Frauen ausgelegt. Kurz nachdem die App auf den Markt gekommen war, nahm der Entwickler sie schon wieder herunter. Der Ansturm sei zu groß gewesen, der Datenfluss nicht mehr kontrollierbar, hieß es. In Spanien sorgte im September 2023 ein Fall für Aufsehen: An einer Schule wurden mit KI erstellte Nacktbilder von mehr als 20 Schülerinnen verbreitet. Sowohl die Betroffenen als auch die Ersteller der Deepnudes waren minderjährig, viele sogar unter 14 Jahren.

Die EU-Kommission hat reagiert und den sogenannten Artificial Intelligence Act auf den Weg gebracht. Manchen Experten geht das Gesetz aber nicht weit genug, weil es zu viele Ausnahmen macht.

Übersicht der gängigsten Deepfake-Tools

1. **DeepFaceLab**: Ein führendes Tool für die Erstellung von Deepfakes, das auf GitHub verfügbar ist. Es bietet umfangreiche Funktionen für Gesichtswechsel in Videos.
2. **FaceSwap**: Auch auf GitHub verfügbar, ist dies ein weiteres populäres Tool, das eine Benutzeroberfläche für die Erstellung von Deepfakes bietet.
3. **DeepArt**: Dieses Tool verwendet Deep Learning, um den Kunststil eines Bildes auf ein anderes zu übertragen.
4. **GANpaint Studio**: Von Forschern am MIT entwickelt, ist dies ein Werkzeug, das Generative Adversarial Networks (GANs) verwendet, um Bilder zu bearbeiten.

5. **This Person Does Not Exist**: Eine Webseite, die Bilder von fiktiven Personen erzeugt, die mittels GANs kreiert wurden.
6. **DFL2.0 (DeepFaceLab 2.0)**: Eine verbesserte Version von DeepFaceLab mit zusätzlichen Features und Optimierungen.
7. **First Order Motion Model**: Ein Tool, das die Bewegungen eines Gesichts in einem Quellvideo auf ein Zielgesicht in einem anderen Video übertragen kann.

Achtung, falscher Roboter

Ist es möglich, dass Roboter, ausgestattet mit KI, bereits Menschen, die die Besten in ihrer Disziplin sind, abhängen? Immer wieder tauchen im Netz Berichte, Bilder und Videos auf, die angeblich Roboter bei erstaunlichen Dingen zeigen. Wie etwa das Video des Tischtennis spielenden Roboters, der Weltprofis zu schlagen scheint. Unter dem Titel »Will Humans Ever Beat Robots« kursiert auf Youtube ein Clip[64], der einen Roboter im Match mit einem menschlichen Profi-Spieler zeigt. Es handelt sich um den slowakischen Profi Jang Wang, der Sportler mit chinesischen Wurzeln hat im Match gegen den Roboter zu kämpfen. Der Roboter, so scheint es, ist dem Weltklasse-Tischtennisspieler weit überlegen. Dabei ist Jang Wang schon bei den Olympischen Spielen angetreten. Die Maschine scheint in dem Clip das Spiel fast schon langweilig zu finden – ein Beweis für die Überlegenheit der Technik? Keineswegs, denn dieses Video ist Fake. Erstmals wurde das Video im März 2023 veröffentlicht – es stammt vom Youtube-Kanal des Tschechischen Tischtennisverbandes[65] – und zeigt die Höhepunkte eines Qualifikationsspiels zwischen Spielern der Tschechischen Republik und Slowenien für die Europäische Meisterschaft der Herrenmannschaft. Statt des Roboters spielt im Originalvideo Jan Valenta[66], ein tschechischer Profispieler.

Wer das Video verfremdet und den tschechischen Profi durch einen Roboter ersetzt hat, ist unbekannt. Aber laut der Aufklärungsseite Mimikama zeigt dieses Beispiel eindrücklich, »wie leicht man im Internet getäuscht werden kann und wie wichtig ein kritischer Blick auf die uns präsentierten Inhalte ist.«[67] Und dass man nicht alles für möglich halten sollte, was der Technik zugeschrieben wird.

Manipulationen sind im Netz allgegenwärtig – und es wird immer schwerer, Fälschungen zu erkennen, besonders dann, wenn sie von KI erstellt wurden.

Kapitel 4

Vom Hype zum Fiasko: Risiken mit Kryptowährungen

Kryptowährungen haben in den letzten Jahren einen Boom erlebt[68] *– und heftige Abstürze. Nicht nur deshalb ist das Investment riskant. Dennoch verfallen immer mehr Menschen dem Kryptohype und werden dabei auch von Kriminellen abgezockt. Wir zeigen die gängigsten Methoden.*

Kryptowährungen – so funktionieren sie

Kryptowährungen sind digitale oder virtuelle Währungen, die fortschrittliche Kryptografietechniken für Sicherheit verwenden und hauptsächlich auf einer Technologie namens Blockchain basieren. Eine Blockchain ist eine dezentralisierte Technologie, die sich über viele Computer erstreckt, Transaktionen sichert und verifiziert, was sie transparent und schwer zu manipulieren macht. Das bekannteste Beispiel für eine Kryptowährung ist Bitcoin, es gibt aber viele weitere wie Ethereum, Solana oder Polkadot. Mittlerweile sind Tausende dieser Cyberwährungen am Markt, was den Überblick und die Einschätzung der Werthaltigkeit der einzelnen Valuten erschwert.

Im Gegensatz zu traditionellen Währungen, die von Zentralbanken und Regierungen ausgegeben werden, sind Kryptowährungen dezentralisiert. Wenn jemand eine Transaktion mit Kryptowährung tätigt, wird diese von einem Netzwerk von Computern, den sogenannten »Knoten«, überprüft. Nach der Überprüfung wird die Transaktion zur Blockchain hinzugefügt. Neue Einheiten einer Kryptowährung werden in der Regel durch einen Prozess namens Mining (»Schürfen«) erzeugt. In diesem Prozess lösen Computer komplexe mathematische Probleme, und wenn sie erfolgreich sind, wird eine neue Einheit der Währung erstellt und dem Miner als Belohnung gegeben.

Trotz ihrer Vorteile sind Kryptowährungen mit Risiken behaftet. Ihr Preis ist volatil, also unbeständig, und kann in kürzester Zeit erhebliche Schwankungen erfahren. Insbesondere haben Sicherheitsverletzungen und Hacks in der Vergangenheit zu erheblichen Verlusten von Kryptowährungen geführt. Selbst umsatzstarke Kryptobörsen waren betroffen, einige davon mussten sogar schließen. Da sie nicht zentral reguliert sind, können Betrugs- oder Missbrauchsfälle schwer zu verfolgen sein. Nicht überall werden Kryptowährungen als Zahlungsmittel akzeptiert, das kann ihre Liquidität und Verwendung einschränken.

Hinzukommt, dass in vielen Ländern diverse rechtliche und steuerliche Fragen immer noch ungeklärt sind, was zu weiterer Unsicherheit führt. Schließlich kann der unwiederbringliche Verlust eines Wallets mit Kryptowährungen (quasi eine virtuelle Geldbörse, in der »Kryptos« verwahrt werden) beispielsweise durch den Verlust des privaten Schlüsselcodes dazu führen, dass die darin gespeicherten Kryptowährungen für immer verloren gehen, das reale Geld dahinter ist dann wirklich weg – oft ein immenser finanzieller Schaden.

Kein Anschluss unter dieser Nummer

Wie die Zeit vergeht! Der 36-jährige Matthias aus Frankfurt am Main kann kaum glauben, dass er schon ein ganzes Jahrzehnt lang mit seiner Lisa verheiratet ist. Der Biologe und die Ingenieurin haben sich beim Studium an der Universität in München kennengelernt. Matthias hatte Lisa versehentlich angerempelt, als sie ihr Tablett mit dem Spaghetti-

Teller durch die volle Mensa jonglierte. Übergossen mit Spaghetti und Tomatensoße verpasste er dann die Veranstaltung, traf aber die Liebe seines Lebens. Noch am selben Abend verabredeten sie sich fürs Kino. So wurden sie ein Paar und nur anderthalb Jahre später, noch mitten im Studium, machte er ihr einen Heiratsantrag. Warum warten, wenn es die Richtige ist? Matthias und Lisas Studentenhochzeit war nicht luxuriös, aber einzigartig. Und als Hochzeitsmahl gab es natürlich: Spaghetti mit Tomatensoße.

Aktuell lebt das Paar in Frankfurt am Main. Lisa ist bei einem größeren Unternehmen Ingenieurin. Auch Matthias hat Karriere gemacht, er arbeitet für einen Pharmakonzern. Sie träumen von Kindern und einem Eigenheim – dann wäre ihr Glück perfekt. Doch bisher gestaltet sich die Immobiliensuche schwierig. Die Preise in Frankfurt sind selbst für zwei gut verdienende Berufstätige viel zu hoch. Vor Kurzem haben sie aber in einer 50 Kilometer entfernten kleineren Stadt ein Grundstück gefunden. Aber selbst hier fehlt ihnen für den Baukredit noch etwas Eigenkapital.

Heute hat Matthias aber eine besondere Überraschung für Lisa: Vor einiger Zeit hat der Biologe ein kleines Haus mit Grundstück im Harz von seinen Eltern überschrieben bekommen. Die Eltern hatten es von einer kinderlosen Tante geerbt. Das Haus war zwar alt und verfallen, dennoch ist es Matthias gelungen, es zu einem guten Preis zu verkaufen. Jetzt hat er die noch fehlende Summe, um den Baukredit zu bekommen. Gerade eben kam die Zusage der Hausbank. Matthias freut sich – Lisa wird staunen, wenn sie heute Abend beim Spaghetti-Essen in ihrem Lieblingsrestaurant erfährt, dass sie endlich mit den Bauplanungen beginnen können.

Auch eine selbst gestaltete Überraschungskarte hat er angefertigt. Was man nicht so alles nebenbei im Homeoffice macht, denkt er und grinst. Dann wendet er sich seiner Arbeit zu – die letzte Stunde kann er noch nutzen, um E-Mails zu beantworten. Mitten in den Job-Mails entdeckt er eine Nachricht von Johannes, einem alten Schulfreund. Vor einiger Zeit beim 15-jährigen Abi-Jubiläum hatte Johannes die Schulfreunde mit seinem Wissen über Kryptowährungen beeindruckt. Johannes war schon in der Schule ein Nerd gewesen. Aber sein Wissen scheint Johannes gut genutzt zu haben, denn er muss während des ersten Bitcoin-Hypes sehr viel Geld mit Kryptoinvestments gemacht haben. Matthias öffnet die Nachricht. Obwohl er sich wundert, dass ihm der Schulfreund über seine berufliche E-Mail-Adresse schreibt, zumal sie seit Jahren doch nur über Messenger-Dienste miteinander kommunizieren. Die Nachricht von Johannes ist kurz: »Hey, es ist einfach hervorragend! Innerhalb weniger Wochen habe ich echt viel Geld gemacht und möchte jetzt, dass du davon auch profitierst. Viele Grüße, Johannes«. Versehen ist die Nachricht mit einem Link, den Matthias anklickt. Es öffnet sich die Website eines Finanzdienstleisters für Kryptowährungen. Matthias ist nicht überrascht und weil er sonst nichts mehr zu tun hat, stöbert er ein wenig auf den Seiten des Finanzanbieters. Das Unternehmen verspricht eine hohe Rendite und wenig Aufwand. Die Anleger können eine bestimmte Kapitalsumme investieren und per Onlinekonto transferieren. Den Rest übernehmen die Finanzexperten der Anlagefirma. Das Unternehmen wird zwar an den Gewinnen beteiligt – die Höhe der Provision ist dabei allerdings abhängig von der erzielten Rendite. Es klingt nach einer Anlagemöglichkeit mit überschaubaren Risiken. Und wieso nicht mal Kryptowährungen ausprobieren, wenn man erfahrene Experten an der Seite hat? Allerdings fragt sich Matthias, ob der Service wirklich seriös ist. Gibt es ein Impressum und was steht auf der Über-uns-Seite? Der Biologe klickt sich durch den Webauftritt.

Und findet nichts, was ihn beunruhigt. Die Seite ist gut aufgebaut und enthält keine Rechtschreibfehler. Alle nötigen Informationen sind mit wenigen Klicks zu finden – alles in allem wirkt die Investmentfirma seriös. Außerdem werben ein paar namhafte Prominente für die Anlageberatung, sogar ein FDP-Politiker, der mittlerweile wohl Lobbyist in der Finanzwelt ist, findet lobende Worte und hat angeblich Geld auf diesem Weg angelegt. Nun ist Matthias gefesselt. Hat Johannes etwa mit diesem Dienstleister so viel Geld gemacht? Der Frankfurter findet auf der Seite auch eine Reihe von Kunden-Testimonials. Alle Kundinnen und Kunden sind mit Namen und Foto abgebildet, bei vielen steht auch der Beruf. Banker sind darunter, Selbstständige, aber auch

Lehrer, Rechtsanwälte, sogar eine Finanzjournalistin. Sie alle werden natürlich mit zufriedenen Statements zitiert. Ob Johannes hier auch vorkommt? Matthias scrollt bis ganz nach unten, aber sein Schulfreund ist nicht dabei. Stattdessen vertieft sich der Biologe in die gut aufbereiteten Erklärungen, wie das Investment in Kryptowährungen funktioniert. Mitarbeitende des Finanzservices würden die Kundinnen und Kunden während des gesamten Prozesses begleiten und beraten, heißt es. Matthias grinst. Typisch Johannes, also ist er gar nicht der Experte, er hat einfach nur die richtigen Berater! Da fällt Matthias Blick auf die Uhr – herrje, er muss sich fertig machen. Obwohl sie nur zum Lieblingsitaliener gehen, zieht Matthias einen Anzug an. An diesem Abend soll alles perfekt sein.

Wenig später parkt Matthias vor Lisas Büro, um sie abzuholen. Er wartet gespannt. Seine Frau ist pünktlich. Lachend läuft sie auf ihn zu. »Hallo Fahrer – so schick?«, fragt sie und gibt ihm einen Kuss. Matthias lächelt. Dann holt er einen Strauß Rosen aus dem Wagen – »Für dich, mein Schatz. Alles Liebe zum Hochzeitstag.« Der Strauß enthält zehn rote Rosen, liebevoll gebunden. Lisa lächelt. »Jedes Jahr wird der Strauß etwas dicker. Wie soll das nur werden, wenn wir alt sind? Wir werden irgendwann größere Vasen brauchen«, sagt sie.

Im Restaurant angekommen, werden Matthias und Lisa vom Inhaber mit einem Aperitif begrüßt. Seit vielen Jahren kommen sie her, das erste Mal besuchten sie das Restaurant, als Lisa ihren Job bekam. Das wurde gefeiert – mit per Hand hergestellten italienischen Nudeln. Auch heute bestellen die beiden wieder einmal Spaghetti, aber nicht Bolognese, sondern mit Trüffeln. Lisa hat viel zu erzählen. Sie ist froh, von einem stressigen Projekt abschalten zu können. Als die Nachspeise serviert wird, fragt sie: »Sag mal – die Blumen waren zwar keine Überraschung, ich hatte damit ja gerechnet, so wie jedes Jahr. Aber sagtest du nicht, du hättest eine Überraschung für mich?« Ihre Augen funkeln. Auf diesen Moment hatte Matthias gewartet. »Endlich! Ich dachte schon, du würdest nie fragen«, sagt er und zieht einen roten Umschlag aus seinem Jackett, die Karte. Lisa öffnet ihn und betrachtet die Karte, die den Neubau eines Einfamilienhauses zeigt. Darunter steht: »Unser Traum-

haus«. Matthias hat auch noch einen zweiten Umschlag dabei, eine weitere Karte mit den Motiven von unterschiedlichen Häusern darauf. Auch ein Gartenhaus, ein Baumhaus, ein kleiner Pool und sowie Rutsche, Garten und Schaukel sind darauf zu sehen. »Das alles kannst du in unserem Garten dann so platzieren, wie du möchtest«, sagt er. Lisa schaut ihn verwirrt an. Matthias lacht. »Du weißt doch, dass Tante Ida meinen Eltern ihr Häuschen in Clausthal-Zellerfeld im Harz hinterlassen hat, oder?« Lisa nickt. »Nun, meine Eltern haben mir die Immobilie übertragen, und ich habe sie verkauft. Damit wir endlich selbst bauen können«, platzt es aus ihm heraus. Lisa staunt. Damit hatte sie nicht gerechnet. Was für eine tolle Überraschung – und was für ein großes Geschenk ihrer Schwiegereltern zum zehnten Hochzeitstag. Darum also die ganze Heimlichtuerei in den letzten Wochen, die vielen Telefonate, die Matthias mit seinen Eltern geführt hat. »Mit dem Geld aus dem Hausverkauf konnte ich den Kredit für unser Haus beantragen. Er wurde heute genehmigt. Wir können jetzt wirklich loslegen!« Dann holt Matthias noch einen Umschlag hervor, noch eine Karte. Sie zeigt Garagen. »Dafür fehlt uns zwar noch das Geld, aber ich habe eine Idee, wie ich mit einem smarten Investment auch dafür bald das nötige Kapital haben könnte«, sagt er. Lisa hat derweil ihr Glas erhoben. »Ich finde, darauf müssen wir anstoßen!«, sagt sie. Dann will sie wissen, welches Investment Matthias meine und er erzählt von Johannes Tipp mit der Anlagefirma für Kryptowährungen. Lisa ist skeptisch. »Alles, was ich über Kryptowährungen weiß, ist, dass sie sehr volatil sind.« Matthias erzählt seiner Frau, was er über den Finanzdienstleister gelesen hat und dass man dort ja nicht auf eigene Faust investieren sollte, sondern begleitet von Experten. »Ruf doch Johannes morgen mal an und lass es dir aus erster Hand erklären«, schlägt Lisa vor.

Wieder daheim machen es sich die beiden auf der Couch kuschelig. Lisa greift dennoch zu ihrem Laptop. »Willst du wirklich noch arbeiten an diesem Abend?«, fragt Matthias überrascht. »Nein, aber ich will mir diese Website von dieser Firma für Kryptoanlagen ansehen«, sagt sie. Matthias leitet ihr die E-Mail weiter und Lisa ruft den Link auf. Sie scannt die Seite, scrollt nach unten, klickt ins Impressum, liest auch die

Kunden-Testimonials. »Sieht nicht unseriös aus«, lautet ihr Fazit nach einer Weile. »Ich bin einverstanden. Probieren wir unser Glück – aber wir setzen das Limit auf maximal 3000 Euro«, sagt sie schließlich und klappt den Rechner zu.

Am nächsten Tag vertieft sich Matthias nochmals in die Seite des Finanzdienstleisters. Er hat immer noch ein gutes Gefühl bei der Sache und greift zum Telefon, wählt die Nummer, die als Kontakt auf der Website beworben wird. Johannes will er später anrufen – warum erst den Schulfreund fragen, wenn er Informationen doch ebenso gut aus erster Quelle erhalten kann? Es klingelt nur kurz, dann meldet sich eine Frauenstimme. »Guten Morgen beim Kundensupport von Kryptofund. Hier spricht Lisa Müller. Wie kann ich Ihnen behilflich sein?«, fragt die Kundenbetreuerin. »Oh, hallo Lisa. Das ist eine Überraschung«, sagt Matthias, »Meine Frau heißt nämlich auch Lisa. Hier spricht Matthias Kirschner.« Die Dame lacht und fragt, was sie für ihn tun könne. »Mir hat ein zufriedener Kunde von Ihnen erzählt – und Sie empfohlen. Ich würde gern mehr über die Kryptoinvestments erfahren und mich mal beraten lassen …« Kundenberaterin Lisa nimmt sich Zeit für ein langes und ausführliches Gespräch. Nach fast einer Stunde Beratung legt Matthias auf.

Die Beraterin hat ihn tatsächlich durch den gesamten Prozess gesteuert, genau erklärt, wie die Geldanlage funktioniert und warum die Rendite in der Regel recht hoch ist. Schließlich hat er das Gefühl, in guten Händen zu sein. Mit Lisa Müller hat er vereinbart, zunächst 3000 Euro anzulegen. Das ist zwar auch viel Geld, aber die Summe ist für das junge Ehepaar verschmerzbar, sollte doch etwas schiefgehen. »Spielgeld«, hat Lisa es genannt. Die Anlageberaterin hält die Summe allerdings für niedrig. »Sie können natürlich nur 3000 Euro anlegen – die Rendite ist aber größer, je mehr Geld Sie investieren«, hatte sie gesagt. »Sie und Ihre Frau verfügen doch über Double-Income, außerdem: no Kids. Und wenn Ihr Ziel ist, das vorhandene Eigenkapital für den Hausbau zu vergrößern, rate ich Ihnen, mit mehr Kapital zu starten.« Matthias hat sich aber nicht bequatschen lassen. 3000 Euro sind mit seiner Frau abgesprochen, mehr kann er nicht ohne Rücksprache an-

legen. Aber er sagt der Finanzberaterin zu, bei ersten Gewinnen mehr Kapital nachzulegen. Noch am selben Tag transferiert er die 3000 Euro vom Tagesgeldkonto auf das Onlinekonto des Finanzdienstleisters. Auch einen Zugang zu einem Kryptodepot erhält Matthias sofort, so kann er in Echtzeit verfolgen, wie sich sein Geld vermehrt. Als alles erledigt ist, poppt eine Erinnerung aus seinem Kalender auf: Er muss in einen beruflichen Videocall. Der Anruf bei Johannes muss daher warten. Als er am Abend die Nummer des Freundes wählt, meldet sich nur die Mailbox. Matthias nimmt sich vor, es in den nächsten Tagen noch einmal zu versuchen.

Das vergisst er aber. Zu viel ist zu tun. Das Paar ist nach Feierabend mit den Bauplanungen beschäftigt, das frisst sämtliche Freizeit. Selbst das Kryptoinvestment würde Matthias wohl vergessen, wenn Lisa Müller von Kryptofund ihn nicht regelmäßig mit Updates versorgen würde. Der Blick ins Depot zeigt: Nach nur kurzer Zeit ist der Kurs gestiegen, die Entwicklung ist prächtig. Bald ist Lisa einverstanden, weitere 3000 Euro anzulegen. Und wieder ist die Entwicklung hervorragend. Die Kirschners schießen also ein drittes Mal Geld nach – mittlerweile haben sie 12 000 Euro angelegt. Im Depot können sie nachvollziehen, dass daraus in nur wenigen Wochen knapp 20 000 Euro geworden sind. »Es ist viel mehr, als ich erwartet habe«, staunt Matthias, auch Lisa ist zufrieden. »Wie doof waren wir eigentlich, unsere Ersparnisse bisher auf einem Tagesgeldkonto mit mickriger Verzinsung zu parken?«, fragt sie. Zum Glück haben sie es geschafft, rechtzeitig beim Kryptohype mitzumachen.

Dann meldet sich Johannes. Es ist mittlerweile Spätsommer geworden und Johannes lädt Matthias und Lisa zu einer Grillparty ein. Matthias hat fast ein schlechtes Gewissen, dass er seinem Freund noch nicht gedankt hat für den Anlagetipp. Also besorgt er eine sehr teure Flasche Whisky für den Schulfreund.

Bei der Party staunt Johannes über den edlen Tropfen. »Alter, das wäre doch nicht nötig gewesen! Zumal ich neulich nicht zurückgerufen habe und mich sowieso viel zu selten bei euch melde«, sagt der. Matthias lacht. »Mensch Johannes, ich schulde dir etwas. Ohne deinen

Investmenttipp müssten wir viel günstiger bauen. Eine Garage wäre definitiv nicht drin. Der Wahnsinn!«, sagt Matthias. Johannes stutzt und schaut Matthias schockiert an. »Du hast von mir auch so eine E-Mail erhalten?«, will er wissen. Er klingt panisch. Jetzt ist Matthias irritiert. »Ja, natürlich. Du hast mir Kryptofund empfohlen …«, sagt Matthias. Johannes wird blass. »Hör zu, mich haben ein paar meiner Kollegen und Freunde kontaktiert und die erzählten, dass sie von mir eine E-Mail erhalten hätten, in der ich ihnen diesen Finanzdienstleister empfohlen haben soll. Aber Matthias: Ich habe solche Mails nicht verschickt! Ich habe zwar mal Bitcoins gekauft und damit sogar erst Geld gemacht, aber als der Kurs crashte, habe ich das ganze Geld wieder verloren. Und mit dieser Kryptofund-Firma habe ich rein gar nichts zu tun. Ich lege mein Geld mittlerweile wieder konservativ an«, sagt Johannes. Matthias ist entsetzt. »Aber die E-Mail kam doch von dir?«, fragt er nach. Johannes schaut seinem Freund in die Augen. »Alter, ich befürchte, dass ich mir irgendeine Schadware eingefangen habe. Jedenfalls wurde mein E-Mail-Postfach gehackt, das ist schon länger her. Ich gehe davon aus, dass das Cyberkriminelle sind, die haben solche Mails an viele meiner Kontakte verschickt.« Lisa starrt die beiden Männer an. »Aber Johannes, das kann nicht sein – wir haben mit unserem investierten Geld richtig hohe Gewinne gemacht. Und es gibt ja diese Firma. Da arbeiten echte Menschen. Wir haben sogar eine Anlageberaterin, die kontaktiert uns regelmäßig. Matthias hat am Anfang sogar richtig lange mit ihr gesprochen …«, erklärt sie – und trotzdem klingt ihre Stimme gebrochen, sie muss fast weinen. Kann es etwa sein, dass sie einem Betrug von Kriminellen aufsitzen? Johannes verschränkt die Arme. »Leute, es tut mir leid, aber ich habe da kein gutes Gefühl. Am besten checkt ihr heute Abend zu Hause nochmal diese Firma? Ich würde allerdings an eurer Stelle sehen, dass ich das Investment stoppe und mir das Geld auszahlen lassen, ehe es zu spät ist. Seriöse Anlageberatungen senden ihre Werbung jedenfalls nicht an geklaute E-Mail-Adressen!« Dann klingelt es – die nächsten Gäste kommen. Johannes entschuldigt sich und eilt zur Tür. Der Rest des Abends fühlt sich für Lisa und Matthias wie eine Ewigkeit an. Angespannt bringen sie die

Grillparty hinter sich und verabschieden sich früh. Sie wollen nur noch nach Hause.

Wieder daheim loggen sie sich in ihr Depot bei Kryptofund ein. Da sieht alles gut aus. Das Geld ist noch da und seit dem letzten Check ist der Kurs sogar wieder etwas gestiegen. Matthias wählt dennoch die Nummer der Anlageberaterin. Aber natürlich – es ist Samstagabend nach 22 Uhr – geht sie nicht ans Telefon. Matthias und Lisa entscheiden, am Montagmorgen anzurufen.

Am Montagmorgen erreicht Matthias endlich die Kundenbetreuerin. Sie beruhigt ihn. »Wir sind eine seriöse Firma. Wie es zu dieser E-Mail unter der Absenderadresse Ihres Freundes kommen konnte, kann ich nicht sagen – wir arbeiten jedenfalls nicht mit Kriminellen zusammen und wir nutzen auch keine Spamnachrichten, um auf unsere Dienstleistung aufmerksam zu machen. Das haben wir gar nicht nötig«, sagt sie entschieden. Matthias will dennoch lieber aussteigen. »Hören Sie, ich habe mein Ziel erreicht – das investierte Kapital ist größer geworden und mehr brauchen wir gar nicht. Ich möchte Sie daher bitten, mir die investierte Summe samt Gewinn auszuzahlen.« Lisa Müller schweigt kurz. Dann sagt sie: »Sind Sie wirklich sicher? Meine Empfehlung wäre, das Ganze noch mindestens einen Monat laufen zu lassen. Wir haben Informationen erhalten aus einer vertrauenswürdigen Quelle, dass dann ein idealer Zeitpunkt zum Ausstieg wäre.« Matthias überlegt. Soll er der Beraterin weiter vertrauen? Bisher lief es doch gut. Doch seine Frau und er hatten genau besprochen, wie er vorgehen sollte. Sie hatten mehrere Szenarien über den Verlauf des Gesprächs durchgespielt – und für Lisa stand fest, dass Matthias hartnäckig bleiben sollte. »Frau Müller, wir haben Baubeginn und ich brauche mein Geld. Ich möchte Sie daher bitten, mir mein Geld auszuzahlen«, wiederholt er sein Anliegen. »Selbstverständlich, Herr Kirschner – der Wunsch unserer Kunden steht über allem«, antwortet die Beraterin freundlich. Matthias ist erleichtert. Mit ein paar Klicks wird das Geld nun sicher schnell zurück auf seinem Konto sein, plus der stattlichen Rendite. Doch die Kundenberaterin stockt. »Aber Sie müssen uns erst – Herr Kirschner, lassen Sie mich kurz noch bitte rechnen … ja, genau – 5000 Euro Gebühr überweisen, damit ich Ihnen das komplette Geld auf das gewünschte Konto transferieren kann. Wir können das gern gemeinsam erledigen«, sagt sie in einem freundlichen Tonfall. Matthias ist schockiert. 5000 Euro Gebühr? Er wusste, dass Kryptofund am Gewinn beteiligt werden würde – aber so viel? »So viel Geld habe ich jetzt nicht«, sagt er. Auf keinen Fall will er noch einmal eine vierstellige Summe an den Dienstleister zahlen. »Herr Kirschner, ohne Zahlung der Gebühr kann ich leider keine Auszahlung veranlassen«, erklärt die Beraterin. »Wie bitte? Sie können die Kosten doch vom erzielten Gewinn abziehen und uns den Rest transferieren«, sagt Matthias nun ungehalten. Lisa Müller geht darauf aber gar nicht ein. Sie macht einen anderen Vorschlag: »Vielleicht haben Sie ja einen Kreditrahmen oder können sich das Geld zwischenzeitlich leihen. Manche unserer Kunden handhaben das so«, sagt sie. Matthias gefällt nicht, in welche Richtung das Gespräch läuft. Warum sollte er sich Geld leihen, um horrende Servicegebühren zu bezahlen, wenn der Finanzdienstleister das Ganze doch einfach verrechnen könnte. Immerhin schuldet doch diese Firma ihm Geld und nicht umgekehrt. Er überlegt kurz und sagt der Beraterin dann, dass er gleich zurückrufen werde.

Als er aufgelegt hat, ruft er Lisa an und schildert ihr die Sachlage. Gemeinsam überlegen sie. Sollen sie es wagen und 5000 Euro transferieren? Am Ende entscheidet Lisa. »Wir überweisen noch einmal, auch wenn ich ein schlechtes Gefühl habe. Aber sieh zu, dass du die Überweisung so tätigst, dass wir sie im Notfall zurückbuchen können.«

Matthias ist froh, dass sie die Entscheidung gemeinsam getroffen haben. Er ruft also erneut die andere Lisa in seinem Leben an, die Anlageberaterin. Nach wenigen Minuten ist alles erledigt. Die Beraterin erhält einen Beleg über die Zahlung der Gebühr, im Gegenzug verspricht sie, das investierte Kapital samt Gewinn noch am gleichen Tag auszuzahlen und ebenfalls darüber eine Bestätigung zu schicken. Dann dankt sie ihm für die Zusammenarbeit und wünscht den Kirschners alles Gute.

Als das Gespräch beendet ist, fühlt sich Matthias schlecht. Er zweifelt, dass das Geld wirklich auf seinem Konto eingehen wird. Auch seine Frau ist skeptisch. Am Abend checken die beiden ihr Konto bei der Bank und die E-Mails, mehrmals. Weder eine Bestätigung über die Transaktion ist zu finden noch sonst eine Nachricht von Kryptofund – aber das Konto bei ihrer Hausbank ist so leer wie lange nicht mehr. Nachts schlafen die beiden nur wenig. Sind sie etwa Betrugsopfer geworden? Als am nächsten Morgen immer noch kein Geld auf dem Konto ist, werden sie noch nervöser. Matthias versucht, das Depot aufzurufen – aber es erscheint eine Fehlermeldung. »Fehler 404 – Seite nicht gefunden«, zeigt das Browserfenster. Jetzt kommt Panik auf. »Vielleicht funktioniert die Seite nicht, weil unser Kundenkonto aufgelöst wurde?«, fragt Lisa. Sie und Matthias wissen im Grunde, dass das nur eine letzte verzweifelte Hoffnung ist. Matthias greift zum Telefon. Fast kann er die Nummer der Kundenberaterin schon auswendig. Doch diesmal ist alles anders: Es ertönt eine automatische Ansage: »Kein Anschluss unter dieser Nummer.«

Hat er sich in der Aufregung etwa verwählt? Lisa checkt die Nummer, statt selbst zu tippen, nutzen sie den gespeicherten Kontakt. Aber wieder kommt nur: »Kein Anschluss unter dieser Nummer.« Schockiert müssen die beiden der Wahrheit ins Gesicht sehen: Sie sind einem Betrug aufgesessen. Lisa ist die Erste, die wieder klar denken kann: »Wir gehen jetzt sofort zur Polizei und erstatten Anzeige – und wir buchen die 5000 Euro umgehend zurück!«

Das funktioniert zum Glück. Doch der Schaden ist für die Kirschners trotzdem hoch: Die investierten 12 000 Euro haben sie verloren. Die dargestellten Gewinne – am Ende sollten es fast weitere 10 000 Euro sein – hat es nie gegeben. Die Polizei kann leider auch die Täter nicht ermitteln, schätzt aber, dass mehrere Hundert Anleger von dem angeblichen Finanzdienstleister betrogen wurden. Im Schnitt haben die Opfer 80 000 Euro investiert. Zu wissen, dass sie viel weniger Geld als die meisten anderen Opfer verloren haben, tröstet die Kirschners aber kaum. Die 12 000 Euro hätten sie gut für den Hausbau gebrauchen können.

Oder für eine Babyausstattung. Denn nur wenige Tage später stellt Lisa fest, dass sie schwanger ist. Kurz vor ihrem elften Hochzeitstag im Frühling darauf kommt ihr Sohn Lasse zur Welt. Für ihn legen die beiden ein gutes altes Sparbuch bei der örtlichen Sparkasse an.

Vorsicht vor Fake-Trading-Apps und falschen Finanzdienstleistern

Schnell sehr hohe Renditen erzielen, das klingt immer verführerisch – aber selbst mit Kryptowährungen ist das in der Regel nicht möglich. Der Trick mit dem Anlagebetrug mit Kryptowährungen hat schon unzählige Menschen ruiniert, und die meisten von ihnen waren keineswegs naiv oder gierig. Auch Matthias und Lisa Kirschner sind gebildete, kritisch denkende Menschen – ihr Beispiel zeigt, dass auch gesunder Menschenverstand kaum verhindert, Opfer zu werden. Denn die Betrugsmasche ist so perfekt inszeniert, dass die Opfer massiv getäuscht werden. Perfide ist diese Masche, weil der Hinweis auf die angeblichen Finanzdienstleister von vertrauten Personen kommt, wie im Fall der Kirschners etwa von einem alten Schulfreund. Dabei muss das E-Mail-Konto des vermeintlichen Absenders gar nicht gehackt worden sein, auch wenn der Schulfreund dies vermutete. Denn mit wenig Aufwand lässt sich als Absender jede gewünschte E-Mail-Adresse eintragen, ohne dass die Nachricht tatsächlich von dieser versendet worden ist. Daher sollten Sie Ihr E-Mail-Postfach so sicher wie möglich machen. Überprüfen Sie bitte, ob Ihr E-Mail-Anbieter die Funktion »SPF-Record« zur Verfügung stellt und erstellen Sie ein Passwort auch für das Versenden der E-Mails. SPF steht für Sender Policy Framework und soll das Fälschen von Absenderadressen in E-Mails (Spoofing) verhindern, damit vermieden wird, dass E-Mails über nicht legitimierte Mailserver verschickt werden. Vereinfacht ausgedrückt, werden im Domain Name System (DNS) zusätzliche Informationen zu autorisierten Mailservern gespeichert. Der empfangende Mailserver kann damit feststellen, ob die erhaltene E-Mail von einem berechtigten Mailserver stammt. Falls nicht, greift der Spamschutz.

Wenn ein Postfach gehackt wird – das merkt man daran, dass E-Mails ganz ohne Ihr Zutun verschickt wurden – sollte man alle im Adressbuch gespeicherten Kontakte über den Missbrauch informieren.

Werben Anlagefirmen mit Prominenten und werden zahlreiche zufriedene Kunden aufgezählt, die angeblich hohe Renditen erzielt haben, kann man mit der Google-Bildersuche die Testimonials untersuchen. Oft sind diese nämlich schlicht erfunden, die Bilder werden ohne das Wissen der Betroffenen genutzt. Klicken Sie mit der rechten Maustaste auf das Bild bzw. den Bildlink und geben diesen in der Google-Bildersuche ein. Wenn das Foto sehr oft auf unterschiedlichen Seiten auftaucht, dürfte es ein sogenanntes Stock-Foto sein, also ein auf Vorrat produziertes Bildmotiv, das von einer Agentur oder Bilderplattform verkauft wird. Oft werden diese Bilder für Werbung genutzt. Man findet Stock-Fotos, aber auch auf Blogs und in Magazinen. Stock-Porträts kommen außerdem häufig beim sogenannten Love-Scam zum Einsatz.

Natürlich gibt es auch Finanzdienstleister, die ihr seriöses Angebot mit Stockfotos bebildern. Stockbilder sind beliebt, viele Firmen und Medien nutzen diese Fotos. Nur kennzeichnen sie das Bildmaterial wahrheitsgemäß und geben die abgebildeten Personen nicht für angebliche Kundinnen und Kunden aus.

Wer dennoch auf eine betrügerische Geldanlage hereinfällt, wird zunächst wie das Ehepaar Kirschner in die Irre geführt. Man erhält einen Zugang zu einem Depot oder Onlinekonto, in dem angebliche Gewinne visualisiert werden. Diese Fälschung zu erkennen, ist meistens nicht möglich. Das große Problem besteht auch darin, dass die Betrügerinnen und Betrüger eine Bindung zu den Opfern aufbauen und ständig zu neuen Investments animieren. Wer irgendwann aussteigen möchte, dem werden hohe Kosten, Gebühren oder auch Steuern in Rechnung gestellt. Es ist nie möglich, diese aus den erzielten Gewinnen zu begleichen, sondern das Geld muss zusätzlich vorab transferiert werden, damit es zur Auszahlung kommt. Spätestens jetzt sollten die Alarmglocken läuten und man sollte Anzeige bei der Polizei stellen. Sobald die Opfer auch diese letzte Zahlung veranlasst haben, werden die Website und die Telefonnummern deaktiviert. Meist taucht die Seite später unter einem neuen Namen und einer neuen Adresse für neue

Opfer im Netz wieder auf, auch eine neue Telefonnummer gibt es.

Ganz ähnlich funktioniert die Masche mit den angeblich super Erfolg versprechenden Trading-Apps. Sie sind beliebt, es gibt viele seriöse Angebote. Vorsichtig sollten Sie aber immer dann sein, wenn Ihnen solche Apps per Social-Media-Werbung empfohlen werden. Vor allem, wenn es heißt, diese Apps würden KI verwenden. In sozialen Netzwerken kursieren nämlich gefälschte Artikel von angeblich seriösen Nachrichtenseiten, in denen über Menschen berichtet wird, die in nur wenigen Wochen oder Monaten zu Millionärinnen und Millionären mit so einer App geworden seien. Angeblich hätten diese Personen die neue Investmentplattform »TradeGPT« genutzt, die von Elon Musk und OpenAI entwickelt worden sei und künstliche Intelligenz für automatisiertes Handeln mit Rohstoffen und Aktien nutze. Die Plattform sei so erfolgreich, dass man auch mit kleineren Summen höhere Gewinne machen könne, heißt es in den Fake-Artikeln. Die hohen Renditen seien durch ein Schlupfloch im Finanzmarkt möglich – am Ende werden die Leserinnen und Leserinnen animiert, sofort zu investieren, weil die Plattform nur noch begrenzt neue Nutzer zulasse. Die Artikel verlinken auf Webseiten wie trade-gpt.ai oder financialpronews.com[69]. Dort kann man sich registrieren, die Betreiber wollen Name, E-Mail-Adresse und Telefonnummer haben. Wer sich anmeldet, erhält rasch danach einen Anruf – und die Masche läuft genauso ab wie im Fall von Matthias Kirschner. Persönliche Berater und Beraterinnen melden sich und erteilen genaue Anweisungen für das Investment. Auch bei dieser Methode wird den Opfern zunächst eine Weile ein Gewinn vorgegaukelt. Die rasch erzielten Gewinne verleiten dazu, mehr Geld anzulegen. Dazu raten selbstverständlich auch die Berater. Wer hingegen das Investment stoppen will, stößt auf Probleme. Die Berater fordern hohe Gebühren, argumentieren mit Steuern oder Zertifikaten – am Ende wird das angebliche Konto gesperrt. Mitunter kommt es zu einem weiteren Betrug: Nach einiger Zeit werden die Opfer wieder kontaktiert, diesmal geben sich die Kriminellen als

Finanzmarktaufsicht, Börsenaufsicht oder Polizei aus. Manchmal agieren sie auch als angebliche Anwälte, die den Opfern helfen wollen. Im folgenden Verlauf werden die Opfer ein weiteres Mal über den Tisch gezogen.

Mitunter, oft beworben für jüngere Zielgruppen etwa auf TikTok, werden angebliche Influencer mit teuren Autos, Wertgegenständen oder viel Bargeld gezeigt. Hier geht es darum, dass man nicht nur selbst Geld anlegen soll, sondern gegen Zahlung einer Provision andere Menschen dazu bringt, ebenfalls Geld zu investieren – dahinter steckt dann ein Schneeballsystem. Viele Opfer haben auf diese Weise ihre Freunde und Familienangehörige in den Ruin geführt. Oft wird bei diesen Angeboten auch mit Mitwirkenden aus der Show »Die Höhle der Löwen« geworben, es werden außerdem die Logos seriöser Nachrichtendienste und Zeitungen wie »Financial Times« oder »Handelsblatt« genutzt, unautorisiert. Bei vielen dieser angeblichen Anbieter fehlt ein Impressum ganz, mindestens aber Angaben zur Finanzaufsichtsbehörde und zum Handelsregister. Immer häufiger sind bei diesen Betrugsmaschen die Websites aber seriös gestaltet – und daher nur schwer als Fake zu erkennen.

Viele Menschen haben mit Kryptowährungen durch kluges Investieren zum richtigen Zeitpunkt Gewinne erzielt – sie haben aber meistens auch viel Zeit investiert und sich in die Materie eingearbeitet.

Cryptocrime und Love Scamming: Das hässliche Geschäft mit der Liebe

Dass er sich noch einmal verlieben würde, kam für Karsten überraschend. Der 48-jährige Erzieher aus Kassel war verletzt, nachdem sich Katja nach 20 Jahren Ehe von ihm getrennt hatte. Wie lange schon hatten Katja und er nebeneinanderher gelebt? Streit gab es nie. Aber es gab bis auf die erwachsene Tochter, Haus und Garten wenig, was sie überhaupt noch verband. Und trotzdem war es doch immer harmonisch ge-

wesen. Oder nicht? Karsten wusste es nicht mehr. Abends war er immer nur müde und leer. Auch Katja arbeitete im öffentlichen Dienst – bei einer Behörde der Stadt.

Eines Abends hatte sie gesagt, sie glaube, die Ehe habe keinen Sinn mehr und dass sie schon seit längerer Zeit einen Kollegen treffe. Katja hatte eine Tasche gepackt und war gegangen, wohl zu dem Kollegen. Im Arbeitszimmer fand er ein Scheidungsformular auf dem Schreibtisch. Karsten hatte das Formular sorgfältig in eine Klarsichtfolie gesteckt und in die Ablage gelegt. Dort lag es seither.

Der Erzieher war in ein tiefes Loch gefallen. Er vergrub sich in Arbeit. Jeden Abend schaute er in der ersten Zeit nach der Trennung bei Facebook, ob Katja etwas gepostet hatte. Es tat ihm weh, ihre Statusmeldungen oder Storys zu sehen. Dabei postete sie nichts, was Aufschluss über ihren Beziehungsstatus gab. Fotos aus dem Park beim morgendlichen Laufen, ein einzelnes Glas Aperol Spritz und dazu ein banaler Spruch – Karsten wusste nicht, ob sie nun mit dem Kollegen ihre Freizeit genoss oder allein unterwegs war. Aber das Checken ihrer Statusmeldungen wurde fast zur Obsession.

Eines Abends poppte plötzlich eine Nachricht im Facebook-Messenger auf. Eine Nachrichtenanfrage von einer Frau, die Karsten nicht kannte. Er überlegte kurz, ob er die Nachricht öffnen sollte. Die Frau in dem Profilbild war hübsch, er klickte die Nachricht an. »Hallo Karsten, jetzt habe ich dich endlich hier auf Facebook gefunden. Ich hoffe, das Paket ist bei dir in Deutschland angekommen. Es ist so schwer geworden, etwas zu schicken. Bitte melde dich und gib mir Bescheid, ob alles funktioniert hat. Mit vielen herzlichen Grüßen aus St. Petersburg, Svetlana.« Wer war diese Svetlana – und welches Paket meinte sie? Offenbar hatte sie sich vertan. Karsten antwortete der Dame direkt. »Hallo Svetlana, du hast wohl den falschen Karsten erwischt. Ich kenne dich leider nicht und ich habe auch kein Paket von dir bekommen«, schrieb er. Dann fügte er noch, weil die Frau so freundlich geschrieben hatte, »mit vielen herzlichen Grüßen aus Kassel« dazu. Er wollte das Fenster schließen, doch da sah er, dass Svetlana antwortete. »Bitte entschuldige, dann muss ich mich bei der Kontaktanfrage geirrt haben. Du siehst aber meinem Kollegen Karsten aus Deutschland sehr ähnlich. Er wohnt in Berlin. Ich bitte, das Versehen zu entschuldigen«, schrieb sie. Dann schickte sie einen Smiley. »Um ehrlich zu sein, siehst du sogar viel besser aus als der Karsten, den ich meinte. Und du wohnst in Kassel? Wow, ich wollte schon immer mal die Documenta besuchen. Viele Grüße und bitte entschuldige, dass ich dich angeschrieben habe, Svetlana« Karsten lächelte – das erste Mal seit Wochen. Und schrieb erneut zurück. Freilich, die Documenta ist eine weltweit bedeutende Reihe von Ausstellungen für zeitgenössische Kunst, aber wer in Sankt Petersburg wohnt, braucht doch nicht die Documenta, oder doch? Karsten, der sich immer für Kunst interessiert hatte, war neugierig. Und Svetlana antwortete …

Wie sich herausstellte, war sie gebürtige Russin, an Kultur interessiert und schon viel gereist. Sie lebte in Sankt Petersburg, hatte Deutsch in der Schule gelernt, war während ihrer Studienzeit auch einige Monate in Berlin gewesen. Sie arbeitete bei einem Handelsunternehmen, das noch Geschäfte mit deutschen Partnern machte. Einem Mitarbeiter eines deutschen Geschäftspartners namens Karsten hatte sie ein Paket mit drei Kilo schwarzem Tee geschickt. Der Tee stammte aus einem bestimmten Teegeschäft in ihrer Stadt und sollte ein Geschenk für die Mutter des deutschen Kollegen sein. Die alte Dame liebte diesen Tee, hatte ihn stets bei einem Teehändler in Berlin gekauft – aber der hatte infolge des Ukrainekonflikts aufgehört, Waren aus Russland zu beziehen. So kam es, dass der deutsche Kollege irgendwann Svetlana fragte, ob sie den Lieblingstee für seine Mutter besorgen und nach Deutschland schicken könne. »Ich bin dafür durch die halbe Stadt gefahren! Aber was tut man nicht alles für den Export von begehrtem russischem Kulturgut?«, schrieb Svetlana und verschickte noch ein paar Smileys. So entspann sich ein Chat, der Karsten von seinem Frust ablenkte und aufmunterte. Er fand es faszinierend, wie Svetlana heikle politische Fragen gekonnt umschiffte und dennoch deutlich wurde, dass sie alles andere als eine Verehrerin der russischen Führung war. Karsten merkte gar nicht, wie es immer später und wurde. Irgendwann schrieb Svetlana, dass es bei ihr weit nach Mitternacht sei. Auch Karsten blickte auf die Uhr. Tatsächlich war es schon nach 23 Uhr.

Schon am nächsten Tag chatteten sie wieder miteinander. Und verabredeten sich für Freitagabend zum Telefonieren. Tatsächlich meldete sich Svetlana. Ihre Stimme war so angenehm, wie Karsten es erhofft hatte. Stundenlang sprachen sie miteinander, mittlerweile wurden ihre Gespräche privat. Auch Svetlana war getrennt. Ihr Mann hatte sie für eine andere verlassen. Der Grund dafür war bitter: Svetlana und ihr Mann hatten lange versucht, Kinder zu bekommen. Svetlana, die immer gut verdient hatte, war für den Großteil der Kosten aufgekommen, hatte Fruchtbarkeitsbehandlungen, Hormontherapien und sogar mehrere künstliche Befruchtungen über sich ergehen lassen. Es funktionierte nicht. Also konzentrierte sich Svetlana auf ihre Karriere. Ihr Mann aber ging fremd und schwängerte eine andere. Und was noch viel schlimmer war: Bevor er sie verließ, plünderte er das gemeinsame Konto. Svetlana stand mit nichts da. Karsten konnte sich vorstellen, was für ein Schlag das für Svetlana gewesen sein musste. Katja hatte ihm immerhin alles überlassen und wollte gar keinen Anteil am gemeinsamen Vermögen. Aber Katja kümmerte Karsten schon fast gar nicht mehr – denn nun gab es Svetlana, gemeinsame intensive Gespräche und Interessen. Und wer weiß? Wenn er sie real treffen würde, vielleicht wäre das mit ihr – am Ende sogar echte Liebe? Über das viele Chatten hatte Karsten auch das Scheidungsformular auf seinem Schreibtisch vergessen. Ausgefüllt hatte er es noch immer nicht.

Nach ein paar Wochen fühlte es sich mit Svetlana an wie eine Fernbeziehung. Sie standen zusammen auf, sie aßen gemeinsam, verbrachten intensive Abende und Wochenenden miteinander, verbunden über Video-Calls, Messenger-Dienste oder Telefon. Und irgendwann entschloss sich Karsten, Svetlana einen Brief zu schreiben – handschriftlich, ganz real zum Anfassen. Unbeholfen fragte er nach ihrer Adresse. Nur wenige Tage später kam der Brief bei ihr an. Svetlana beantwortete ihn und schickte ebenfalls einen Brief. Für Karsten war es eine große Überraschung, einen Briefumschlag mit Briefmarke abgestempelt in Russland aus dem Briefkasten zu ziehen. Wie lange war es her, dass eine Frau ihm einen Brief geschrieben hatte? In fast zwei Jahrzehnten Ehe hatte Karsten allenfalls mal eine Geburtstagskarte von seiner Frau bekommen. »Mein lieber Karsten, ich kann gar nicht fassen, wie sehr mich unsere Gespräche erfüllen, was für ein Genuss es ist, deine Stimme zu hören und mich mit dir auszutauschen. Unsere Gespräche sind so intensiv, wie ich es mir kaum hätte vorstellen können. Die Komplimente, die du mir machst, machen mich schier überglücklich. Du verzauberst mich jeden Tag aufs Neue. Und ich hätte nicht geglaubt, dass es so ein Glück überhaupt geben kann, dass ich so ein Glück haben könnte. Ich freue mich unendlich darüber, einen so besonderen Menschen per Zufall gefunden zu haben. Ohne dich war mein Leben grau – mit dir ist die Welt voller Farben. Und dabei kennen wir uns erst seit einigen Wochen und haben uns noch nie real gesehen. Für mich steht aber fest: Ich möchte dich so bald wie möglich treffen!«, schrieb Svetlana. Karsten hätte am liebsten laut vor Freude gesungen und getanzt. Dann fiel ihm ein, dass er ja ganz allein im Haus war. Also tat er genau das: Er drehte sein Lieblingslied auf und tanzte dazu.

Ein Besuch war aber nicht ganz einfach, immerhin waren ja die Visaerleichterungsabkommen in der EU ausgesetzt. Russinnen und Russen, die keinen dringenden Reisegrund hatten, mussten sich auf lange Bearbeitungszeiträume für das Visum einstellen, auch wurde die Visavergabe viel strenger kontrolliert als früher. Svetlanas Idee war daher, es über eine dienstliche Reise zu probieren. Doch das funktionierte nicht. Die politischen Rahmenbedingungen erschwerten einfach alles und dann gab es auch noch Probleme durch die EU-Sanktionen gegen Russland. Svetlana aber ließ nicht locker, sie fand eine Agentur, die sich auf die schnelle Beschaffung von Visa spezialisiert hatte. Doch dieser Dienst kostete. Svetlana hoffte auf ihr Urlaubsgeld. Aber ihr Arbeitgeber hatte mittlerweile gravierende Zahlungsschwierigkeiten. Das Gehalt kam zu spät, die Beschäftigten sollten Kürzungen in Kauf nehmen, das Auslandsgeschäft war völlig zum Erliegen gekommen. Irgendwann war Svetlana verzweifelt. »Es ist alles anders gelaufen, als wir erwartet haben, mein lieber Karsten«, schrieb sie aufgeregt nach einem letzten Gespräch mit ihrem Vorgesetzten. »Mein heutiges Gespräch war ernüchternd. Er hat mir gesagt, dass meine Stelle möglicherweise wegfallen wird. Und dass ich auch in diesem Monat nur einen Teillohn er-

halte. Ich weiß nicht, wie ich die Agentur und den Flug bezahlen soll«, schrieb sie. »Ich fühle mich so hilflos. Dabei sagte mir der Agenturmanager heute, dass ich, sollte das Visum noch in diesem Jahr ausgestellt werden, bitte rasch die Gebühr bezahlen muss. Es sind umgerechnet 350 Euro.« Karsten überlegte nicht lange. »Ich kann dir das Geld doch überweisen, Svetlana. Auch wenn dir das vielleicht unangenehm ist – aber ich möchte auch, dass du schnellstmöglich kommen kannst«, bot er an. Er ahnte, dass Svetlana protestieren würde. Denn das war in den vielen Gesprächen deutlich geworden: Ihr war finanzielle Unabhängigkeit sehr wichtig.

Tatsächlich lehnte Svetlana das Angebot zunächst ab, ein paar Tage später nahm sie es jedoch an, nachdem Karsten es jeden Tag erneuert hatte. Aber Karsten konnte das Geld nicht einfach so überweisen – denn Russland war vom SWIFT-Transfersystem ausgeschlossen. Er überlegte. Könnten sie Western Union zum Geldtransfer nutzen? Auch das funktionierte nicht, die Sanktionen. Svetlana überlegte ebenfalls. »Ich könnte morgen mal meinen Bankberater fragen. Es muss doch Möglichkeiten geben, Geld zu überweisen?«

Tags darauf meldete sie sich gleich nach dem Gespräch mit ihrer Bank. »Der Berater hat bestätigt, dass Überweisungen aus dem Ausland über SWIFT nicht möglich sind. Aber dass die meisten stattdessen Kryptowährungen nutzen.« Karsten war überrascht. Natürlich – Kryptowährungen, nicht staatlich kontrolliert, waren ideal, um die Sanktionen zu umgehen! Svetlana hatte von ihrem Bankberater auch eine genaue Anleitung erhalten, wie sie vorgehen sollten. Sie würde ein Bitcoin-Wallet eröffnen, indem sie laut Bank auch sofort Bargeldauszahlungen erhalten könne. Der Berater hatte eine Website empfohlen, auf der man Kryptowährungen kaufen und verkaufen konnten. Karsten folgte den Anweisungen und war erstaunt, wie unkompliziert alles funktionierte. Wenig später war das Geld bei Svetlana und sie schickte ihm ein Foto von sich im Büro der Visa-Agentur.

Von nun an träumten die beiden von ihrer gemeinsamen Zeit während des Besuchs. Svetlana sparte ihren Jahresurlaub auf, auch Karsten hatte noch ein paar Urlaubstage über, die er vor der Schließzeit seiner

Kita im Sommer nehmen wollte, um seinen Jahresurlaub zu verlängern. Dann würden sie fast vier gemeinsame Wochen haben. Nun fehlte nur noch der Flug. Doch auch hier gab es Probleme: Svetlanas Arbeitgeber war zahlungsunfähig geworden. Ihr fehlte das Geld, um das Ticket bezahlen zu können. Erneut bot Karsten an, für die Kosten aufzukommen – es waren fast 4000 Euro. Erneut nutzte Karsten Kryptowährungen, um das Geld zu transferieren. Und wieder kam das Geld sehr schnell an. Svetlana schickte ihm ein Foto von sich und einem Ausdruck des Tickets. Karsten freute sich. Doch Svetlana ging es nicht gut damit, von dem Mann aus Deutschland »ausgehalten« zu werden, wie sie es ausdrückte. »Wenn mich mein Mann nicht so übel ausgenommen hätte, lieber Karsten, ich würde dir meine Ersparnisse in Bitcoins überweisen«, sagte Svetlana nun immer öfter. Dann machte sie den Vorschlag, dass Karsten vielleicht sein Geld in Kryptowährungen investieren sollte. Sie habe über den Bankberater einen Insider kennengelernt, der sehr sichere Tipps zur Geldanlage habe. Der Insider und auch ihr Bankberater hätten über eine Plattform ein kleines Vermögen gemacht – sie wollte sich also revanchieren und Karsten auch diese Investmentmöglichkeit geben. Karsten überlegte nicht lange. Er vertraute Svetlana und checkte sein Tagesgeldkonto. Dort hatten sich knapp 40 000 Euro angesammelt. Geld, das auch für Reparaturen am Haus gedacht war. Karsten beschloss dennoch, 20 000 Euro zu investieren.

Das Geld war schnell transferiert. Doch dann geschah etwas Merkwürdiges: Svetlana meldete sich nicht mehr. Und auf Facebook erschien beim Versuch, ihr zu schreiben oder ihr Profil aufzurufen, eine Fehlermeldung. Auch bei Signal erreichte er sie nicht mehr. Was war los? Karsten wurde unruhig. War Svetlana etwas zugestoßen? War sie vielleicht verhaftet worden, weil sie doch Kritik am russischen Regime geäußert hatte oder weil sie die Dienste über eine VPN-Verbindung nutzte? Als Karsten drei Tage nichts von ihr gehört hatte, überlegte er, zur Polizei zu gehen. Es war früher Abend, er war nach dem Tag in der Kita völlig erschöpft. Draußen aber sangen die Vögel, es war ein erster warmer und heller Abend in diesem Jahr. Karsten überlegte fieberhaft, wie er das Ganze bei der Polizei vorbringen sollte. Ein Großteil seiner Ersparnisse steckte irgendwo zwi-

schen Europa und Russland in Kryptowährungen und ohne Svetlana hatte er keine Möglichkeit, wieder an das Geld zu kommen. Da poppte eine WhatsApp-Nachricht von Katja auf. »Karsten, wir müssen reden. Hast du Zeit, dich mit mir zu treffen? Oder kann ich nach Hause kommen?«, fragte seine Frau. Karsten war überrascht. Jetzt auf einmal wollte Katja reden? Wortkarg tippte er nur zwei Buchstaben. »Ok«. Nur wenig später hörte Karsten einen Schlüssel in der Wohnungstür. Vor ihm stand Katja – und sie weinte. »Ich wusste nicht, ob ich den Schlüssel benutzen kann. Oder klingeln sollte. Ob ich ein Gast bin oder noch deine Frau«, sagte sie. Tränen liefen ihr über die Wange. Und Karsten merkte, wie sehr ihn dieser Anblick mit Traurigkeit, aber auch tiefer Sehnsucht erfüllte. Sehnsucht danach, seine Frau in den Arm zu nehmen.

Das tat er dann auch und die beiden redeten. Sie redeten lange, ruhig und intensiv miteinander – die ganze Nacht, bis es draußen bereits wieder hell wurde und für Katja und Karsten Klarheit aufkam: Sie wollten ihre Ehe nicht wegwerfen. Katja hatte keine Beziehung mit dem Kollegen angefangen, sie war nicht einmal fremdgegangen. Außer ein paar Abendessen und einem harmlosen Flirt war gar nichts passiert. Katja hatte aber eine Auszeit gebraucht, um für sich herauszufinden, wo sie im Leben stand. Sie hatte die letzten Monate in der Wohnung einer jungen Kollegin gewohnt, die mit ihrem Freund zusammengezogen war.

Für Karsten stand nach dieser Nacht fest, dass Katja und eine Eheberatung für ihn oberste Priorität hatten – aber, dass er sich in Zukunft mehr Zugewandtheit und Wärme wünschte, so wie er es von Svetlana erfahren hatte. Katja war überrascht, dass Karsten regelmäßig mit einer Russin schrieb und sogar Geld überwiesen hatte – vor allem: so viel Geld. Wollten sie nicht endlich eine Wärmepumpe anschaffen? Und weitere Solar-Paneele auf der Garage installieren? Aber sie konnte auch verstehen, warum Karsten so gehandelt hatte. Sie war einfach verschwunden. Eng umschlungen schliefen beide irgendwann ein.

Am nächsten Morgen war es immer noch harmonisch. Aber auch Katja wollte, dass Karsten so schnell wie möglich versuchen sollte, die Ersparnisse zurückzuholen. Karsten versuchte abermals, Svetlana zu erreichen. Er wollte ihr auch erklären, dass aus dem Besuch nichts wer-

den würde. Vielleicht könnte man das Flugticket stornieren? Notfalls wären die 4000 Euro verloren, dann sollte Svetlana einfach Urlaub in Deutschland machen. Aber er wollte auf jeden Fall die investierten 20 000 Euro zurück. Doch wieder erreichte Karsten – niemanden. Katja war schockiert. »Hast du ein Foto von ihr? Wie sah das Profil bei Facebook aus?«, fragte sie. Karsten zeigte seiner Frau die Bilder, die Svetlana geschickt hatte. Und Katja setzte sich an ihren Laptop – tippte »umgekehrte Bildersuche Google« in den Browser ein. Karsten schloss die Augen, dann hörte er Katjas Stimme. Ganz ruhig, ganz ernst. »Du bist einer Betrügerin aufgesessen. Es gibt keine Svetlana. Russische Betrüger dürften mit unseren fast 25 000 Euro längst über alle Berge sein.« Sie atmete tief durch. Karsten merkte, wie er zitterte.

Dann nahm Katja ihn in den Arm. »Weißt du, Geld kommt und geht. Es gibt etwas, das wichtiger ist – und das sind wir. Ich habe Mist gebaut, du hast Mist gebaut. Wir fangen jetzt einfach neu an.«

Und das taten Karsten und Katja dann auch. Sie erstatteten Anzeige bei der Polizei und suchten sich eine Eheberatung. Das investierte Geld war zwar weg, dafür haben die beiden aber mittlerweile ihre Ehe gerettet. Darüber ist auch ihre Tochter sehr glücklich.

Es gibt viele Menschen, die mit Dating-Apps den Partner oder die Partnerin fürs Leben gefunden haben. Aber die Apps werden auch für Straftaten missbraucht. Betrüger nutzen die vermeintliche Anonymität aus, um erst das Herz eines Menschen zu gewinnen und später seine Ersparnisse zu erbeuten. Mittlerweile haben die Betrüger ihre Methoden angepasst und verführen die Opfer immer öfter zu einem Kryptoinvestment. Der Liebesbetrug, im Englischen als Love Scam bezeichnet, ist keine neue Masche. Im Grunde läuft der Betrug noch nach dem gleichen Schema ab: Die Täter geben vor, eine andere Person zu sein, romantische Interessen zu hegen und finden ihre Opfer auf Dating-Plattformen, Flirt-Apps, aber auch auf Facebook, WhatsApp oder Telegram. Sie investieren zunächst viel Zeit und Mühe, um eine emotionale Bindung zu ihren Opfern aufzubauen. Sie geben sich liebevoll, stellen viele Fragen, überhäufen ihre Opfer mit Komplimenten oder langatmigen Liebesgeständnissen. Sie zeichnen das Bild eines perfekten Partners, humorvoll, gebildet und attraktiv. Häufig nutzen die Betrüger gestohlene Identitäten. Die verwendeten Bilder stammen oft von öffentlich zugänglichen Social-Media-Profilen. Immer häufiger werden auch KI-Bildgeneratoren wie Stable Diffusion oder Midjourney verwendet. Mittels ChatGPT können Inhalte, Storys oder Lebensläufe kreiert werden. Derart gefälschte Identitäten reduzieren das Entdeckungsrisiko für Täterinnen und Täter drastisch.

Für die Fake-Person werden Social-Media-Profile angelegt. Damit diese echt aussehen, werden vorher aktiv Freunde gesammelt. Auch aus diesem Grund sollte man nie Freundschaftsanfragen von Fremden akzeptieren.

Meist schicken die Täter laufend Fotos, vermeintlich aus ihrem Privatleben, und liefern den nötigen Kontext dazu, um eine glaubhafte Geschichte zu erzählen. Sprachnachrichten und Videos sind mittlerweile Standard, die Opfer sollen keine Zweifel haben. In der Regel sind es organisierte Banden, meistens nicht aus Europa, häufig arbeiten die Betrüger sogar in Schichten innerhalb eines Netzwerks. Love Scammer gehen sehr professionell vor, das macht es auch so schwer, den Betrug zu erkennen. Alles läuft irgendwann auf ein Treffen hinaus, zu dem es aber natürlich nie kommt. Dafür gibt es immer nach einer Zeit Schwierigkeiten im Leben der Kontaktperson, die indirekt oder direkt um Hilfe bittet …

Aber woran erkennt man einen Fake? Das ist oft schwer. Nicht jedes attraktive Foto ist eine Fälschung. Nicht jeder Kontakt, der viel schreibt und schnell (Tag und Nacht) antwortet oder gerne viele Fotos von sich schickt, ist ein Liebesbetrüger. Vorsichtig sollte man immer sein, wenn die neue Liebe nach kurzer Zeit das Gespräch auf angeblich nötige Überweisungen oder Kryptowährungen lenkt. Im Fall von Karsten mochte die Erklärung der russischen Flirtpartnerin nachvollziehbar geklungen haben – tatsächlich wurden wegen des Ukrainekonflikts Sanktionen gegen russische Banken verhängt, es klang daher logisch, dass sie Zahlungen nicht direkt empfangen konnte und eine Alternative über einen Bitcoin-Transfer suchte. Doch spätestens, wenn man Konten bei sogenannten Exchanges anlegen soll, bei denen Euro in eine Kryptowährung getauscht und weitertransferiert werden können, sollte man den Kontakt sofort beenden. Auf keinen Fall sollte man Kryptogeld auf das private Konto der Kontaktperson überweisen und sich erst recht nicht zu einer Geldanlage überreden lassen. Typisch für den Krypto-Love-Scam ist genau das: Die Opfer sollen Geld anlegen. Ihnen wird meist eine echt aussehende, aber gefälschte Handelsplattform mit einem Namen wie »Queen Street Finance« oder »Coin Ex Vip« vorgestellt. Es wird versprochen, dass sich über diese Trading-Plattformen angeblich enorme Gewinne einfahren ließen. Mitunter sollen die Opfer zunächst mit kleineren Einzahlungen in Höhe einiger Hundert Euro anfangen.

In Wirklichkeit haben es die Täter darauf abgesehen, die Opfer dazu zu bringen, Euro-Geldbeträge in Bitcoin zu wechseln, um sie dann im nächsten Schritt zu einer Transaktion auf ein anderes Konto (ein sogenanntes Wallet) zu veranlassen. Da das für Laien ohne Vorkenntnisse kompliziert ist, schalten sich die Täter mittels einer vom Geschädigten bewilligten Fernwartungssoftware auf dessen Computer. Die Installation von Fernwartungssoftware ist in etwa genauso gefährlich, wie einem Unbekannten den Schlüssel zur eigenen Wohnung zu geben und ihn damit allein zu lassen.

Die Opfer aber wähnen sich in guten Händen. Bestärkt von den Worten ihrer Kontaktpersonen gehen sie davon aus, dass die Überweisungen oder Investitionen den gewünschten Zweck erreichen – also Gewinne in kürzester Zeit – und sie glauben, dass fähige Trader seriös mit ihrem Geld handeln würden.

Im Fall von Karsten kam es nicht dazu, aber häufig geht das Spiel so lange weiter, bis die Geschädigten Auszahlungen von den Handelsplattformen haben wollen oder das angebliche Treffen im echten Leben näher rückt. Spätestens dann tauchen Schwierigkeiten auf. Die Handelsplattform ist plötzlich nicht mehr erreichbar, der Kontakt zum Flirtpartner reißt abrupt ab. Weder über den genutzten Messenger-

Dienst noch die Flirt-Apps oder Social-Media-Plattformen ist die vermeintliche neue Freundin oder der neue Freund noch erreichbar.

Wer sich auf Dating-Portalen bewegt, sollte daher wissen, wie man falsche Freunde schnell erkennt. Es gibt ein paar Anzeichen, die einen Flirtpartner auf Dating-Portalen verdächtig machen. Eines ist eine ungewöhnlich hohe Nutzungsdauer. Ob früh am Morgen oder spät in der Nacht – Betrüger wechseln sich schichtweise ab und sorgen dafür, dass immer jemand mit einem Profil aktiv ist, um bei einem Match schnell den Kontakt aufzubauen.

Sprachliche Auffälligkeiten sollten Sie aufhorchen lassen: Oft gibt es Sprachbarrieren, seltsame Formulierungen oder wiederholte Grammatikfehler. Bei Ausländerinnen und Ausländern, insbesondere wenn sie mitteilen, eine Übersetzungssoftware zu verwenden, kann das normal sein. Nicht aber, wenn von sich behauptet wird, Muttersprachler in der Sprache zu sein, in der man sich austauscht.

Natürlich tummeln sich auch echte Supermodels auf Dating-Portalen. Trotzdem sind auch Fotos von unnatürlich gut aussehenden, sportlichen oder erfolgreichen Menschen auffällig. Da mittlerweile durch KI-Bildgeneratoren erzeugte Bilder zum Einsatz kommen, kann im Grunde nur aus der Anzahl der Bilder abgeleitet werden, ob sich hinter dem Profil ein Fake verbirgt oder nicht. Es gibt aber auch Profile, für die sich die Betrüger sehr viel Zeit genommen haben. Dennoch sind Fotos immer noch ein Ansatzpunkt. Man sollte sie immer genau überprüfen. Enthalten die Bilder Urheberrechtskennzeichen oder ein ©, sollte man dies prüfen. Es könnten gestohlene Dateien aus Stock-Datenbanken sein. Auch wenn Fotos etwa Nicknames enthalten, die mit den Profilnamen der Kontaktperson scheinbar nichts zu tun haben, sollte man nach diesem Nickname bei Google und bei Social-Media-Plattformen wie Instagram auf die Suche gehen. Viele Cyberkriminelle geben sich gerade an dieser Stelle wenig Mühe, weil sie wissen, dass ihre Opfer diese Anzeichen nicht so genau überprüfen.

In früheren Love-Scamming-Fällen, in denen unter anderem männliche Kontaktpersonen auf der Suche nach weiblichen Singles waren, fiel auf, dass diese Männer mit großer Häufigkeit an entlegenen Orten, etwa auf Bohrinseln, Flugzeugträgern oder in fernen Ländern arbeiteten und lebten und daher nicht mal eben zu Besuch kommen konnten. Zum Teil bedienen sich die Cyberkriminellen noch heute derartiger Geschichten.

Die Dating-App Tinder ermöglicht es den Nutzenden, mit Menschen aus der ganzen Welt zu flirten – die App zeigt an, wie weit entfernt eine Person ist. Auch das nutzen Cyberkriminelle aus. Die Entfernungsangaben müssen hier nicht stimmen.

Daneben gibt es noch einige Verhaltensmuster, die ein Anzeichen für Love Scam sein können: Liebesbetrüger oder auch -betrügerinnen werden etwa schnell emotional und spielen einen empathischen Charakter vor. Oft sprechen sie nach kurzer Zeit von tiefer Liebe oder Seelenverwandtschaft. Sie fragen viel, antworten auf Fragen aber eher generisch. Sie geben wenig detaillierte persönliche Informationen preis und weichen solchen Fragen aus. Wer länger und aufmerksam chattet, entdeckt schnell Ungereimtheiten. Die Lebensgeschichte oder die Details, die sie teilen, können sich im Laufe der Zeit ändern oder nicht konsistent sein. Rückfragen werden geschickt umschifft. Liebesbetrüger haben immer eine Ausrede parat, warum sie sich nicht persönlich treffen können – sei es Geschäftsreisen, entfernte Wohnsitze oder familiäre Probleme etwa. Sobald ein regelmäßiger Kontakt aufgebaut ist, tauchen Schwierigkeiten auf, die Mitleid bei den Opfern erzeugen oder diese unter Druck setzen sollen. Irgendwann bitten die Kriminellen in der Regel um Geld, oft mit rührenden Geschichten oder setzen alles daran, ihre Opfer zu willigen Investoren zu machen. Am Ende kann sogar Erpressung mit intimen Inhalten stehen.

Interview: »Im Schnitt ein Vermögensschaden von 130 000 Euro«

Kryptowährungen sollten transparent und sicher sein. Aber die dezentrale, nicht regulierte Struktur ist auch für Kriminelle attraktiv. Die perfiden Maschen des Kryptowährungsbetrugs kennt Marc Maisch gut. Der Fachanwalt für IT-Recht vertritt auch Opfer von Cryptocrime.[70]

TINA GROLL: Herr Maisch, was ist das Besondere an einem Betrug mit Kryptowährungen?
MARC MAISCH: Man könnte vielleicht denken, Betrug sei Betrug. Kryptowährungen aber sind nicht staatlich kontrolliert, das heißt, es gibt von vornherein so gut wie keinen rechtlichen Schutz. Hinzukommt, dass für viele Opfer zunächst nicht nachvollziehbar ist, wie viel Geld sie tatsächlich verloren haben, da Kryptowährungen sehr volatil sind.
GROLL: Wer wird besonders leicht zum Opfer?
MAISCH: Unsere Mandanten sind überwiegend männlich, im Schnitt Anfang 50, berufstätig und haben höhere Ersparnisse, über die sie schnell verfügen können. Viele sind hochgebildet, arbeiten als Ärzte oder Professoren. Es gibt aber Faktoren, die das Risiko erhöhen. Zum Beispiel sind Personen, die wenig Erfahrung mit dem Kapitalmarkt im Allgemeinen und Kryptowährungen im Besonderen haben, anfälliger für Betrugsversuche. Auch Menschen, die schnell reich werden wollen und daher auf vermeintlich unschlagbare Angebote – das sind etwa versprochene Renditen von mehr als sieben Prozent – hereinfallen, sind gefährdeter als andere.
GROLL: Spielt das Alter eine Rolle?
MAISCH: Nein, Jüngere wie Ältere werden Opfer. Jüngere Menschen sind papierlose Prozesse gewöhnt. Sie prüfen vieles nicht akribisch und klicken schneller einmal auf »akzeptieren«, sie überschätzen oft auch ihre Kenntnisse über Kryptowährungen. Ältere Menschen tun sich hingegen bereits mit ihren IT-Geräten schwer und nehmen daher die scheinheilig angebotene Hilfestellung der Cyberkrimi-

nellen gerne an. Opfer werden instruiert, kostenlose Fernwartungsprogramme herunterzuladen und einen Code einzugeben. Schon geht es los und Computer oder Smartphones lassen sich, für den Geschädigten unbemerkt, fernsteuern – mit allen Folgen, die man sich nur vorstellen kann.

GROLL: Wie beginnt Kryptowährungsbetrug meistens?

MAISCH: Am Anfang stehen häufig Werbeanzeigen, in denen Prominente für bestimmte Kapitalanlageformen werben. Viele unserer Mandanten sind auf Werbebanner oder gefälschte Artikel von vermeintlich angesehenen Zeitungen hereingefallen. Andere waren auf der Suche nach einem Investment mit Kryptowährungen und haben ihre Telefonnummer in Kontaktformulare von angeblichen Finanzdienstleistern eingetragen, die ihnen teilweise empfohlen wurden.

GROLL: Gibt es noch andere Methoden?

MAISCH: Beim Krypto-Love-Scam kommt der erste Kontakt meist über Dating-Apps, Telegram-Gruppen oder Social-Media-Plattformen zustande. Krypto-Love-Scams werden auch Pig-Butchering-Fälle genannt, weil hier Menschen im übertragenen Sinne wie Schweine (finanziell) ausgeschlachtet werden.

GROLL: Das klingt zynisch. Woran erkennt man einen möglichen Betrug?

MAISCH: Es gibt verschiedene Warnsignale. Zum einen sollten Anleger skeptisch sein, wenn ihnen unrealistisch hohe Renditen versprochen werden. Auch unklare oder undurchsichtige Geschäftsmodelle können ein Anzeichen sein. Generell erfordert Trading viel Fachwissen und langjährige Erfahrung. Wenn ein Anbieter neu auf dem Markt ist und man zu diesem im Internet nichts findet, sollte man skeptisch sein. Zudem sollten Anleger darauf achten, wer hinter dem Unternehmen steht. Ein Blick ins Impressum kann helfen, aber alles, was dort steht, kann auch gelogen sein. Kunden-Testimonials und Referenzen eines Unternehmens können weitere Aufschlüsse geben. Viele Interessierte suchen daher bei Google zum Beispiel nach »BrokerXY Erfahrungen« oder »BrokerYZ Betrug«. Wer sich unsicher ist, kann sich von einem unabhängigen Experten beraten lassen. Geldanlage ist eine zulassungspflichtige Finanzdienstleistung. Seriöse Unternehmen sind daher offiziell registriert und unterliegen einer Aufsichtsbehörde, zum Beispiel der Bundesanstalt für Finanzdienstleistungsaufsicht (BaFin) in Deutschland[71], der Finanzmarktaufsicht (FMA) in Österreich[72] oder der Eidgenössischen Finanzmarktaufsicht (FINMA) in der Schweiz[73].

Groll: Wie hoch sind die Schadenssummen?

Maisch: Das ist unterschiedlich. Egal ob Krypto-Love-Scam oder Kryptowährungsbetrug mit Fake-Trading-Plattformen: Zunächst wird den Opfern erklärt, dass mit einem geringen Startkapital von 250 bis 3000 Euro begonnen werden kann, um die vorgestellte Handelsplattform erst einmal auszuprobieren. Diese Masche funktioniert fast immer, weil sich die Opfer in Sicherheit wähnen. Die Täter animieren nach ersten angeblichen Gewinnen dazu, noch mehr Geld zu investieren oder setzen die Opfer mit vermeintlich fälligen Steuern, Provisionen oder Gebühren unter Druck. Wenn die Täter merken, dass die Opfer vermögend sind – das stellen sie zum Beispiel fest, weil sie über ein Fernwartungsprogramm Einblicke in das Onlinekonto des Opfers hatten – gibt es manchmal Rückzahlungen. Die Opfer erhalten nach wenigen Tagen ihr eingezahltes Startkapital, zum Teil sogar mit Gewinn zurück.

Groll: Was haben die Täter davon?

Maisch: Die Opfer sind motivierter, höhere Beträge im vier- bis fünfstelligen Bereich zu tätigen. So erklärt sich, dass unsere Mandanten im Schnitt einen Vermögensschaden von gut 130 000 Euro erleiden.

Groll: Woran erkennt man gefälschte Handelsplattformen?

Maisch: Die verwendeten Handelsplattformen sind meist perfekte Fälschungen. Die Internetseiten sind oft grafisch ansprechend gestaltet. Sie enthalten viele Informationen, Bilder und einen Login-Bereich, in dem man den angeblichen Kursverlauf seiner Einzahlungen verfolgen kann. In Wirklichkeit sind die Kursverläufe Simulationen, die von den Tätern gesteuert werden. Ein Kurshoch soll die Opfer gefügig machen, Kursverluste aber unter Druck setzen oder daran hindern, weitere Nachfragen zu stellen.

GROLL: Warum benutzen die Betrüger Fernwartungsprogramme?

MAISCH: Mit Fernwartungsprogramme wie AnyDesk oder Teamviewer kann man IT-Support leisten. Bei Unternehmen ist das üblich. Kriminelle nutzen die Tools, um auf die Geräte der Opfer zuzugreifen. Oft gewähren die Opfer den Zugriff völlig freiwillig. Sie glauben, dass ihnen der Anlageberater helfe. Die Betrüger können damit aber sensible Daten stehlen oder Kryptowährungen transferieren. Das Opfer bemerkt davon meist nichts, weil ihm etwas anderes auf dem Bildschirm angezeigt wird oder es telefonisch mit anderen Themen abgelenkt wird. Auch Täter, die es darauf abgesehen haben, Online-Banking-Konten leer zu räumen, gehen so vor, um manipulierte Überweisungsformulare vorzubereiten.

GROLL: Wie schützt man sich davor?

MAISCH: Man sollte niemals einer Person erlauben, auf einen Computer zuzugreifen, es sei denn, man ist sich sicher, dass die Person vertrauenswürdig ist. Beim Einsatz von Fernwartungsprogrammen hinterlassen die Täter aber auch Spuren, die für die polizeiliche Ermittlung bedeutsam sind. Ganz ohne Risiko ist das Ganze aus Sicht der Kriminellen also nicht.

GROLL: Was sollte man sofort tun, wenn man denkt, es könnte sich um einen Betrug handeln?

MAISCH: Zuallererst sollte die Bank angewiesen werden, gezahlte Beträge zurückzuholen. Ein sogenannter Recall von Überweisungen ist meist innerhalb von 12 bis 48 Stunden, je nach Buchungszeitpunkt, möglich und Erfolg versprechend. Bei Echtzeit- oder Auslandsüberweisungen kann es anders sein. Sodann macht es Sinn, sich an Experten zu wenden, um möglichst schnell eine erste Einschätzung zu erhalten, ob sich der Betrugsverdacht erhärtet. Mittels spezieller Software können zum Beispiel Kryptoforensiker die Geldflüsse in der Blockchain zurückverfolgen. So kann nachvollzogen werden, wie die vom Opfer an ein Wallet eingezahlten Bitcoins von den Kriminellen weitergeleitet wurden und wo die

Spur des Geldes endet. Diese Informationen sind für die Ermittlungen wichtig. Man kann sich an einen Anwalt wenden, der auf die Vertretung von geschädigten Kapitalanlegern und Betrugsopfern von Kryptowährungen spezialisiert ist. Zur Unterstützung der Ermittlungen sollten Opfer unbedingt Screenshots von Chats mit ihren Kontaktpersonen anfertigen und weitere tatrelevante Informationen zusammensuchen. Jedes Detail kann dabei wichtig sein.

GROLL: Sollte man den Kontakt zu den Betrügern sofort beenden?

MAISCH: Es ist schwer, diese Frage pauschal zu beantworten. In den meisten Fällen haben wir es mit Organisierter Kriminalität zu tun, sodass die Kontaktperson, die mit dem Opfer chattet oder telefoniert, nicht dieselbe Person ist, die für die Geldwäsche zuständig ist. Ob sich diese Personen absprechen, so nach dem Motto »Das Opfer weiß jetzt von dem Betrug. Versteck schnell das Geld!«, wissen wir nicht. Wir raten unseren Mandanten dazu, bekannte Nummern von Kontaktpersonen zu blockieren.

GROLL: Wer sind die Täter?

MAISCH: Kryptobetrugsfälle zeichnen sich meist durch arbeitsteiliges Zusammenwirken mehrerer Personen aus, die mehr oder weniger gut vernetzte Akteure einer kriminellen Bande sind.[74] Wir konnten bislang einige deutsche Täter identifizieren, die unter anderem als sogenannte Finanzagenten für die Verschleierung der Geldflüsse zuständig waren. Viele Fälle haben seit 2019 einen räumlichen Bezug zu Asien[75], wie etwa im Fall des im Jahr 2023 weltweit am meisten gesuchten Kryptowährungsunternehmers Do Kwon, der nach dem Zusammenbruch seines Start-ups rund 40 Milliarden US-Dollar an Anlegerkapital vernichtet hatte und mit gefälschten Pässen eine filmreife Flucht hinlegte.[76] In einem Fall hat die spanische Polizei einen Ring von Kryptobetrügern ausgehoben, in dem es nach Presseberichten mehr als 17 000 Geschädigte mit einem Gesamtschaden von rund 2,4 Milliarden Euro gegeben hatte. Die Bande bestand aus zwei Hintermännern und 16 weiteren Tatverdächtigen. Das Ganze wurde aus Albanien heraus gelenkt.[77]

Groll: Wie kann man sich vor Kryptowährungsbetrug schützen?
Maisch: Wer als Anleger die Funktionsweise von Kryptowährungen nicht vollständig versteht, sollte die Finger davonlassen. Man muss sich Zeit nehmen, um die Seriosität von Angeboten und Anbietern zu analysieren. Papier und Websites sind geduldig. Man sollte immer die finanzmarktrechtlichen Lizenzen überprüfen und vorsichtig sein, wenn man unaufgefordert von einem Unternehmen kontaktiert wird und eine Drucksituation erzeugt wird. Es ist nicht üblich, von einem Bankberater mehrfach am Tag angerufen zu werden. Seriöse Kommunikation findet zudem nicht über Messenger-Dienste statt, weil das für die Unternehmen datenschutzrechtlich problematisch wäre. Es ist ratsam, niemals persönliche Informationen oder Geld an unbekannte Personen oder Unternehmen weiterzugeben. Wer bereits Kryptowährungen hat, sollte sich über die Absicherung seines Kontos informieren, etwa mit einem Hardware-Wallet. Darüber hinaus ist Multi-Faktor-Authentifizierung für alle Konten Pflicht, ebenso wie starke Passwörter mit mindestens 20 Zeichen Länge, wobei jedes Passwort nur ein einziges Mal eingesetzt werden darf. Ein Passwortmanager kann Erinnerungslücken schließen.

Manchmal geht Cryptocrime aber auch gut aus, wie etwa im Fall der Universität Maastricht in den Niederlanden, die 2019 Opfer einer Ransomware-Attacke wurde. Die Täter erpressten die Hochschule mit der Verschlüsselung vieler wichtiger Daten. Zunächst wollte die Universität das geforderte Lösegeld nicht bezahlen. Die IT hatte nämlich Sicherungskopien erstellt. Erst als sich herausstellte, dass diese beschädigt waren, zahlte die Universität doch – 200 000 Euro in Bitcoins.

2020 wurde dann in einem anderen Kriminalfall ein Geldwäscher in der Ukraine verhaftet. Die Behörden beschlagnahmten von ihm ein hohes Bitcoin-Vermögen. Wie sich herausstellte, war auch das Kryptogeld der Universität Maastricht dabei. Die Hochschule erhielt das Geld 2022 zurück – und konnte sich über einen stattlichen Gewinn freuen. Denn der Bitcoin-Kurs war gestiegen, aus den 200 000 Euro waren 500 000 Euro geworden.[78]

Kapitel 5

Kinder vor digitalen Gefahren schützen

Kindern einen vernünftigen Umgang mit digitalen Medien zu vermitteln, ist für Eltern eine Herausforderung. In diesem Kapitel zeigen wir die potenziellen Risiken und geben praktische Tipps, wie Sie Ihre Kinder vor den Gefahren des Internets schützen können, auch wenn Ihre Kinder bereits älter sind.

Mehr als ein Telefon

Das Smartphone ist mehr als nur ein Telefon. Es ist ein vollwertiger Computer. Kinder haben darüber mit nur wenigen Klicks Zugriff auf sämtliche Inhalte des Internets. Dabei kann schon Harmloses Kindern Ängste machen, ein Youtube-Clip zum Beispiel, den sich der 18-jährige Bruder gerade in seinem Zimmer auf dem großen Gaming-Bildschirm ansieht. In dem Clip testet ein Influencer ein neues Horror-Splatter-Spiel, gruselige Zombies werden dahingemetzelt. In diesem Moment kommt die fünfjährige Schwester ins Zimmer und starrt auf das Geballere, völlig schockiert von dem, was sie da sieht. Und dann? Den 18-Jährigen bitten, immer die Tür abzuschließen, wenn er solche Videos sieht oder Spiele spielt? Der Fünfjährigen generell untersagen, ins Zimmer des Ältesten zu gehen? Wie realistisch klingt das für Sie?

Es kommt auf einen vernünftigen Kompromiss an. Und der kann in jeder Familie völlig unterschiedlich sein. Die einen erklären dem

Vorschulkind vielleicht, dass das wirklich nur ein Spiel ist. Und dass es nicht einfach ins Zimmer des volljährigen Bruders stürmen kann. Die anderen vereinbaren mit dem Volljährigen, dass er darauf achtet, dass seine Tür immer verschlossen ist, wenn er solche Videos sieht oder Spiele für Erwachsene zockt.

Ebenso unterschiedlich beantworten Eltern die Frage, ab wann Kinder überhaupt anfangen sollten, digitale Medien zu konsumieren. Die einen finden es ganz unproblematisch, wenn Kleinkinder mal auf dem Smartphone der Eltern ein Peppa-Wutz-Video anschauen. Andere lehnen dies ab. Wir finden: Jede Familie darf selbst entscheiden. Allerdings sollten Babys nicht ständig mit dem Handy ruhiggestellt werden. Ein Kinderwagen mit Handyhalterung mag praktisch für die Eltern sein, man kann selbst etwas lesen oder anschauen, wenn das Kind beim Spazierengehen im Wagen eingeschlafen ist – viele Mütter und Väter nutzen so eine Halterung jedoch, um ihrem oft nicht einmal Einjährigen Youtube-Videos für Babys zu zeigen. Dabei ist gut erforscht, dass zu früher (intensiver) Medienkonsum zu Entwicklungsstörungen bei Kindern führen kann.[79] Ab und zu Youtube einzuschalten, ist damit natürlich nicht gemeint, sondern eine stundenlange Beschallung per Autoplay-Funktion. Wenn Kinder (etwa ab dem Schulalter, frühestens ab dem Vorschulalter) mal Youtube nutzen dürfen, dann sollte es wenigstens Youtube-Kids mit kindgerechten Inhalten (und Werbung) sein; allerdings sollte man auch hier vorsichtig sein. In der Vergangenheit tauchten selbst hier nicht immer ganz kindgerechte Inhalte auf.

Unsicherheit besteht auch bei der Frage, ab welchem Alter Kinder reif sind für ein eigenes Handy, einen eigenen Smart-TV, einen eigenen Computer. Auch hier divergieren die Antworten und Ratschläge. Viele Kindergartenkinder haben heute einen Smart-TV in ihrem Zimmer und besitzen ein eigenes Tablet mit Vorschul-Apps darauf. Zu früh? Das können allein die Eltern entscheiden.

Die Expertinnen und Experten von Klicksafe beantworten diese Frage mit einer Gegenfrage: »Wann schicken Sie Ihr Kind allein zum Einkaufen oder auf den Spielplatz? Wahrscheinlich dann, wenn Ihr Kind sich in solchen Situationen sicher fühlt. Wenn Sie mit ihm das richtige Verhalten im Verkehr eingeübt oder es auf den Umgang mit anderen Menschen vorbereitet haben.«[80] Wichtig ist, Kinder nicht allein zu lassen, sondern sie zu begleiten.

Das Präventionsteam des Landeskriminalamts Niedersachsen rät dazu, dass Kinder erst mit dem Besuch der weiterführenden Schule bzw. in der fünften Klasse – also etwa mit elf bis zwölf Jahren – ein eigenes Handy bekommen sollen. Hier hat man zudem einen Leitfaden für Eltern veröffentlicht[81], der viele wertvolle Tipps enthält. Auch wir finden: Ein eigenes Gerät sollten Kinder erst dann bekommen, wenn sie damit auch vernünftig umgehen können. Das kann bei manchen Kindern schon vor der fünften Klasse sein, immerhin fahren viele schon wesentlich früher ganz allein mit dem ÖPNV durch Großstädte, um zur Schule zu kommen oder Freunde zu besuchen. Wessen Kinder etwa in Berlin aufwachsen, der möchte vielleicht, dass schon seine Drittklässlerin ein Handy hat, um Bescheid sagen zu können, dass Straßenbahn, Bus oder S-Bahn mal wieder ausgefallen sind.

Und wie viel Bildschirmzeit ist dann okay? Auch dafür gibt es eine Reihe von Empfehlungen, etwa von der Deutschen Gesellschaft für Kinder- und Jugendmedizin (DGKJ), die Ende 2023 zusammen mit weiteren Fachgesellschaften eine neue Leitlinie zu dieser Frage herausgegeben[82] hat. Demnach sollten Kinder unter drei Jahren am besten keine Zeit vor Bildschirmmedien verbringen und Eltern ihre eigene Mediennutzung auf Zeiten beschränken, in denen das Kind nicht dabei ist. »Je weniger die Kleinen anderen bei der Nutzung von Bildschirmmedien zuschauen, desto besser«, schreiben die Autoren. Kinder zwischen drei und sechs Jahren sollen demnach maximal eine halbe Stunde pro Tag digitale Medien nutzen, aber auch nicht täglich, idealerweise gibt es in der Woche von Kita-Kindern auch bildschirmfreie Tage. Ab Besuch der Schule steigt die Bildschirmzeit ohnehin – Medienunterricht, Smartboards, Tablets, Apps und Filme gehören im Unterricht zu ganz normalen Lehrmitteln.

Damit die vereinbarten Zeiten auch eingehalten werden, raten die Mediziner dazu, eine Sand- oder Stoppuhr neben den Bildschirm zu stellen oder eine Zeitschaltung einzustellen, sodass sich das Gerät automatisch ausschaltet. Frühestens ab neun Jahren sollen Kinder eine Spielekonsole bekommen, die idealerweise in einem abgeschlossenen Schrank aufbewahrt wird.

So gut das klingt, so klar ist doch: Irgendwann werden Kinder einen Weg finden, Medien zu konsumieren – und dies auch ausgiebig tun. Daher ist es das Beste, Kinder für die Gefahren zu sensibilisieren, mit ihnen auch darüber zu sprechen, dass Spiele süchtig machen können und selbst zu viel Chatten mit Freundinnen und Freunden ungesund sein kann. Das kann eine Herausforderung sein, gerade während der Pubertät des Nachwuchses. Viele Mütter (und Väter) erinnern sich vielleicht noch daran, dass sie selbst damals stundenlang mit der besten Freundin oder dem besten Freund sprechen wollten. Stundenlang hingen wir am Telefon. Und genau das tun auch unsere Kinder, wenn man sie lässt. Zugriffsbeschränkungen sind daher sinnvoll. Smartphones sind wie Zucker: Ohne geht nicht, aber zu viel ist schädlich. Daher müssen Sie Ihrem Kind dabei helfen, die altersgerechte Dosis zu finden.

Cem Karakaya erlaubt seiner Tochter im Teenageralter zum Beispiel, maximal 30 Minuten täglich auf TikTok und Youtube zu konsumieren – insgesamt. Tina Groll sieht das Ganze als Journalistin nicht so eng. Sie schaut mit ihrer Tochter im Grundschulalter sehr gern kindgerechte Inhalte auf Youtube-Kids an, das können dann auch mal zwei Folgen von »Checker Tobi« sein.

Ein Präventionsexperte im Stresstest: »Der Spaß der Kinder ist die Sorge der Eltern«

Cem Karakaya berät nicht nur die Polizei, sondern vor allem Eltern, Lehrerinnen und Lehrer sowie Schülerinnen und Schüler zum Umgang mit digitalen Medien und dem Internet. Als seine Tochter ein eigenes Smartphone bekam, war das ein stressiger Moment für den Cyberprofi – hatte er alles richtig gemacht?

Meine Tochter hatte die Grundschule beendet und sollte aufs Gymnasium wechseln – und sie wollte endlich ein eigenes Smartphone haben. Lange hatte sie auf diesen Moment gewartet. Denn als Vater bin ich streng, was Medienkonsum angeht. Aber jetzt war sie alt genug und sowieso eine der Letzten in der Klasse, die kein eigenes Gerät hatte. Als ich ihr das Smartphone aushändigte, war mir dennoch mulmig zumute. Immerhin halte ich seit Jahren Vorträge für Eltern und Kinder, um sie für die Gefahren im Netz zu sensibilisieren. Ich machte mir Sorgen, ob mein eigenes Kind vernünftig mit dem ersten Smartphone umgehen würde.

Ich war immer darauf bedacht, meiner Tochter einen gesunden Medienkonsum vorzuleben. Bis zu ihrem sechsten Lebensjahr hat sie mein Smartphone nie gesehen. Ich ließ das Handy bei der Arbeit. Ich wollte nicht, dass sie mit Eltern aufwächst, die ständig aufs Display schauen. Auch ohne Smartphone war das Familienleben harmonisch. Denn ganz auf Medien musste meine Tochter natürlich nicht verzichten. Freitags machen wir, übrigens bis heute, einen Filmabend, bei dem das Kind den Film aussucht. Als sie kleiner war, handelte es sich meist um Disney-Filme. Ich weiß nicht, wie viele Freitagabende wir »Die Eiskönigin« angeschaut haben. Mir war es wichtig, die Zeit mit meinem Kind zu genießen – wir haben nur diese eine Tochter. Daher habe ich immer versucht, in meiner Freizeit viel Zeit mit ihr zu verbringen, ohne digitale Medien. Wir haben zusammen gemalt, Lego oder Playmobil gespielt und auch Brettspiele stapeln sich bei uns bis zur Zimmerdecke. Aber natürlich kenne auch ich den Moment, in dem man dem Kind am liebsten ein Smartphone oder Tablet in die Hand drücken möchte, damit man noch etwas fertig machen kann. Meine Frau und ich haben uns daher in solchen Momenten abgewechselt, oft hat sie auch mehr übernommen, wofür ich ihr sehr dankbar bin. Ich habe mir in solchen Momenten vor Augen geführt, dass die Zeit, in der mein Kind klein sein würde und mehr Aufmerksamkeit benötigt, sehr kurz ist – und ich konzentriert wieder arbeiten können würde, wenn sie älter wäre. Heute ist sie ein Teenager und längst in der Lage, sich selbst ohne digitale Ablenkung zu beschäftigen. Und ich bin froh, dass ich in herausfordernden Momenten durchgehalten habe und die Zeit mit meinem Kind an erste Stelle gesetzt habe.

Mit dem Vorschulalter kam auch die Neugier – meine Tochter konnte sehr viele Fragen stellen. Und ich habe versucht, ihr alle Fragen gut zu beantworten. Manchmal wusste ich die Antwort aber nicht. Das war der Zeitpunkt, als sie in Kontakt mit dem Internet kam. Denn wir haben dann online recherchiert. Ich wollte ihr so zeigen, dass das Internet gut ist, um Informationen zu gewinnen. Dass es verschiedene Quellen gibt und man wissen muss, wie man eine seriöse von einer unseriösen unterscheidet. Auch habe ich meinem Kind beigebracht, dass man mehrere Quellen nutzen sollte. Und dafür gibt es wunderbare Kindersuchmaschinen, die wir an dieser Stelle empfehlen möchten:

- *https://www.fragfinn.de*[83]
- *https://klexikon.zum.de*[84]
- *https://www.tessloff.com/was-ist-was.html*[85]
- *https://www.internet-abc.de*[86]
- *https://seitenstark.de*[87]

Als meine Tochter zur Schule kam, haben wir begonnen, auch klassische Nachrichtenquellen wie die Online-Angebote von seriösen Zeitungen und des öffentlich-rechtlichen Rundfunks zu nutzen. Ob für Hausaufgaben, Schulprojekte oder aus Wissenshunger – fündig wurden wir immer. Manchmal stieß meine Tochter jedoch auf Seiten, die nur auf den ersten Blick seriös erschienen, beim genaueren Hinsehen aber interessengeleitet waren. Ein Klick ins Impressum verrät mitunter, wessen Interessen eigentlich verfolgt werden. Es kann schockierend sein, wenn man herausfindet, dass hinter einer Seite zum Beispiel knallharte Lobbyverbände oder sogar rechtsextreme Parteien stecken. Wir stießen auch auf Seiten, auf denen Verschwörungstheorien verbreitet wurden. Viele solcher Webseiten tauchten während der Corona-Pandemie auf oder wurden in dieser Zeit populär. Es handelt sich um sogenannte alternative

Medien, manche dieser Seiten haben sogar spezielle Angebote für Kinder und Jugendliche. Um sich einen vertrauenswürdigen Anstrich zu geben, imitieren manche Seiten klassische journalistische Angebote, doch statt unabhängige Fakten und geprüfte Informationen zu liefern, werden Ängste oder Hass geschürt und Falschinformationen verbreitet. Solche Seiten sind nicht ungefährlich. Denn wer immer mehr von den gleichen manipulativen Fake News bekommt, glaubt irgendwann daran.[88]

Oft werden Falschinformationen über soziale Netzwerke verbreitet. TikTok und Youtube werden am stärksten von Kindern und Jugendlichen genutzt. Viele Kinder halten die Plattformen sogar für unabhängige Medien. Aber die Plattformen sind alles andere als unabhängig. Sie arbeiten mit Algorithmen, die immer mehr vom Gleichen zeigen. Wenn man sich ein bestimmtes Video angesehen hat, kommt automatisch ein ähnliches, das dieselbe Meinung zu einem bestimmten Sachverhalt propagiert, von der Machart her vergleichbar ist oder ähnliche Produkte empfiehlt.

Ich wollte meiner Tochter kritisches Denken beibringen und ihr vermitteln, wie man Inhalte auf ihre Glaubwürdigkeit und Seriosität überprüfen kann. Anfangs war das noch leicht. Doch mittlerweile komme auch ich an Grenzen. Denn der Unterschied zwischen Fakten und Fiktionen, echten und falschen Nachrichten ist zunehmend schwerer zu erkennen. Immer häufiger werden sogenannte Deepfake-Technologien eingesetzt, die Bilder, Videos, Tonaufnahmen perfekt manipulieren, wie etwa die Fotos vom Papst in einer stylischen weißen Daunenjacke und mit unverwechselbarem päpstlichem Kruzifix bestückt[89]*. Das geistliche Oberhaupt der katholischen Kirche sieht darauf aus wie ein Rapper. Erzeugt wurden die Bilder von einer KI. Den Unterschied zwischen Täuschung und Realität kann man auch bei den Aufnahmen von Donald Trumps Verhaftung kaum erkennen. Tatsächlich wurde im August 2023 von ihm ein sogenannter »Mug Shot« angefertigt, also ein erkennungsdienstliches Foto, nachdem er sich im US-Bundesstaat Georgia den US-Behörden gestellt hatte*[90]*. Bereits zuvor aber kursierten Fake-Fotos im Netz, die angeblich zeigten, dass Trump verhaftet worden war. Als dies dann wirklich geschah, war es selbst für viele Journalistin-*

nen und Journalisten nicht leicht, die echten Bilder von den falschen zu unterscheiden. Auch meine Tochter und ich mussten lange recherchieren.

Mit dem ersten Smartphone haben Kinder also Zugriff auf das gesamte Internet – mit allen Lügen, Unwahrheiten, Täuschungen. Und über das Internet haben auch Bösewichte, Diebe und Missbraucher die Möglichkeit, in Kontakt mit unseren Kindern zu treten. Mir war das sehr bewusst, als ich meiner Tochter das erste Handy gab. Und ich hatte ihr genau erklärt, wie das Gerät funktioniert und alle Einstellungen so konfiguriert, dass sie nur altersgemäße Inhalte bekommen würde.

Aber selbst diese Inhalte haben es in sich. Während Tom & Jerry, Popeye oder Superman meine Kindheitshelden waren, sind die Heldinnen meiner Tochter heute tatsächlich existierende Menschen wie Heidi Klum oder Bianca »Bibi« Claßen von BibisBeautyPalace[91] – mitsamt den von diesen Influencerinnen propagierten Schönheitsidealen, Rollenbildern und Produktpaletten, die die Fans natürlich konsumieren sollen. Ich war alles andere als begeistert, als statt Eiskönigin Elsa aus dem Disneyfilm – und schon dieser zeigt ja ein stereotypes Schönheitsideal – meine heranwachsende Tochter auf einmal Heidi Klums »Germany's Next Topmodel« sehen wollte. Und offenbar schon lange die Sendung guckte. Dabei hatte ich darauf geachtet, dass wir die Show nicht im linearen Fernsehen sahen. Aber wer schaut noch lineares Fernsehen, wenn es TikTok und Youtube gibt?

Meine Frau und ich überlegten, wie wir damit umgehen sollten. Ein Verbot, so viel war uns klar, war keine Lösung. Wenn die Sendung unter Mädchen angesagt ist, dann soll auch unsere Tochter die Show sehen dürfen – aber sie soll es aufgeklärt tun. Also mussten Regeln eingeführt werden, Regeln, die es für Medieninhalte in meiner eigenen Kindheit so nicht gab. Und das ist der wesentliche Unterschied:

Wir sind die erste Elterngeneration, die sich Gedanken machen muss über Medienbildung, Medieninhalte, Grenzen und Regeln mit einfach herbei klickbarem Content, der rund um die Uhr über das Smartphone, das Tablet oder die Smartwatch auf unsere Kinder einprasseln kann. Aber zum Glück gibt es ja das Internet, das für uns Eltern hier eine Hilfe sein kann. Und während meine Tochter nach »Germany's

Next Topmodel« irgendwann endlich schlief, habe ich mich im Internet schlau gemacht. Diese Seiten waren mir dabei eine große Hilfe:

- *https://www.klicksafe.de*[92]
- *https://www.schau-hin.info*[93]

So entstand bei mir die Idee, Vorträge für Eltern zu halten und Elternabende an Schulen abzuhalten, um von meinen Erfahrungen und den Aushandlungsprozessen mit meinem heranwachsenden Kind zu berichten. Ich möchte dabei andere Eltern aber nicht belehren – sondern sensibilisieren und über Mediennutzung kritisch streiten. Prävention heißt Aufklärung. Aufklärung ist ein wichtiger Teil der Medienbildung. Oft muss man sich erst selbst eine Meinung bilden, zum Beispiel zum Content von Influencerinnen. Ich habe zum Beispiel festgestellt, dass mein Bild stark von Vorurteilen geprägt war. Und manchmal sind auch Inhalte, die wir als Eltern eher kritisch sehen, dann eine gute Grundlage, um in den Austausch und die Meinungsbildung mit jugendlichen Kindern einzutauchen.

Was die Regeln angeht, so haben wir mit unserer Tochter einen Mediennutzungsvertrag abgeschlossen. Es gibt dafür ein hervorragendes Muster, erstellt von Präventionsexpertinnen und -experten der Landesanstalt für Medien Nordrhein-Westfalen:

- *https://www.mediennutzungsvertrag.de*[94]

Er kann individuell je nach Alter angepasst werden und ist kostenlos.

Die beste und größte Hilfe finden Sie genau da, wo auch die meisten Gefahren lauern – im Netz. Es macht daher keinen Sinn, das Internet oder digitale Medien zu verteufeln und zu enge Grenzen zu setzen. Die Kinder werden sowieso einen Weg finden, online zu sein, meistens haben nämlich die Freunde ein Handy ohne Sicherheitseinstellungen und Kinderbeschränkungen. Daher sind eine gute Kommunikation sowie Vertrauen der beste Schutz. Denn das Internet ist erst gefährlich, wenn man sich damit nicht auskennt. Für Eltern eignet sich daher eine weitere Info-Seite, die Durchblick im digitalen Leben verspricht und meiner Meinung nach dieses Versprechen auch einlöst:

- *https://www.medien-sicher.de/[97]*

Die erwähnten Angebote reichen völlig aus, um Kindern einen guten Umgang mit digitalen Medien zu vermitteln. Natürlich müssen Sie nicht alles auf einmal lesen. Wer hat dafür schon Zeit? Es reicht, sich regelmäßig in Häppchen und gemeinsam mit den Kindern zu informieren. Viele Angebote enthalten Spiele, Videos und interaktive Elemente, es macht Spaß, die Seiten zu nutzen. Vielleicht lernen Sie sogar etwas Neues, mit dem Sie in der nächsten Cybersecurity-Schulung bei der Arbeit punkten können?

Heute habe ich eine medienkompetente Teenager-Tochter, die nicht nur am Smartphone hängt. Bücher, Zeitungen und Magazine werden von ihr genauso genutzt wie digitale Medien. Sie weiß genau, wie ihre Geräte funktionieren und achtet auf Sicherheitseinstellungen. Sie überlegt erst, bevor sie etwas postet. Kürzlich fragte sie mich, ob ich schon das Betriebssystem meines Smartphones aktualisiert habe. Ich war überrascht. Sie hatte in der Schule über eine neue Sicherheitslücke gehört und das Update sofort installiert. Ich nahm mein Telefon heraus, tatsächlich: Ein neues Update war verfügbar. Ich bedankte mich bei ihr, denn sonst hätte ich vielleicht erst Stunden später davon etwas mitbekommen.

Achtung, Kindersicherung: Wie Sie die Geräte Ihrer Kinder sicher einstellen

An Weihnachten unterm Baum, zum Geburtstag auf dem Gabentisch – oder einfach zum Wechsel an die weiterführende Schule: Der Moment, in dem Kinder ihr eigenes Smartphone bekommen, ist für die meisten Jugendlichen ein besonderer. Viele haben auf diesen Zeitpunkt lange gewartet. Endlich ein eigenes Handy und nicht immer nur das Smartphone der Eltern ausborgen. Ein eigenes Smartphone zu bekommen, vermittelt jedoch den Eindruck: Das Handy, liebes Kind, gehört nun dir ganz allein.

Viele Medienpädagogen empfehlen aber das Gegenteil. Denn auch Teenager müssen den Umgang mit der Technik und vor allem die Dosis erst lernen. Daher gehört zur Übergabe auch dazu, den Kindern klarzumachen, dass das Smartphone immer noch den Eltern gehört. Das ist rein rechtlich sowieso der Fall, denn die Eltern (oder Großeltern) haben das Handy bezahlt, sie haben den Vertrag dazu abgeschlossen und kommen für die Kosten auf. Außerdem wurde das Nutzerkonto der Kinder meistens über das Hauptkonto der erziehungsberechtigten Erwachsenen erstellt – mit deren persönlichen Daten. Und weil am Ende eben auch rechtlich die Eltern für alles haften, was die Kinder online tun, zum Beispiel kostenpflichtige Inhalte herunterladen oder Abos abschließen, sollten Eltern mit den Kindern vor Beginn der Handynutzung über die Regeln dafür besprechen, erst dann darf das Smartphone auch benutzt werden. Und wenn sich das Kind nicht an die Regeln hält, wird das Gerät eben wieder weggenommen. So konsequent muss man als Elternteil schon sein.

Kommen wir zu den wichtigsten Dingen, die Sie auf dem Gerät ihres Kindes kennen sollten: die Bildschirmsperre, die Bildschirmzeit, die Altersfreigaben und die Netzwerknutzung; App-Limits und In-App-Käufe, Privatsphäre, Airdrop bei Applegeräten, Zugriffsbeschränkungen und System-Updates (Aktualisierungen).

Sie haben mindestens von einer Sache auf dieser Liste noch nie etwas gehört? Dann befinden Sie sich in bester Gesellschaft. Die meisten Erwachsenen passen ihre eigenen Geräte nie an.

Fangen wir grundsätzlich an: Die Bildschirmsperre haben Sie vermutlich auf Ihrem Smartphone aktiviert – sie ist wichtig, weil das Telefon verloren oder gestohlen werden kann. Dann sollte man es dem Dieb (oder auch Finder) zumindest nicht ganz einfach machen, sofort Zugriff auf alle Inhalte zu haben. Und wie aktivieren Sie die Bildschirmsperre? Richtig, es kommt auf das Gerät an. Keine

Sorge, wir werden auf den folgenden Seiten nicht die Gerätetypen und Hersteller definieren, dafür gibt es viel bessere Anleitungen. Sogar welche, die Sie gemeinsam mit Ihrem Kind durchgehen und dabei die jeweiligen Punkte abhaken können. Dafür rufen Sie bitte folgende Seite im Internet auf:

- https://www.medien-kindersicher.de/startseite[95]

Hinter der Seite stecken verschiedene Landesmedienanstalten und Klicksafe. Das Angebot ist aufgebaut wie eine Schritt-für-Schritt-Anleitung, mit der Eltern nicht nur Geräte, sondern auch Konten in sozialen Netzwerken und Apps kindersicher einstellen können. Man muss sich also nicht mit den einzelnen Bedienungsanleitungen und den Nutzungsbedingungen auseinandersetzen, medien-kindersicher.de erklärt das Entscheidende sehr übersichtlich und auf Wunsch auch in Leichter Sprache. Zahlreiche altersgerechte Empfehlungen ergänzen das Angebot.

Gleich auf der Startseite können Sie etwa den Gerätetyp auswählen, also Smartphone, Tablet oder Computer. Im nächsten Schritt wählt man das Betriebssystem aus. »iOS« für Apple-Smartphones oder »Android« für Google-Smartphones oder »fire« für Amazon-Tablets, dann folgen die jeweiligen »Jugendschutzeinstellungen Gerät«. Auf diese Weise kann man sich bequem durch die Anleitung klicken. Leider sind viele Einstellungen oft umfangreich, es dauert ein wenig, bis man alles gefunden hat – aber die Anleitung ist so konzipiert, dass Sie die jeweiligen Punkte abhaken können. Die Website zeigt mit einem Tortendiagramm und Prozentzahlen, wie sicher das Gerät für das Kind mit den bereits vorgenommenen Einstellungen gerade ist.

Der nächste Schritt wäre, gemeinsam zu entscheiden, welche App sinnvoll ist und auf dem Smartphone installiert werden soll – und auf welche Ihr Kind verzichten soll. Auch hier wird wieder erst das Betriebssystem gewählt, dann klickt man auf »Jugendschutzeinstellungen Apps« und die Seite spuckt verschiedene bei Kindern und

Jugendlichen beliebte Apps aus, für die man die jeweiligen Einstellungen setzen kann. Auch hier noch einmal ein Beispiel, etwa WhatsApp: medien-kindersicher.de erklärt, worauf Eltern zu achten haben. Da gibt es neben allgemeinen Schutzeinstellungen wie Datenschutz und Privatsphäre einiges zu beachten. Man kann konfigurieren, ob die Uhrzeit, zu der man zuletzt online war, angezeigt werden soll, man sollte sich Gedanken über das Profilbild machen, über Status-Einstellungen und Gruppen. Es gibt die Möglichkeit, die Einmal-Funktion für Fotos und Videos einzustellen. Man kann den automatischen Mediendownload deaktivieren. Man sollte sich um die verknüpften Geräte und Chatsperren kümmern sowie Anrufe von Fremden stumm schalten. Und das ist noch nicht alles.

Sie werden, wenn Sie den Anleitungen folgen, zahlreiche Funktionen bei den verschiedenen Apps finden, die Sie möglicherweise auch selbst aktivieren möchten. Es lohnt sich daher, sich Zeit zu nehmen. Und leichter als nach dieser Anleitung geht es leider nicht.

Möglicherweise haben Sie aber mehr Geräte zu Hause, die Ihre Kinder benutzen und die Sie sichern möchten. Neben Smartphones und Tablets sind das Smart-TVs, Computer, Spielekonsolen wie Nintendo, Playstation und Xbox, aber auch Sprachassistenten wie Alexa und Smartwatches.

Sie sollten sich zudem mit den Datenschutzregeln der großen Anbieter wie TikTok. WhatsApp, Netflix, Instagram oder Facebook vertraut machen. Sie ahnen es: Auch das ist wieder sehr zeitintensiv. Aber auch hier gibt es wieder eine Hilfestellung. Diesmal empfehlen wir das Angebot von:

- https://www.handysektor.de[96]

Auch hinter dieser Informationsplattform steht wieder eine Landesmedienanstalt, diesmal die Medienanstalt für Baden-Württemberg sowie die Landesanstalt für Kommunikation (LFK). Die Seite richtet sich an Jugendliche und soll eine unabhängige Anlaufstelle für den digitalen Alltag sein. Das Angebot enthält auch kreative Ideen rund um Smartphones, Tablets und Apps. Wir finden vor allem die Infoseiten zum Thema Datenschutz wichtig. Mit dem Stichwort »Dein Vertrag« findet man alle sehr verständlich aufbereiteten Artikel von Handysektor.de, in denen die Nutzungsvereinbarungen der verschiedenen Dienste gut erklärt sind. Von TikTok über WhatsApp über Streaming-Plattformen bis Instagram und Facebook: Das Angebot listet auch das erlaubte Mindestalter der jeweiligen Dienste auf; um TikTok nutzen zu dürfen, muss man etwa 13 Jahre alt sein und benötigt die Zustimmung der Eltern. Hätten Sie es gewusst?

Die Redaktion von Handysektor.de hat sich viel Mühe bei der Recherche gemacht und klärt auch darüber auf, welche Daten die jeweiligen Dienste sammeln. Besonders hilfreich für Eltern (aber auch Lehrerinnen und Lehrer oder Erzieherinnen und Erzieher) ist dabei, dass man die Artikel als PDF-Dokument kostenfrei herunterladen kann – ideal für den Unterricht oder einen Elternabend zum Beispiel.

Für TikTok[97] heißt es da zum Beispiel: »– sammelt Handydaten (Modell, Betriebssystem, Mobilfunkanbieter usw.) deines Geräts. – nutzt deine Daten auch, um dir personalisierte Werbung anzuzeigen – gibt deine personenbezogenen Daten auch an ausgewählte Partnerunternehmen weiter (z. B. für Werbung oder Nutzungsauswertungen).«

Und wer genau sind die »ausgewählten Partnerunternehmen«? Das zu recherchieren, ist schwer. Denn an wen welche Daten weitergegeben werden, ist ein gut gehütetes Geheimnis. In einem TED-Talk vom April 2023[98] hat sich der CEO von TikTok, Shou Chew, zu datenschutzrechtlichen Fragen geäußert. Chew tritt nur selten in der Öffentlichkeit auf, umso bemerkenswerter waren seine Aussagen. Denn der Firmenchef sagte, dass seine Kinder (damals im Grundschulalter) TikTok nicht nutzen. Auch rief er Eltern auf, die Sicherheits- und Überwachungsfunktion der Plattform zu aktivieren. Ein Plattformchef, der zum Datenschutz und Kindersicherung aufruft? Er muss es wissen.

Auch Meta-Chef Mark Zuckerberg ist Vater. Der Gründer von Facebook, dem heutigen Meta-Konzern, ist äußerst zurückhaltend, wenn es um Daten oder Fotos seiner Kinder geht. Im Juli 2023 zum US-Unabhängigkeitstag veröffentlichte Zuckerberg dennoch ein Familienfoto. Die Gesichter seiner beiden älteren Kinder machte er dabei mit einem Emoji unkenntlich[99]. Das Gesicht seiner damals vier Monate alten jüngsten Tochter ist zu erkennen. Man könnte sich fragen, ob er etwa seiner eigenen Plattform nicht vertraut? Ein wenig irritiert dieser halbherzige Anonymisierungsversuch. Ist doch das Geschäftsmodell seiner sozialen Netzwerke, dass Nutzende so viele private Bilder wie möglich teilen sollen.

Und wie halten Sie es? Während die einen zurückhaltend sind, posten andere offenherzig. Aber spätestens bei Aufnahmen aus dem öffentlichen Raum – vom Strand etwa, wenn auch andere Kinder in Badekleidung oder gar nackt zu sehen sind, sollte man einmal mehr nachdenken. Auch Töpfchenfotos von Kleinkindern sollten nicht für einen breiteren Kreis geteilt werden. Die Frage ist: Was passiert mit den Bildern in der Zukunft? Hätten wir vor 20 oder 40 Jahren erahnen können, dass es einmal KI-Programme gibt, die Bilder täuschend echt erzeugen können? Man muss keine Glaskugel haben und auch nicht technische Entwicklungen vorhersehen können, es reicht, sich zu überlegen, ob Ihr Kind später einmal vielleicht als Führungskraft damit einverstanden sein wird, dass irgendwo diese Bilder auftauchen, dann vielleicht aus dem niedlichen Kontext von damals herausgerissen.

Die Initiative #DeinKindAuchNicht[100] des Models Toyah Diebel will Eltern sensibilisieren – sie imitiert Kinderfotos: Auf den Bildern sind Erwachsene mit von Brei verschmiertem Gesicht oder nackt auf einem Töpfchen zu sehen. Die Aufnahmen sind schrill, überzeichnet und beschämend. »So ein Bild von dir würdest du nie posten? Dein Kind auch nicht«, heißt es auf der Seite des Projekts, das auf das Recht auf Privatsphäre von Kindern aufmerksam machen will. Denn vermeintlich lustige Kinderbilder können später im Leben zu Mobbing führen.

Zum Thema Datenschutz und Datensparsamkeit gehört aber noch mehr: Viele Apps fordern dazu auf, dass man ein Konto erstellt, vor allem sogenannte »kostenlose« Apps wollen das. Die Wahrheit ist natürlich, dass nichts kostenlos ist und man mit seinen persönlichen Daten zahlt. Andere Apps ermöglichen, dass man sich mit seinem Google-, Apple- oder Facebook-Konto anmelden kann. Das mag bequem erscheinen, hat aber zur Folge, dass man dem App-Hersteller jede Menge persönliche Daten schenkt – Geburtsdatum, Freundeslisten, E-Mail-Adresse, Handynummer. Viele datensparsame Menschen wundern sich dann, woher Unternehmen ihre Kontaktdaten haben. Die Antwort ist meistens: weil irgendein Kontakt diese Daten über einen Facebook-Log-in weitergegeben hat. Deaktivieren Sie daher besser auf Facebook in den Einstellungen die Option »Mit Facebook anmelden«.

Am Ende sollte Datensparsamkeit das Konzept der Wahl sein. Warum seinen realen Namen und das reale Geburtsdatum angeben? Auch wenn die Konzerne gern eine Klarnamenpflicht hätten – Facebook kassierte vom Bundesgerichtshof im Jahr 2022 ein klares Nein bei der Frage, ob die Klarnamenpflicht zulässig ist.[101] Die Entscheidung betrifft jedoch nur Altfälle, die aktuelle Rechtslage ist weiter unklar. Dennoch ist es immer noch vernünftiger, lieber weniger Daten anzugeben. Eine schöne Gelegenheit, sich endlich mal zu verjüngen! Das Geburtsdatum gehört zu den äußerst schützenswerten personenbezogenen Daten, meist reicht es schon, um eine Person zu identifizieren. Und wie das Beispiel von Tina Groll zeigt, lässt sich bereits mit Namen und Geburtsdatum einer Person großer Schaden anrichten.

Die persönlichen Daten sind also ein Schatz, den Sie gut hüten sollten. Apropos gut hüten: Wenn Sie für Ihre Kinder ein Profil in sozialen Netzwerken einrichten, überlegen Sie je nach Alter des Kindes, ob Kommentarfunktionen aktiviert sein sollen. Insbesondere jüngere Kinder können mit hämischen Kommentaren nicht gut umgehen.

Damit wären wir beim sogenannten UGC, das steht für User Generated Content, also von Nutzerinnen und Nutzer erstellte Inhalte. Hier spielen Influencer eine entscheidende Rolle. Schon viele Kinder sind abhängig von immer neuen Inhalten ihrer Stars. Leider sind viele Influencer für Geld bereit, so ziemlich alle Produkte zu bewerben. Das fängt mit Spielzeugtest-Videos für kleine Kinder an – etwa der Youtube-Kanal »Spaß für Kinder«[102] oder die Youtuber »Familie Hauser«[103] mit Geschichten für Kinder, in denen mit Playmobilfiguren der Alltag einer Familie nachgespielt wird. Beide Angebote sind lustig und wirken harmlos, animieren aber zum Kauf von teurem Plastikspielzeug. Weiter geht es bei den Teenies mit den Stars der deutschen Influencerszene: Beauty, Fashion, Lifestyle und Fitness, Gaming, Musik oder Sport – der Fantasie sind keine Grenzen gesetzt und viele der bekannten Influencerinnen und Influencer haben Hunderttausende, manche sogar Millionen Fans und machen einen immensen Umsatz mit der Bewerbung von Produkten.

Als Vorbilder taugen viele von ihnen jedoch nicht, wie der Webvideoproduzent und Journalist Marvin Wildhage in einer Recherche herausgefunden hat[104]. Wildhage ist selbst YouTuber, aber auf seinem Kanal geht er kritischen Fragen nach. Auch, ob Influencer für Geld alles tun würden? Wildhage entwickelte ein Fake-Produkt, eine Gesichtscreme namens »HydroHype«, die angeblich auch Uran, Asbest und »Pipikaka Seed Oil« enthielt. Natürlich alles rein erfunden, Wildhage hat keine Creme entwickelt, sondern einfach gewöhnliche Hautcreme in Glastiegel gefüllt, die er günstig im Drogeriemarkt gekauft hatte. Dazu ein paar Etiketten mit elegantem Schriftzug draufgeklebt, fertig war das Produkt. Dieses bot er bekannten Influencerinnen zur Bewerbung an. Und staunte nicht schlecht, dass viele seine Creme tatsächlich ungeprüft bewarben und offenbar nicht einmal auf den auf der Packung aufgebrachten Aufkleber mit den Inhaltsstoffen sahen. Der Beliebtheit der Influencer hat diese Veröffentlichung nur wenig Abbruch getan – dennoch sollten Kinder und Jugendliche wissen, dass die Inhalte ihrer Stars auf keinen Fall unabhängig sind.

Beim Stichwort Geld bleibt noch ein wichtiger Punkt auf unserer Liste: Deaktivieren Sie die Möglichkeit, dass Ihr Kind In-App-Käufe tätigen kann. In vielen Spielen kann man nämlich mit ein paar virtuellen Diamanten oder Goldmünzen wichtige Dinge kaufen, um endlich ein Level weiterzukommen. Das kostet reales Geld. Haben Sie im App-Store Ihre Bezahldaten hinterlegt, kann es schnell teuer werden. Rechtlich gilt: Auch, was die Kinder in ihrem Account kaufen, müssen die Eltern bezahlen, wenn der Vertrag auf ihren Namen läuft.

Medienkompetenz und Medienbildung – auch für ältere Kinder

Es ist später Nachmittag. Cem Karakaya ist gerade nach Hause gekommen und will noch einen Vortrag vorbereiten. Seine Tochter, mittlerweile in der siebten Klasse des Gymnasiums, ist mit ihren Hausaufgaben fertig. Endlich kann sie ihr Smartphone wieder einschalten, denn mit Papa ist vereinbart: Während der Hausaufgaben bleibt das Gerät aus. Keine Chats mit den Freundinnen beim Lernen, das lenkt nur ab. Doch in diesem Moment macht es Ping, ping, ping, ping, ping, ping. Cem zuckt zusammen. Was ist das? Es pingt noch immer aus dem Kinderzimmer, ein wahres Nachrichtengewitter. Ist das Handy kaputt? Hat sich ein Hacker Zugang dazu verschafft? Der Vater stürzt ins Zimmer der Tochter. Die sitzt am Schreibtisch, das Handy in der Hand. Nach einer gefühlten Ewigkeit ist das Smartphone endlich still. Die Tochter bemerkt erst jetzt, dass Papa stirnrunzelnd in der Tür steht. »Was bitte war das denn gerade?«, fragt er ernst. Die Teenagerin grinst verschämt. »Sorry, Papa, ich habe gerade – ähm«, sie blickt aufs Handy »243 neue WhatsApp-Nachrichten bekommen …« Cem kann es nicht glauben. »Wie lange, bitte, war dein Smartphone aus?«, will er wissen. Die Tochter überlegt. »Vielleicht anderthalb Stunden?«, schätzt sie. »243 Nachrichten in anderthalb Stunden …?! Ist das dein Ernst?«, fragt der schockierte Vater zurück.

Dem Präventionsexperten ist klar: Das geht so nicht. Wenn eine Handvoll Schülerinnen in 90 Minuten fast 250 Mitteilungen unter-

einander austauschen, macht das drei Nachrichten pro Minute. Die Schülerinnen lenken sich also ununterbrochen von den Hausaufgaben ab. Cem bekommt nun Mitleid. »Willst du die Nachrichten jetzt etwa alle beantworten?«, fragt er. Die Tochter schüttelt den Kopf. »Ich finde schon, dass wir das machen sollten«, schlägt er vor. Seine Tochter reißt die Augen auf. Was hat er vor? Er nimmt das Handy und scrollt den Chatverlauf zur letzten Nachricht. Dann gibt er ihr das Smartphone zurück und sagt: »Jetzt kannst du alle Mitteilungen löschen.« – »Nicht dein Ernst!«, sagt das Mädchen. Aber sie folgt dem Vorschlag, weil die Siebtklässlerin auch weiß, dass sie die fast 250 Nachrichten, die größtenteils aus Emoticons und Reaktionen auf Reaktionen bestehen, sowieso nicht lesen wird. »Und jetzt kannst du deinen Freundinnen noch sagen, dass ich dich gezwungen habe, alle Nachrichten zu löschen«, schlägt Cem vor. »Na ja, gezwungen hast du mich ja nicht«, entgegnet die Tochter. »Aber ich möchte auch nicht, dass du das Gefühl hast, du musst diese ganzen banalen Mitteilungen lesen und darauf reagieren. Schon gar nicht, wenn du eigentlich lernen sollst. Wenn etwas Wichtiges ist, sollen deine Freundinnen noch einmal schreiben. Und künftig machen wir das immer so – und du gibst immer mir die Schuld.« Die Tochter lacht. »Papa, ist schon okay. Wenn ich ehrlich bin, nervt der Chat manchmal wirklich. Und die anderen kennen dich ja …«

Von diesem Tag an galt folgender Deal zwischen Vater und Tochter: Die Siebtklässlerin teilt ihren Freundinnen mit, wenn sie off ist und nicht antworten kann. Und wenn etwas Wichtiges ist, sollen die anderen sich eben noch einmal melden. Das Ganze funktioniert und führt dazu, dass die anderen Eltern und Mädchen es ebenso handhaben und sich die Teenager nun nicht mehr beim Lernen stören.

Verbindliche Regeln und Grenzen sind wichtig, selbst wenn es unbequem ist, als Elternteil darauf zu bestehen, wie dieses Beispiel zeigt. Wir haben Ihnen die Seite https://www.mediennutzungsvertrag.de empfohlen und raten dazu, dass Sie damit einen Vertrag zusammenstellen, der für Ihre Familie passt. Aber damit die gleichen Regeln für alle gelten, müssen auch Sie als Eltern diesen unterzeichnen und sich an die für Sie vorgesehenen Regeln halten. Wer seinen Kindern im Teenageralter verbietet, ständig erreichbar zu sein, darf es eben auch nicht sein. Cem Karakaya hat mit seiner Tochter einen solchen Vertrag abgeschlossen, die Unterzeichnung fand sogar hochoffiziell in der Rechtsanwaltskanzlei eines Freundes statt.

Auch wenn vor allem Jugendliche so einen Mediennutzungsvertrag vielleicht kritisch sehen, sollten Eltern einen Punkt beachten: Die Chatgruppen bedeuten häufig einen sozialen Druck und Stress für die Kinder. Teenager haben vielleicht sogar Angst davor, aus einer Clique ausgeschlossen zu werden, wenn sie nicht zeitnah im Chat reagieren. Viele fühlen sich von den zwei blauen Häkchen unter Druck gesetzt, die für andere kenntlich machen, wann man zuletzt online war. Diese Funktion kann eine belastende Kontrollinstanz sein, die darüber entscheidet, wer dazugehört und wer nicht. Man sollte die Lesebestätigung in der App daher ausschalten.

Auch Sprachnachrichten können Stress erzeugen, weil durch sie eine vermeintlich direktere Kommunikation zeitversetzt stattfindet. Und dann erst die vielen Bilder und Emoticons, die mitunter missverstanden werden können oder dazu führen, dass Missverständnisse schnell zu handfesten Konflikten eskalieren. Man kann Emojis als digitales Hilfsmittel im Chat ansehen, wenn man Nähe und Emotionen und Verbundenheit erzeugen will, wenn man mit anderen Menschen positive Gefühle teilen möchte. Sie können aber auch eine kalte, da distanzierte Form von Abweisung, Kritik oder negativen Gefühlen sein. Nicht zuletzt aber ist Lachen zusammen mit anderen Menschen viel besser und erzeugt tiefere und stärkere positive Gefühle. Und auch der offene Konflikt und Streit mit Gleichaltrigen schult für Auseinandersetzungen und die Fähigkeit, sich selbst zu behaupten.

Bleibt noch das Thema Datenschutz: Jugendliche sollten wissen, dass nichts im Internet kostenlos ist. Wir bezahlen immer mit unseren Daten. Richten Sie für Ihre fast erwachsenen Kinder daher lieber eigene Profile bei Streamingdiensten ein. Denn Jugendliche werden einen Weg finden, bestimmte Inhalte zu konsumieren – im

Zweifel über illegale Streaming-Dienste, was wiederum zu teuren Abmahnungen führen kann. Der Europäische Gerichtshof (EuGH) hat in einem Gerichtsurteil aus dem Jahr 2017 (Az. C-527/15)[105] entschieden, dass auch das Ansehen von illegalen Inhalten wie aktuellen Kinofilmen, Serien oder Sportereignissen eine Urheberrechtsverletzung darstellt, wenn der Streaming-Dienst nicht die erforderlichen Rechte dafür hat. Viele illegale Streaming-Dienste verbreiten außerdem Trojaner. Man verseucht also seine Geräte durch die Nutzung solcher Angebote; wenn es böse ausgeht, werden sie dann sogar für Cyberangriffe missbraucht und man macht sich unwissentlich zum Täter. Umso schlimmer, wenn die Eltern, auf die der Internetanschluss läuft, am Ende juristisch dafür geradestehen müssen. Verdächtig ist immer, wenn Geräte plötzlich viel langsamer laufen und technische Probleme auftauchen, die Sie vorher so noch nicht kennengelernt haben.

Damit wären wir beim letzten Punkt, den Streaming-Angeboten generell. Ertappen auch Sie sich mitunter beim sogenannten Binge-Watching einer Serie und dass Sie nicht mehr aufhören können, selbst dann, wenn Sie eigentlich längst schlafen sollten? Binge-Viewing, Serienmarathon, Komaglotzen – es gibt viele Begriffe dafür und vermutlich kennen wir alle dieses Phänomen. Das geht auch den Kindern so. Daher sollten Sie darauf achten, wann Ihr Kind einen eigenen Smart-TV bekommt und ob Laptop, Tablet oder Smartphone nachts im Kinderzimmer bleiben können oder lieber abgegeben und mindestens offline gestellt werden müssen. Die meisten Geräte ermöglichen es, ein Zeitlimit zu setzen. Mitunter kann es gut sein, auch für sich selbst ein Zeitlimit festzulegen. Manche gehen noch weiter und stellen nachts den Router aus. Das kann auch Energiekosten sparen.

Rechtliche Grundlagen, die Eltern und Kinder kennen sollten

Die Geräte sicher einzustellen, ist das eine. Aber Kinder sind in der digitalen Welt nicht nur Angriffsziele, sie können auch zu Tätern werden – meistens aus Unwissenheit. Wir haben es mehrfach erwähnt: Das Internet ist kein rechtsfreier Raum. Auch online gelten die Straftatbestände aus dem Strafgesetzbuch. Eine Beleidigung ist auch dann eine Beleidigung, wenn sie über einen Messenger-Dienst ausgesprochen wird. Ein mündiger Umgang mit digitalen Medien ist nur möglich, wenn man die rechtlichen Grundlagen kennt, auch das ist Teil von Prävention sowie Medienbildung und -erziehung.

Eine der wohl wichtigsten Regelungen ist das sogenannte Recht am eigenen Bild. Die rechtliche Grundlage dafür bilden §§ 22,23 des Kunsturhebergesetzes (KUG).[106] In § 22 ist festgelegt, dass Bilder nur mit Einwilligung des Abgebildeten verbreitet oder öffentlich gezeigt werden dürfen. Das heißt im Umkehrschluss, dass Personen, die ungefragt auf veröffentlichten Fotos zu sehen sind, gleich mehrere Ansprüche haben. Sie können freilich verlangen, dass das Bild gelöscht wird, sie können aber sogar Schadensersatz und bei schwerwiegenden Verstößen sogar Schmerzensgeld einfordern. Allerdings wird das sogenannte Einwilligungserfordernis durch § 23 KUG eingeschränkt.[107] Demnach dürfen Bilder der Zeitgeschichte, Bilder, auf denen andere Personen nur als Beiwerk erscheinen (etwa, weil sie Teil einer großen Gruppe sind oder in einer Landschaft stehen) sowie Bilder von Versammlungen oder Großveranstaltungen und außerdem solche, die einem höheren Interesse der Kunst dienen, verwendet werden.

Es kommt täglich unzählige Male vor, dass in sozialen Netzwerken Fotos unerlaubt genutzt werden und somit gegen Urheberrechte verstoßen wird. Belangt werden aber nur die wenigsten. Dennoch kann es ausreichen, ein Bild von der »falschen« Person aus Versehen oder Unwissenheit zu verbreiten – für viele Anwälte, die den Rechtsverletzer am Ende teuer abmahnen, ist das leicht verdientes Geld. Und es geht oft nicht nur um Urheberrechts-, sondern auch Datenschutzrechtsverletzungen. Bei Verstößen drohen dann nicht nur hohe Bußgelder, sondern im schlimmsten Fall sogar Haftstrafen.

Neben dem Recht am eigenen Bild gibt es noch die sogenannte Vertraulichkeit des Wortes. Denn auch das Veröffentlichen von Gesprächen, etwa in Form von Audioaufnahmen ohne Genehmigung der beteiligten Personen, kann strafrechtliche Konsequenzen haben. Die rechtliche Grundlage findet sich in § 201 Abs. 1 und Abs. 2 StGB. Hier ist geregelt, dass Verstöße sogar mit einer Freiheitsstrafe von bis zu drei Jahren geahndet werden können.

Viele Kinder und Jugendliche wissen das nicht. Sie finden es manchmal witzig, heimlich Aufnahmen anzufertigen, zum Beispiel im Unterricht oder während der Pause, ohne zu ahnen, dass sie damit eine Straftat begehen. Eltern sollten ihren Kindern daher beibringen: Heimliche Ton- oder Videoaufnahmen sind nicht erlaubt. Sogar dann nicht, wenn die Kinder vielleicht aus völlig harmlosen und nachvollziehbaren Gründen einen Teil des Unterrichts mitschneiden wollen. Etwa, weil die Lehrerin im Matheunterricht einen Rechenweg erläutert, oder wenn es um die Aussprache eines Wortes im Französischunterricht geht. Auf der sicheren Seite sind Schüler, wenn sie ihre Lehrkräfte um Erlaubnis für eine Aufzeichnung bitten. Ansonsten gilt es, den Kindern beizubringen, dass es technisch betrachtet keine Anonymität gibt, und die Polizei bestimmte Möglichkeiten hat, Daten zu sammeln und Straftaten aufzuklären. Doch wozu werden in der Regel Aufnahmen erstellt? Meist geht es um Mutproben und Belustigung. Das fängt oft harmlos an. Meist werden Grenzen ausgetestet, es wird eine Hierarchie innerhalb einer Clique abgesteckt. Doch schnell können aus heimlichen Aufnahmen Fälle von Cybermobbing, Beleidigung oder Verleumdung werden. Für die Opfer beginnt damit oft eine Zeit der Quälerei. Denn es dauert häufig lange, bis sich die Opfer wehren, weil die Taten ja zuerst »nur« im Internet begangen werden.

Soziale Netzwerke kreieren bei Mobbingfällen eine besondere Dynamik, weil durch die Verbreitung auf diesen Plattformen eine größere Öffentlichkeit hergestellt wird. Selbst dann, wenn ein Posting nur für einen begrenzten Kreis von Teilnehmenden sichtbar ist. Aus diesem Grund sind Verstöße gegen die Vertraulichkeit, das Recht am eigenen Bild, Persönlichkeitsrechte, Urheberrechte oder Datenschutzrechte auch so heikel. Kinder und Jugendliche müssen lernen, welche Auswirkungen es haben kann, zu viele Daten von sich preiszugeben. Schnell gelangen diese in die falschen Hände. Aber selbst, wenn Daten, Bilder und Videos von sich bewusst geteilt wurden, heißt das nicht, dass man die Einwilligung auch 10, 20 oder 30 Jahre später erteilen würde. Zwar kann man seine Konten mitsamt den Daten löschen lassen – ob die Konzerne dies aber tatsächlich vollumfänglich tun, ist fraglich. Meta jedenfalls trainiert KI-Anwendungen schon lange mit Daten aus öffentlichen Postings seiner Nutzenden.[108]

Angesichts der rasanten Entwicklung von bildverarbeitender KI ist es ratsam, die Privatsphäre der Kinder zu schützen. Man kann zum Beispiel die Kamera abkleben, um unerwünschte Aufnahmen zu verhindern. Außerdem sollten Kinder und Jugendliche so datensparsam wie möglich sein. Dazu gehört auch, Kontaktanfragen von Unbekannten immer mit Misstrauen zu begegnen. Minderjährige sollten auf keinen Fall inflationär Follower sammeln. Klären Sie Ihre Kinder deshalb unbedingt darüber auf, dass hinter den unbekannten Profilen durchaus Bots, Fake-Profile und Cyberkriminelle stecken können.

Gefahren gehen aber auch von Personen aus, die scheinbar Gleichaltrige sind und mit denen sich über längere Zeit ein intensiver Kontakt ergibt – Stichwort Cybergrooming. Damit wird die gezielte Manipulation Minderjähriger sowie junger Erwachsener über das Internet bezeichnet. Ziel ist immer, das Opfer in eine Falle zu locken, um Straftaten wie sexuell motivierte Übergriffe zu begehen.

Eltern, die gute Vorbilder sind, erklären ihren Kindern, wie sie erkennen können, ob jemand versucht, sie zu erpressen oder auszunutzen. Es gibt spezielle Anlaufstellen und Hilfsmöglichkeiten. Wir empfehlen auch den Film »Cybergrooming« von Europol[109], der auf

Youtube zu finden ist. Dieser Film zeigt realistische Szenarien und gibt am Ende wertvolle Tipps.

Hinzukommt das Risiko, dass Minderjährige in sozialen Netzwerken mit Fake News und Hasskriminalität konfrontiert werden können. Aus diesem Grund ist Medienbildung so wichtig. Schülerinnen und Schüler sollten früh einschätzen können, ob eine Quelle seriös ist. Sie sollten auch die Grenze kennen, die zwischen Meinungsfreiheit, Hasskommentar und Fake News verläuft. Denn auch Jugendliche können für menschenverachtende Äußerungen im Internet strafrechtlich belangt werden. Seit 2017 gilt in Deutschland das sogenannte Netzwerkdurchsuchungsgesetz (NetzDG), das die Betreiber gewinnorientierter sozialer Netzwerke verpflichtet, »offensichtlich strafbare Inhalte« binnen 24 Stunden nach Eingang einer Beschwerde zu löschen. Im April 2021 wurde das Gesetz novelliert, seither gilt zusätzlich das Gesetz zur Bekämpfung des Rechtsextremismus und der Hasskriminalität, wonach die Betreiber von sozialen Netzwerken dem Bundeskriminalamt als Zentralstelle bestimmte strafbare Inhalte zu melden haben, wenn diese ihnen durch eine Beschwerde bekannt und von ihnen entfernt oder gesperrt wurden.

Dass auch Postings und Inhalte von Kindern und Jugendlichen davon betroffen sind, kommt regelmäßig vor. Und dann? Hängt es vom Alter der Teenager ab, welche rechtlichen Konsequenzen drohen. Gemäß § 19 Strafgesetzbuch ist schuldunfähig, wer bei Begehung der Tat noch nicht 14 Jahre alt ist.[110] Grundsätzlich sind Jugendliche daher erst ab dem vollendeten 14. Lebensjahr strafmündig. Allerdings noch nicht voll, sondern nur teilweise. Das heißt, ab dem 14. Geburtstag können Jugendliche nach dem Jugendstrafrecht, bei dem noch der Erziehungsgedanke im Vordergrund steht, verurteilt werden. Konkret bedeutet das, dass Jugendlichen etwa Verwarnungen und Auflagen wie gemeinnützige Arbeit auferlegt werden können, in schweren Fällen oder bei wiederholter Straffälligkeit ist sogar ein Arrest bis maximal vier Wochen und Untersuchungshaft möglich. Und bei Mord oder Totschlag ist nach dem Jugendstrafrecht sogar eine Haftstrafe von bis zu zehn Jahren denkbar.

Jüngere Kinder können nicht belangt werden. Dennoch hat sogar für Jüngere eine Straffälligkeit in der Regel Konsequenzen: Meist wird das Jugendamt eingeschaltet, die Hintergründe werden geprüft, Maßnahmen verhängt. Im schlimmsten Fall kann den Eltern das Sorgerecht entzogen werden oder ein straffällig gewordenes Kind wird in einem Heim oder bei einer Pflegefamilie untergebracht.

Voll strafmündig ist man ab dem 18. Lebensjahr. Allerdings können auch Volljährige noch bis zum Alter von 21 Jahren unter das Jugendstrafrecht fallen – das Gericht beurteilt dann ihren Entwicklungsstand.

Wenn Jugendliche mit Internetkriminalität, Hasskommentaren oder Cybermobbing straffällig werden, kommt es in der Regel zu einer Anzeige – so verlangt es das Legalitätsprinzip. Denn Strafverfolgungsbehörden wie die Polizei, aber auch Staatsanwaltschaft, Zoll und Steuerfahndung sind nach dem sogenannten Legalitätsprinzip dazu verpflichtet, ein Ermittlungsverfahren zu eröffnen, wenn sie eine den Anfangsverdacht rechtfertigende zureichende Kenntnis von einer (möglichen) Straftat erlangt hat, wie es im Behördendeutsch heißt. Auch bei unter 14-Jährigen folgt dann ein polizeiliches Schreiben an die Eltern und oft auch eine Mitteilung ans Jugendamt, das dann, je nach Straftat und Schwere der Tat, die Hintergründe prüft.

Bei der Polizei in Bayern gibt es sogenannte Jugendbeamtinnen und Jugendbeamte. Diese Kolleginnen und Kollegen sind die Ansprechpartner für die Schulen. Sie führen etwa Präventionsprojekte durch und werden auch kontaktiert, wenn es zu einer Straftat gekommen ist. Tatsächlich sind es häufig Fälle von Cybermobbing. Die Jugendbeamten führen dann oft die Ermittlungen durch.

Neben der strafrechtlichen Seite sind noch zivilrechtliche Aspekte wichtig. Nur bei Kindern unter sieben Jahren scheidet eine zivilrechtliche Verantwortlichkeit aus. Im Alter zwischen sieben und 18 Jahren haften Kinder bzw. Jugendliche für unerlaubte Handlungen gemäß § 823 BGB nur dann nicht, wenn sie »nicht die zur

Erkenntnis der Verantwortlichkeit erforderliche Einsicht« hatten (§ 828 BGB). In vielen anderen Fällen aber kann das im wahrsten Sinne des Wortes teuer werden. Ein 13-Jähriger sollte zum Beispiel wissen, dass man das neue Handy eines anderen Kindes oder den Computer des Lehrers nicht zerstören darf. Er haftet also für den Schaden und nicht die Eltern. Für den zivilrechtlichen Anspruch des Opfers spielt es dabei keine Rolle, ob das Kind den Schaden begleichen kann. Denkbar ist, dass sich die Opfer einen vollstreckbaren Schuldtitel beschaffen (das geht zum Beispiel über ein Mahnverfahren oder über eine Klage), dann haftet der Teenager nach § 197 BGB 30 Jahre lang. Spätestens mit dem ersten Gehalt muss der Schadensersatz dann geleistet werden. Und hat er zum Beispiel nach der Konfirmation eigenes Vermögen, kann das Opfer schon eher Geld verlangen.[111] Bei Cybermobbing kann es sogar zu Ansprüchen auf Schmerzensgeld kommen – das ist in der Regel sehr teuer. Denn bei Mobbing handelt es sich um eine systematische Persönlichkeitsverletzung, die auch mit einer Gesundheitsbeeinträchtigung einhergehen kann. Mittlerweile gibt es eine Reihe von Urteilen dazu. So sprach das Landgericht Memmingen im Jahr 2015 einem Opfer von Cybermobbing unter Kindern auf Facebook ein Schmerzensgeld in Höhe von 1500 Euro zu[112], der Täter war damals gerade einmal zwölf Jahre alt.

Sexting: Minderjährige als Täter

Im Internet gibt es keine Anonymität, sondern allenfalls Pseudonymität. Die Sicherheitsbehörden haben etliche Ermittlungstools, etwa nach dem Telekommunikationsgesetz (TKG), um an die Menschen zu kommen, die bestimmte Straftaten begangen haben. Und wenn Kinder oder Jugendliche zu Tätern werden, sind die Aufklärungsraten erstaunlich hoch. Woran liegt das, immerhin ist es für die Ermittlungsbehörden in vielen Fällen von Internetkriminalität doch so schwierig, die Fälle aufzuklären und an die Täter zu kommen? Der Grund ist das in Fällen von bandenmäßiger Internetkriminalität fehlende Tatort-Prinzip, weil sich die Täter nicht in Deutschland oder der EU befinden. Anders sieht es aus, wenn Täter und Opfer zusammen in einem Klassenraum sitzen. Und das ist anscheinend immer häufiger der Fall.

Die Kriminalstatistik zeigt eine besorgniserregende Zunahme bei Fällen, in denen Minderjährige die Täter sind: Im Jahr 2022 etwa zählten die Behörden mehr als 48 800 registrierte Fälle von Missbrauchsdarstellungen von Kindern im Netz, das ist zwölfmal so viel wie 2018.[113] Besonders erschütternd daran ist, dass sehr oft Kinder und Jugendliche die Täter waren. Laut der Missbrauchsbeauftragten der Bundesregierung, Kerstin Claus, handelten die meisten Minderjährigen hierbei nicht vorsätzlich oder sexuell motiviert, sondern aus einer »digitalen Naivität« heraus. Den meisten sei gar nicht bewusst, dass auch das Teilen dieser Bilder eine Straftat sei. Auch Holger Münch, Präsident des Bundeskriminalamtes, erklärte bereits im Jahr 2020, dass er keine pädosexuellen Tendenzen als Motive sähe, wenn Kinder und Jugendliche zu Täterinnen und Tätern werden, sondern vielmehr Gedankenlosigkeit sowie fehlende Aufklärung, also Medienerziehung. Auch die Jugendbeamten in Bayern hören von minderjährigen Tätern oft folgende zwei Sätze: »Ich wusste nicht, dass so etwas strafbar ist. Es war doch nur Spaß.«

Die Unwissenheit ist ein großes Problem, auch wenn es um die Verbreitung von Gewaltdarstellungen, pornografischen Bildern und rechtsextremen Inhalten geht oder von Bildern, die ein sogenanntes Happy Slapping zeigen. Der Begriff meint Vorfälle, bei denen die Täter Prügeleien und tätliche Angriffe filmen; die Opfer werden dabei grundlos geschlagen und verletzt, die Videos werden später in sozialen Medien quasi als Unterhaltung verbreitet.

Wer solche Inhalte weiterleitet und damit verbreitet, macht sich strafbar. Sogar dann, wenn es eigentlich um ein harmloses Austesten von Grenzen in der Pubertät geht. Ein Beispiel: Ein Jugendlicher hat ein freizügiges Bild von sich gemacht und dieses an andere Minderjährige verschickt. Kommt vor, vor allem beim Flirten.

Dennoch können damit gleich drei Straftatbestände erfüllt sein: Erstellung, Verbreitung und Besitz von Kinder- bzw. Jugendpornografie.

Wir alle waren einmal Teenager. Für den Freund oder die Freundin ein freizügiges Foto zu machen und zu verschicken, ist verbreitet. Ebenso, wenn Jugendliche sich sexuell entdecken, sich zum Beispiel nach dem Sport in der Umkleide nackt miteinander vergleichen und auch in solchen Momenten durchaus intime Fotos von sich anfertigen. Manche Teenager sind stolz auf ihr gutes Aussehen, posten gerne freizügige Fotos von sich in sozialen Netzwerken. Aber wie geht man als Eltern damit um? Wollen wir nicht eigentlich, dass unsere Kinder ein positives Körpergefühl haben? Sollen sie sich nicht entdecken dürfen? Wir sind doch eine sexuell aufgeklärte Gesellschaft. Das Problem aber ist: Für das Strafrecht spielt das alles keine Rolle. Hier geht es nur um die Frage, ob solche Bilder als pornografische Darstellungen interpretiert werden können. Wenn Minderjährige solch pornografische Materialien von sich selbst herstellen, sprechen wir von Sexting.[114]

Sexting ist nicht per se strafbar. Wenn Sexting unter zwei Jugendlichen über 14 Jahren freiwillig und im gegenseitigen Einverständnis geschieht und in einem sicheren und vertrauten Rahmen stattfindet, dürfen wir Eltern es als gesunde Entwicklung ansehen. Und dann gibt es auch keine Rechtsfragen zu beachten. Wichtig ist nur, dass alle gezeigten Personen den Aufnahmen vorher zugestimmt haben und diese nicht verbreitet werden. Problematisch wird das Ganze, wenn die Bilder Dritten zugänglich gemacht werden. Nehmen wir ein Beispiel: Wenn die 15-jährige Tochter ihrem 16-jährigen Freund Fotos von sich im Bikini am Strand schickt und er ihr Bilder von sich mit nacktem Oberkörper aus dem Schwimmbad, ist dagegen nichts einzuwenden. Wenn einer von beiden die Bilder aber im Klassenchat verbreitet, kann das strafbar sein. Erst recht, wenn Dritte das »aus Spaß« tun, zum Beispiel weil die missgünstige Freundin der Tochter die intimen Fotos im Handy des Mädchens gefunden hat und an den Klassenchat weiterleitet.

Ganz wichtig an dieser Stelle ist: Sexuelle Darstellungen von Kindern unter 14 Jahren sind ausnahmslos verboten, da es sich hierbei (nach § 184b StGB) um Kinderpornografie handelt.

Allerdings sollten Eltern ihren jugendlichen Kindern noch einen weiteren Aspekt zu bedenken geben: Selbst wenn solche Aufnahmen freiwillig und einvernehmlich angefertigt werden, vergisst das Internet leider nichts. Mittlerweile gibt es viele Menschen, die als Jugendliche sehr private Fotos von sich gepostet haben oder von denen solche Bilder verbreitet wurden, peinliche Aufnahmen betrunken bei einer Party zum Beispiel. 20 Jahre später tauchen diese Aufnahmen dann aus dem Zusammenhang gerissen wieder auf – und können den Ruf als Führungskraft oder das Mandat im Stadtparlament kosten. Es gibt außerdem unzählige Fälle, in denen kompromittierende Bilder und Videos später auf Pornoseiten gelandet sind.

Kinder und Jugendliche können zudem Opfer von Cybermobbing und Sextortion werden. Der Begriff setzt sich aus den Wörtern »Sex« und dem englischen Wort »extortion« (Erpressung) zusammen – und bezeichnet eine Form der Erpressung, bei welcher der Täter dem Opfer mit der Veröffentlichung von Nacktfotos oder -videos des Opfers droht, um es zum Beispiel zu einer Geldzahlung oder zur Vornahme sexueller oder anderer Handlungen zu zwingen. Die Täter sind in diesem Fall meistens keine Jugendlichen, sondern Erwachsene. Hier geht es dann um Cybergrooming. Es gibt aber auch Fälle, in denen andere Jugendliche die Betroffenen zu Handlungen erpressen, die sie eigentlich nicht vornehmen wollen.

Cybergrooming: Missbrauch durch Täuschung

Oft steckt hinter dem Profil des vermeintlich coolen Jungen oder süßen Mädchens eine pädophile Person. Schon viele Kinder und Jugendliche mussten Cybergrooming erfahren. Die Fallzahlen steigen auch hier. Der Begriff meint digitale sexuelle Belästigung und sogar

Missbrauch von Minderjährigen im Internet. Wo früher Täter auf Spielplätzen herumlungerten, hat sich der Tatort mittlerweile oft ins Internet verlagert. Die Täter suchen ihre Opfer auf Plattformen wie TikTok, Snapchat oder in Online-Spielen wie Fortnite. Meistens geben sie sich als Gleichaltrige aus.

Die Gespräche sind anfangs harmlos. Es geht um das Spiel und um Mitspielende. Man spricht über die Schule, Hobbys und Interessen, andere Games, Musik und Filme oder Serien. Doch irgendwann geht es in eine bestimmte Richtung – Sex. Der Täter möchte wissen, ob das Kind oder der oder die Jugendliche allein im Zimmer ist; diese Frage ist oft ein Hinweis darauf, dass sich eine potenziell pädophile und in der Regel erwachsene Person als Teenager ausgibt. Die Frage »Ist mein Gegenüber echt?« ist im digitalen Raum daher sehr wichtig. Hier gilt: Auf keinen Fall Fremden volles Vertrauen schenken.

Im weiteren Verlauf werden die vermeintlichen Chatpartner aufdringlicher. Sie wollen, dass die Kinder oder Jugendliche Bilder und Videos von sich schicken. Tun sie das, werden sie später damit erpresst. Die Täter behaupten, sie würden die Aufnahmen an der ganzen Schule und im sozialen Umfeld der Opfer verbreiten. So werden oft weitere freizügige Aufnahmen erpresst, mitunter wollen die Täter dann ein Treffen in der realen Welt. Wenn sich die Opfer erpressen lassen, werden die Täter immer fordernder – die Situation wird schlimmer und schlimmer. Häufig leiden die Opfer enorm unter dieser Form der Erpressung und Eltern erfahren erst viel zu spät davon. Dem eigenen Kind klare Regeln für den Umgang mit Fremden in Chats beizubringen, kann Kinder vor dieser Gefahr schützen.

Aus strafrechtlicher Perspektive bezeichnet der Begriff Cybergrooming das gezielte Einwirken auf Kinder (Personen unter 14 Jahren) über das Internet mit dem Ziel der Anbahnung sexueller Kontakte. Das stellt eine Form des sexuellen Missbrauchs dar und ist nach §§ 176a und 176b StGB strafbar. Cybergrooming kann zu einer Freiheitsstrafe von drei Monaten bis zu fünf Jahren bzw. von sechs Monaten bis zu zehn Jahren führen.

Auch in diesem Fall kann Vertrauen helfen, um Kinder zu schützen. Eltern sollten nachfragen, welche Angebote die Kinder gerade nutzen. Kinder sollten wissen, dass sie jedes Thema mit ihren Eltern besprechen können, ohne Bestrafungen befürchten zu müssen. Aber selbst bei der besten Beziehung kann es passieren, dass Kinder aus Scham oder Schuldgefühlen sich ihren Eltern nicht anvertrauen. Daher sollten sie wissen, dass sie sich auch anonym beraten lassen können. Es gibt etwa die »Nummer gegen Kummer« oder das »Hilfetelefon sexueller Missbrauch« sowie die Aufklärvideos von Klicksafe[115].

Der Verein »Nummer gegen Kummer« bietet anonyme und kostenfreie telefonische Beratung für Kinder, Jugendliche und Eltern an. Das Kinder- und Jugendtelefon ist unter der bundesweiten Rufnummer 116 111 immer montags bis samstags von 14 bis 20 Uhr erreichbar. Der Verein hat auch ein Elterntelefon eingerichtet, das unter der Nummer 0800 1110550 immer montags bis freitags zwischen 9 bis 17 Uhr und dienstags und donnerstags bis 19 Uhr erreichbar ist.

Das »Hilfetelefon Sexueller Missbrauch«, ein Angebot der Unabhängigen Beauftragten für Fragen des sexuellen Kindesmissbrauchs, ist die bundesweite, kostenfreie und anonyme Anlaufstelle für Betroffene von sexueller Gewalt, für Angehörige sowie Personen aus dem sozialen Umfeld von Kindern, für Fachkräfte und für alle Interessierten. Es ist eine Anlaufstelle für Menschen, die Entlastung, Beratung und Unterstützung suchen, die sich um ein Kind sorgen, die einen Verdacht oder ein »komisches Gefühl« haben, die unsicher sind und Fragen zum Thema stellen möchten. Es ist unter der kostenfreien Telefonnummer 0800 2255530 erreichbar und auch hier kann man sich anonym melden.

Studien zeigen, dass Kinder viel seltener Opfer von Cybergrooming werden, wenn sie die Strategien der Täter kennen. Diese sind:

- Der oder die Täter lenken das Gespräch nach zunächst harmlosen Chats auf das Thema Sexualität und bisherige sexuelle Erfahrungen.

- Der oder die Täter machen insbesondere in Onlinespielen teure Geschenke – etwa virtuelle Haustiere, Münzen oder sogar echtes Geld, damit die Kinder Erweiterungen kaufen können.
- Der oder die Täter verlangen Fotos oder Videos der Kinder bzw. wollen, dass sie ihre Webcam aktivieren.
- Der oder die Täter wollen die Kommunikation auf einen anderen Kanal verlagern, etwa WhatsApp, E-Mail etc.
- Der oder die Täter drängen auf ein reales Treffen.

Kinder sollten wissen, dass sie einen Kontakt abbrechen dürfen, wenn es ihnen unangenehm ist. Dazu müssen sie wissen, wie sie Kontakte in den jeweiligen Angeboten blockieren und/oder melden können.

Wer Cybergrooming erlebt hat und einen Fall melden möchte, kann dies auch auf der Website Fragzebra.de tun. Das ist ein Angebot der Landesanstalt für Medien Nordrhein-Westfalen. Die genaue Seite lautet:

- https://www.fragzebra.de/cybergrooming

Der Anbieter überprüft die Angaben und sofern der Verdacht einer Cybergrooming-Straftat begründet ist, wird das Ganze weiter an die Polizei gemeldet, die dann Ermittlungen aufnimmt.

Zu guter Letzt noch ein Appell zur Datensparsamkeit: Wer wenig Daten hinterlässt und verbreitet, minimiert auch das Risiko, selbst Opfer zu werden. Sparsam sollte man daher auch beim Bestätigen von Freundschafts- und Kontaktanfragen sein. Ein guter Grundsatz ist etwa, nur mit den Personen befreundet zu sein, die man auch aus dem realen Leben kennt.

Wir haben den Aufklärungsfilm von Europol[116] bereits erwähnt und wollen zum Abschluss noch einmal darauf hinweisen. Der zehnminütige Clip ist gut gemacht und auch in verschiedenen Sprachen zu finden. Wer das Video gemeinsam mit seinen Kindern anschaut, kann dabei auch die Frage stellen, wem man vertrauen sollte – und dennoch klarmachen, dass natürlich nicht jeder Mensch, dem man im Netz begegnet, gleich eine Täterin oder ein Täter ist. Daneben gibt es noch einen anderen empfehlenswerten Clip, in dem der Influencer Falco Punch zu sehen ist. Das Video ist Teil der Aufklärungskampagne »Mach dein Handy nicht zur Waffe« des Bayerischen Justiz- und des Bayerischen Kultusministeriums:

- https://www.machdeinhandynichtzurwaffe.de[117]

Das Video hat eine Länge von etwa zwei Minuten – auch dieses können Eltern zusammen mit ihren Kindern anschauen und danach die Kampagnenseite besuchen, die alles Wichtige über die rechtlichen Grenzen kinder- und jugendgerecht erklärt.

Mach, dass diese Bilder verschwinden

Die beste Prävention ist, keine heiklen Aufnahmen anzufertigen. Kommt es doch dazu, sollten Eltern (und Jugendliche) folgenden Dienst kennen:

- https://takeitdown.ncmec.org[118]

Mithilfe dieses Dienstes lassen sich eigene, freizügige Bilder oder Videos aus dem Netz löschen. Man muss die entsprechenden Dateien dazu nicht noch einmal hochladen. TakeItDown arbeitet nämlich mit sogenannten Hashwerten. Ein Hashwert beschreibt die Verarbeitung des Inhaltes einer Datei, um diesem einen eindeutigen numerischen Wert zuzuweisen. Anhand dieses Wertes können Suchalgorithmen den Inhalt einer Datei identifizieren. Auch viele Antivirenprogramme arbeiten nach einer ähnlichen Methode.

TakeItDown richtet sich an Minderjährige. Daher fragt der Dienst vorab nach dem Alter und ordnet in einer automatisierten Abfrage den Fall ein. Weil es für Laien nicht so einfach ist, die

Hashwerte von Dateien zu berechnen, übernimmt der Dienst dies für die Nutzenden. Hinter TakeItDown steckt das National Center for Missing & Exploited Children aus den USA. Es ist die größte US-Kinderschutzorganisation, die ursprünglich vom US-Justizministerium gegründet wurde. Daher ist der Dienst auch ein vertrauensvolles Angebot, wenn es um sensible Fotos von Minderjährigen geht.

Wer hingegen schon über 18 Jahren alt ist, sollte folgende Seite nutzen:

- https://stopncii.org[119]

Hinter diesem Angebot steht die Revenge Porn Hotline, ein Dienst, der unter anderem von der britischen Regierung gefördert wird. StopNCII richtet sich nur an Erwachsene, funktioniert aber ähnlich wie TakeItDown. Auch hier kann man mit Hashwerten von Fotos und Videos verhindern, dass diese im Netz auftauchen oder weiterverbreitet werden.

Wenn Gewalt zum Unterhaltungstrend wird

Wir halten es für höchst problematisch, wenn Gewalt, Erpressung und Erniedrigung zum Unterhaltungstrend werden. Ob Videos, die erst einvernehmlich entstanden und später als Racheakt missbraucht werden, Aufnahmen, auf denen Tiere aus Spaß oder Langeweile gequält werden, Schlägereien aus Jux mit wehrlosen Opfern bis zu brutaler Gewalt gegen Menschen, die Kriminalitäts-, Terrorismus- oder Kriegsopfer werden: Darstellungen von Gewaltdelikten sind kein Unterhaltungsangebot. Und angesichts der Tatsache, dass mit der Zurschaustellung unvorstellbarer Gewalt etwa beim Angriff der Hamas auf Israel am 7. Oktober 2023 oder den Bildern des Grauens aus dem Angriffskrieg Russlands auf die Ukraine Gewaltdarstellungen auch zum Mittel der psychologischen Kriegsführung geworden sind, wollen wir an dieser Stelle alle Eltern aufrufen, ihren Kindern beizubringen, dass solche Aufnahmen auf keinen Fall weiter verbreitet werden sollten – selbst dann nicht, wenn am Ende herauskommt, dass es Fake-Aufnahmen, Fotos aus Videospielen oder von KI erzeugte Darstellungen sind, die nicht die Realität abbilden.

Ein Verbot allein wird aber wenig ausrichten. Denn Kinder und Jugendliche schauen sich solche trotzdem an. Oft als Mutprobe, unter Gruppenzwang, durch sozialen Druck. »In jedem Fall aber erregt es Aufmerksamkeit, schockiert und macht Angst, denn auch emotional erproben viele Heranwachsende ihre Grenzen und die der anderen. So werden die Videos nicht nur aus Angst oder wegen der Aufmerksamkeit geteilt, sondern auch als eine Form der Mutprobe«, heißt es bei der Initiative »Schau hin!«[120].

Wenn Ihr Kind solche Inhalte zugeschickt bekommt, sollten Sie das Gespräch mit den Eltern des Kindes suchen, das solche Aufnahmen verschickt hat. Häufig kommen Kinder zunächst ungewollt mit Gewaltdarstellungen in Kontakt. Wir raten dazu, solche Darstellungen auch der Polizei zu melden, um eine Strafverfolgung zu ermöglichen. Denn hinter jeder Aufnahme kann eine reale Straftat stehen. Auf keinen Fall sollte man das Material weiterleiten, eigene Recherchen anstellen oder die Echtheit der Bilder eigenhändig überprüfen. Wer unsicher ist, ob bestimmte Inhalte strafbar sind, sollte sich im Angebot der »Internet-Beschwerdestelle« informieren unter

- https://www.internet-beschwerdestelle.de[121]

Das Angebot ist ein gemeinsames Projekt der Freiwilligen Selbstkontrolle Multimedia-Diensteanbieter (FSM) und eco, dem Verband der Internetwirtschaft. Hier kann man auch eine Beschwerde einreichen, wenn man etwa auf jugendgefährdende Inhalte gestoßen ist. Selbstverständlich steht auch die Polizei für Fragen zur Verfügung. Allerdings sollte man dabei das Legalitätsprinzip beachten, die Polizei muss Ermittlungen durchführen, wenn es sich um eine Straftat handelt.

Challenges – der riskante Spaß mit den Mutproben im Netz

Alles begann mit einem Eiskübel: Sie kennen vielleicht das Phänomen »ALS Ice Bucket Challenge« (ALS Eiskübelherausforderung), jene Videos, in denen sich Menschen einen Eimer kaltes Wasser über den Kopf gießen. Viele Prominente waren dabei, sogar manche Politikerinnen und Politiker haben im Sommer 2014 bei der Challenge mitgemacht. Die Aktion sollte auf die Nervenkrankheit Amyotrophe Lateralsklerose (ALS) aufmerksam machen und Spendengelder für deren Erforschung und Bekämpfung sammeln. Mit Erfolg, es kamen bis Ende 2014 gut 200 Millionen US-Dollar zusammen. Zugleich gab es schon damals Kritik an dem Spielchen, da sich eine Reihe von Unfällen im Zusammenhang mit dem Übergießen von Personen mit Eiswasser ereignet haben sollen.

Seither sind Challenges aus dem Netz nicht mehr wegzudenken. Vor allem Kinder und Jugendliche nehmen an den digitalen Mutproben teil. Meist geht es dabei nicht um einen guten Zweck, sondern um Gruppendruck und Anerkennung.

Challenges sind Aufforderungen oder Wettbewerbe, bei denen Teilnehmende bestimmte Aufgaben erfüllen oder lustige, aber auch riskante Aktivitäten nachahmen. Diese Herausforderungen können von harmlosen und unterhaltsamen Aktivitäten bis hin zu gefährlichen und potenziell schädlichen Handlungen reichen. Manche dieser Spielchen können unterhaltsam und sogar lehrreich sein. Bei manchen geht es einfach nur um Tanzen, Singen, kreatives Basteln. Andere sind hingegen gefährlich, sogar lebensbedrohlich.

Eltern sollten Kinder vor den gefährlichen Dauerbrennern unter den Challenges warnen. Dazu gehört etwa die »Choking Challenge« oder »Erstickungs-Challenge«, bei der es darum geht, sich selbst fast zu ersticken, um einen kurzen Rauschzustand zu erleben. Dieses »Spiel« hat schon tragische Todesfälle verursacht und verdeutlicht, wie wichtig es ist, Kinder und Jugendliche über die potenziellen Folgen solcher Handlungen aufzuklären.

Eine andere bekannte Challenge ist die »TikTok Outlet Challenge«, bei der Jugendliche versuchen, mit einem Ladegerät und einer Münze einen (lebensgefährlichen) Stromschlag oder Kurzschluss an einer Steckdose zu erzeugen oder auch die sogenannte »Fire Challenge«, bei der sich die Teilnehmenden die Hände oder den Oberkörper mit brennenden Flüssigkeiten übergießen und anzünden. Auch die »Condom Challenge«, bei der ein mit Wasser befülltes Kondom über dem Kopf einer Person gehalten und dann fallen gelassen wird, sodass sich deren Gesicht möglichst unter Wasser befindet, ist gefährlich und hat schon zu zahlreichen schlimmen Unfällen geführt. Eine weitere ist die »Tide Pod Challenge«, bei der man dazu aufgefordert wird, Waschmittelkapseln zu essen. Riskant ist auch die »Bird Box Challenge«, bei der die Spieler Alltagsaufgaben mit verbundenen Augen erledigen. Es tauchen zudem immer wieder neue Mutproben auf.

Die gefährlichen Challenges eint, dass sie insbesondere Kinder und Jugendliche dazu verleiten, Risiken einzugehen, die sie sonst nicht eingehen würden. Der soziale Druck führt oft dazu, dass Kinder und Jugendliche sich zur Teilnahme gezwungen fühlen. Auch der Druck, viele Fans und Follower zu haben, spielt eine Rolle. Denn natürlich werden die Videos von diesen Mutproben mit vielen Likes belohnt. Sie sind die Währung, in der sich Beliebtheit, Anerkennung, Coolness misst. Man darf auch nicht vergessen, dass die Likes und Follower die Währung für Influencer sind. Früher wollten Kinder vielleicht Fußballer, Schauspielerin oder Modell werden – heute vor allem Influencer. Laut einer Bitkom-Studie glaubt mehr als jeder zweite Jugendliche ab 14 Jahren, dass dies ein richtiger Beruf sei, mehr als ein Drittel gibt diesen Beruf selbst als Traumjob an[122]. Und eine Umfrage der PFH Private Hochschule Göttingen hat festgestellt, dass sogar fast die Hälfte aller Abiturientinnen dieses Berufsziel verfolgen.[123]

Die Seite https://www.jugendschutz.net[124], das ist das gemeinsame Kompetenzzentrum von Bund und Ländern für den Schutz von Kindern und Jugendlichen im Internet, veröffentlicht auf seiner

Seite regelmäßig Berichte über das Thema. Es ist eine gute Adresse für Eltern, um auf dem Stand über die aktuell angesagten Mutproben zu bleiben. Zuletzt hatten die Jugendschützer im Jahresbericht »Selbstgefährdung im Netz«[125] einen starken Anstieg selbstgefährdender Inhalte festgestellt. Neben vermeintlich lustigen Challenges gehören Suizid-Ankündigungen dazu, aber auch Hungergruppen in sozialen Netzwerken, in denen an Anorexia und anderen Essstörungen erkrankte Jugendliche sich gegenseitig herausfordern. Die Clips und Beiträge verharmlosen das Ganze oft, sind mit Musik untermalt, wirken verherrlichend und faszinieren Teenager daher häufig. Leider nehmen viele Eltern diese zunächst harmlos wirkenden Filmchen nicht ernst. Oder hätten Sie angesichts der Eimer mit eiskaltem Wasser Ihre Kinder davor gewarnt, die Eiskübelherausforderung nachzumachen? Wer aber über den Einstieg hinwegsieht, bekommt später auch nicht mit, wenn es in den Clips um selbstverletzendes Verhalten, Essstörungen und Suizid geht.

Auch hier ist es wichtig, auf dem Laufenden zu bleiben. Eltern sollten außerdem prüfen, ob die Beiträge überhaupt echt sind – denn mit zunehmender Deepfake-Technologie gibt es auch immer mehr gefälschte Videos.

Gemeinsam Zocken

Spielekonsolen machen Spaß. So viel, dass es schwer sein kann, die Kinder von den Geräten wegzulocken. Unser Rat lautet daher neben klaren Regeln und Zeitlimits: eine gemeinsame Nutzung von Spielekonsolen. Wer als Kind oder Jugendlicher selbst gern gezockt hat (oder es bis heute tut), hört das sicher gern. Wer länger nicht mehr gespielt hat, dem sei gesagt: Die Gaming-Welt von heute ist anders, viele Games gleichen opulenten Kinofilmen.

Beim gemeinsamen Zocken verbringen Eltern und Jugendliche zusammen Zeit, etwas, das gerade bei älteren Kindern ja viel weniger stattfindet. Natürlich kann es für die Kids nervig sein, wenn

Mama auf einmal zum Controller greift. Tun Sie es aber dennoch, denn nur so erhalten Sie einen Eindruck von der Spielwelt Ihrer Kinder. Manche erleben dann auch, warum viele Jugendliche von den Games so gebannt sind. Im schlimmsten Fall kann das zu Computerspielsucht führen, eine von der Weltgesundheitsorganisation (WHO) anerkannte Krankheit.

In Deutschland spielen rund drei Millionen Jugendliche zwischen 12 und 17 Jahren regelmäßig am Computer, mit der Konsole oder am Smartphone. Nach einer Studie der Krankenkasse DAK-Studie[126] gelten 15,4 Prozent der Minderjährigen als sogenannte Risiko-Gamer. Damit zeigen rund 465 000 aller Jugendlichen dieser Altersgruppe ein riskantes oder pathologisches Spielverhalten im Sinne einer Spielsucht. Die Betroffenen fehlen häufiger in der Schule, haben mehr emotionale Probleme und geben deutlich mehr Geld aus, geht aus dem Report »Geld für Games – wenn Computerspiel zum Glücksspiel wird« der DAK-Gesundheit und des Deutschen Zentrums für Suchtfragen hervor. Für die Studie wurden auch die finanziellen Risiken einer Spielsucht untersucht. Demnach geben Risiko-Gamer bis zu 1000 Euro pro Monat für Spiele oder Extras in Spielen aus. Jeder vierte Betroffene spielt fünf oder noch mehr Stunden pro Tag am Wochenende.

Aufklärung über Suchtrisiko gehört daher ebenso zur Medienbildung und -erziehung dazu. Aber wann beginnt eine Sucht? Die Expertinnen und Experten von Klicksafe haben eine Checkliste[127] zusammengestellt, die Eltern verwenden können.

Nach dem sogenannten ICD-Kriterienkatalog, was für International Statistical Classification of Diseases and Related Health Problems steht, nach dem weltweit einheitlich verschiedene Krankheiten standardisiert sind, ist Computerspielabhängigkeit unter der Bezeichnung »Gaming Disorder« zu finden. Der Katalog definiert hier vor allem drei Kriterien, dazu gehört in erster Linie der Kontrollverlust über das Spielverhalten. Daran zu erkennen, dass die Betroffenen auch dann nicht aufhören können, wenn ein wichtiger Termin ansteht oder die Situation das Spielen gar nicht zulässt.

Auch wenn die Betroffenen dem Spielen die höchste Priorität einräumen und dafür soziale Kontakte reduzieren, sich abschotten und Freunde, Familie oder Hobbys vernachlässigen, kann das ein Anzeichen für eine beginnende Sucht sein. Zudem gilt als Anzeichen, wenn es trotz negativer Konsequenzen wegen des exzessiven Spielens nicht zu einer Reduktion des Spielens kommt.

Am Ende kann die Diagnose aber nur durch einen Spezialisten oder eine Spezialistin gestellt werden. Anlaufstellen sind etwa Sucht- und Familienberatungen, Kliniken oder Psychologen. Berichte in Internetforen und Erfahrungen anderer Eltern oder Betroffener können jedoch helfen, herauszufinden, ob eine Sucht vorliegen kann oder nicht. Wichtig ist, dass das Verhalten bereits über eine sehr lange Zeit exzessiv sein muss, mindestens ein Jahr. Und dass erhebliche Bereiche der persönlichen Lebensführung davon beeinflusst sind. Zum Glück haben die meisten Jugendlichen allenfalls exzessive Phasen, die wieder zu Ende gehen.

Eltern sollten, wenn das Spielen einen großen Raum einnimmt, alternative Freizeitbeschäftigungen anbieten. Die Alternative muss dem oder der Jugendlichen natürlich gefallen. Ein Trick kann sein, eine Unternehmung zu planen, bei der auch Freunde dabei sind.

Manchmal wünschen sich Kinder auch, dass ihre Eltern ihre Faszination für die Games verstehen können, aber die Eltern haben aufs Zocken keine Lust, weil sie sich unsicher fühlen. Falls Sie dort dazugehören und nicht viel über Computerspiele, Konsolen und Co wissen, besuchen Sie die Internetseite https://spieleratgeber-nrw.de[128], die Einsteigerinnen und Einsteigern eine Hilfe sein kann. Hier kann man nach dem jeweiligen Spiel suchen und sich alle nötigen Infos dazu anzeigen lassen. Die Seite führt auch auf, worum es bei dem jeweiligen Game geht, ab welchem Alter es geeignet und empfohlen ist.

Wessen Nachwuchs Spiele mit VR-Brillen spielt, sollte die gesundheitlichen Warnungen beachten und darauf achten, dass die Kinder sie einhalten. In der Regel ist die Benutzung von VR-Brillen ab einem Alter von 12 Jahren empfohlen und pro Stunde Nutzung sind 15 Minuten Pause vorgeschrieben.

Warum? Die Technologie einer VR-Brille macht sich das sogenannte stereoskopische Sehen zunutze. Gesunde Menschen haben zwei Augen und können daher einen Gegenstand aus zwei verschiedenen Blickwinkeln betrachten. Wir sehen also unterschiedliche Teile eines Raumes oder Gegenstandes, in unserem Gehirn entsteht ein scharfes Bild. Eine VR-Brille nutzt dieses Phänomen mit zwei Displays, eingebaut in einer abgedunkelten Brille, die einer Art Taucherbrille gleicht. Die Bildschirme stellen jeweils das Bild dar. Die unterschiedlichen Perspektiven werden dabei von einem Computerprogramm simuliert. Da dieses Bild sehr dicht vor dem Auge entsteht, befinden sich noch Linsen zwischen den Displays und der Augenpartie. Das führt zum scharfen Sehen und dass die Illusion des Eintauchens in eine andere Welt entsteht. Das Ganze ist aber belastend für die Augen und das Sehvermögen. Normalerweise passen sich unsere Augen nämlich immer wieder an die Objekte an, da sie in der Entfernung zur Linse variieren. Bei einer VR-Brille ist der Abstand jedoch stets gleich, das Auge kann sich also nicht anpassen, es bleibt starr. Wenn man die VR-Brille zu lange nutzt, gewöhnen sich die Augen daran, sie verlieren ihre Anpassungsfähigkeit, im schlimmsten Fall kann es sogar zu Sehschwierigkeiten kommen. Zudem ist auch das Blaulicht der Displays nicht zu unterschätzen, das ebenfalls die Augen belastet und zu Schlafstörungen führen kann. Da Kinderaugen noch im Wachstum sind, ist die häufige und intensive Nutzung von VR-Brillen für sie besonders schädlich. Daher sollten die Brillen für kleine Kinder tabu sein und Jugendliche sich an die vorgeschriebenen Pausenzeiten halten.

Daneben sollten Eltern wissen, welche Spiele mit der Möglichkeit zum dreidimensionalen Sehen gespielt werden – Horrorspiele in 3-D können Zwölfjährige traumatisieren. Aus diesem Grund ist die Altersfreigabe sehr wichtig. Wer jetzt denkt, das könne man doch locker garantieren, indem man solche Spiele einfach nicht kauft, dem sei gesagt: Das reicht leider nicht. Denn mit Gutscheinen für 18+-Spiele kommen Minderjährige an Games, die sie nicht spielen dürfen. Man kann mit den Gutscheinen nämlich einfach das Konto aufladen und unbemerkt von Mama und Papa solche Spiele herunterladen. Erinnern Sie sich daran, wie Sie als Teenager vielleicht Dinge gekauft haben, die erst ab 18 Jahren erlaubt waren – Alkohol, Sexhefte, Zigaretten etwa? Also bleibt uns nichts anderes übrig, als die Geräteeinstellungen zu überprüfen und diese so vorzunehmen, dass die Kinder nur Spiele installieren dürfen, die für ihr Alter geeignet sind. Dazu gehören auch die Zugänge bei den Streaming-Plattformen wie Netflix oder Disney+. Dabei gilt: Fürs Erwachsenenprofil keine Log-in-Daten einspeichern, viele Kids nutzen sonst einfach diesen Weg.

Vorsicht vor Paintok

Lustige Katzen- oder Hundevideos, witzige Tanz-Performances, beeindruckende Akrobatiktricks oder ein Elch, der ein Baby küsst, – das ist TikTok. Nach eigenen Angaben will die Plattform inspirieren und Freude schaffen. Doch es sind dort auch verstörende und düstere Inhalte zu sehen. In den unzähligen kurzen Videos geht es um Themen wie Angst, Depressionen, Selbstverletzung und sogar Suizid. Da wird etwa selbstverletzendes Verhalten glorifizierend in Szene gesetzt. Die Videos, auch Paintok genannt, sind nach Einschätzung von Experten insbesondere für Jugendliche in Krisen und mit psychischen Problemen riskant. Denn sie können wie ein Trigger wirken, selbstverletzendes Verhalten zu imitieren. Viele Medienpädagoginnen und Kinderpsychologen warnen daher, dass die Clips psychische Probleme verstärken oder Traumata aufreißen können[129], sogar dann, wenn die Videos aufklärerisch und informativ daherkommen.

Zwar versucht TikTok nach eigenen Angaben, das Phänomen zu bekämpfen, doch es tauchen immer wieder neue Videos auf. Eltern von Kindern mit emotionalen und mentalen Problemen sollten sich daher informieren und Gespräche mit ihren Kindern über Paintok führen. Um die Verbreitung der Videos zu stoppen, empfiehlt sich, die Funktion »Nicht interessiert« zu aktivieren und die Clips zu melden.

Zudem sollte man den eingeschränkten und begleiteten Modus[130] aktivieren – also nur altersgerechte Inhalte zulassen, die Bildschirmzeit festlegen und per Videostichwortfilter solche Inhalte blockieren. Außerdem lassen sich im begleiteten Modus die Aktivitäten des verbundenen Kontos nachvollziehen.

Cybermobbing: Gejagt im Netz

Was wäre unser Leben ohne soziale Netzwerke? Nun ja, wir hätten sehr viel mehr Zeit, auf der anderen Seite wären wir auch mit sehr vielen Menschen nicht verbunden. Oma und Opa Karakaya in der Türkei etwa freuen sich jeden Tag, über soziale Netzwerke mit dem Sohn, der Schwiegertochter und der Enkelin in Deutschland zu kommunizieren – mal eben in die Türkei fliegen, so oft geht das ja leider nicht. In sozialen Netzwerken kommen Menschen zusammen, die sich im realen Leben kennen, aber auch jene, die sich sonst nie getroffen hätten. So mancher hat seine große Liebe bei Facebook oder Instagram getroffen, aber auf viele andere Begegnungen hätte man auch verzichten können. Fakt ist: Der soziale Zusammenhalt der Menschheit hat sich durch soziale Netzwerke ein für alle Mal verändert und es ist jede Menge neues Schädigungspotenzial entstanden. Cybermobbing gehört leider dazu.

Für viele Menschen ist nicht nachvollziehbar, wie es sein kann, dass ganze Gruppen daran Spaß haben, wenn eine Person fertiggemacht wird und leidet, – aber Mobbing hat in der digitalen Welt eine ganz neue Qualität des Grauens bekommen. Die Folgen sind in jedem Alter gravierend und können bis zu schweren Depressionen, psychosomatischen Reaktionen und sogar bis zum Suizid führen. Kinder und Jugendliche haben allerdings weniger Kompensationsmöglichkeiten als Erwachsene, mit den Folgen von Mobbing fertigzuwerden. Wenn Erwachsene Mobbing etwa am Arbeitsplatz erleben, dann haben sie oft zu Hause noch einen Schutzraum; anders als bei Cybermobbing, das besonders unter Kindern und Jugendlichen verbreitet ist. Hier hält der Terror oft 24 Stunden am Tag an, real vor Ort in der Schule und Nachbarschaft und permanent in der digitalen Lebenswelt. Die Betroffenen haben kaum noch Ruhe, der Kreis der Verbreitung ist sehr groß und betrifft bei Schülern meist das gesamte Lebensumfeld des Opfers.

Bei Cybermobbing besteht oft ein enormes Machtgefälle: Während das Opfer im Innersten massiv angegriffen wird, agieren die Täter oft aus der Anonymität heraus. Diese Anonymität schüchtert das Opfer weiter ein. Es weiß nicht, woher und wann der nächste Angriff kommt. Die Täter, ihre Mitspielerinnen und Unterstützer hingegen erleben oft nicht die Folgen ihrer Taten – sie bekommen online ja nicht direkt mit, wie sehr die Opfer leiden. Bei Cybermobbing unter Kindern und Jugendlichen trifft man daher oft auf eine Fallkonstellation, bei der den Tätern gar nicht klar ist, wie sehr sie das Opfer verletzen.

Wenn Sie merken, dass sich Ihr Kind verändert, traurig und ängstlich ist, sollten Sie sehr aufmerksam sein. Denn jede und jeder kann Opfer von Mobbing werden und insbesondere bei Kindern und Jugendlichen sind Angst und Scham so groß, dass sie sich nicht trauen, sich jemandem anzuvertrauen. Ein erstes Indiz ist daher eine Wesensveränderung, die sich nicht anders erklären lässt, Rückzug und Desinteresse. Als zugewandte Eltern sollten wir immer versuchen, mit unseren Kindern in Kontakt zu bleiben und uns als Ansprechpartner anbieten. Ermutigen Sie Ihre Kinder, Ihnen zu sagen, wenn sie etwas bedrückt, und versichern Sie ihnen, dass sie nicht allein sind und dass Sie sie auch nicht bestrafen. Denn viele Kinder fürchten sich zum Beispiel vor Bestrafungen, dass mit ihnen geschimpft wird oder dass sie ein Medienverbot bekommen. Aus diesem Grund sagen sie weder Eltern noch Lehrern oder Sozialarbeiterinnen und Erziehern etwas. Sorgen Sie dafür, dass Ihr Kind für Krisenzeiten, in denen es vielleicht nicht schafft, sich Ihnen anzuvertrauen, wichtige Hilfsstellen im Netz kennt wie die bereits erwähnte »Nummer gegen Kummer« oder das Beratungsteam von Jugendlichen von https://www.juuuport.de/beratung[131].

Wenn Ihr Kind Opfer von Cybermobbing wird, ist die Dokumentation der Angriffe sehr wichtig. Vor allem, wenn es um Straftatbestände geht, denn für die Ermittlungsbehörden ist entscheidend, dass es Beweismittel gibt. Das können etwa Screenshots von Nachrichten sein, die mit dem Datum versehen sind. Man kann zudem die Blockierfunktion oder Meldefunktion des Dienstes nutzen und darüber einen Aktenvermerk anfertigen, also protokollieren, wann man welche Meldung erstellt hat und welcher Inhalt gemeldet wurde. Auch die sozialen Netzwerke und Messenger-Dienste bieten Hilfe an und die sollte man nutzen, zum Beispiel, damit peinliche Fotos oder verletzende Beiträge gelöscht werden. Spätestens dann, wenn Straftatbestände erfüllt sind oder sein können, sollte man sich eine rechtliche Beratung holen. Denn wenn die Anbieter, auf deren Plattformen Mobbingbeiträge verbreitet werden, ein Schreiben von einer Anwaltskanzlei erhalten, reagieren sie sehr schnell.

Viele Kinder und Jugendliche versuchen zu Beginn oft, sich zu wehren. Sie zeigen ihre Gefühle, sie beleidigen vielleicht zurück, mitunter führt die Gegenwehr aber zu einer Verschlimmerung. In manchen Fällen wird dann das Opfer zum Täter erklärt und etwa von den Eltern des Täters angezeigt. Das ist sehr belastend für die betroffenen Familien. Kinder sollten lernen, dass sie klar und deutlich formulieren, wenn sie etwas stört. Dass sie sich trauen, »Nein« und »Stopp!« zu sagen und dass sie wissen, wann und wo sie sich Hilfe holen können. Kinder müssen aber auch lernen, dass sie niemanden verletzen dürfen und dass jedes vermeintliche freundschaftliche Necken und Ärgern ein anderes Kind extrem verletzen kann. Und alle Kinder sollten wissen, dass sie, so wie sie sind, in Ordnung sind.

Viele Lehrerinnen Erzieher, Sozialarbeiterinnen sowie andere pädagogische Fachkräfte sind heute gut informiert und werden regelmäßig zum Umgang mit Cybermobbing geschult. Das ist wichtig, da sie oft die Ersten sind, die solche Fälle überhaupt mitbekommen.

Wenn sich Kinder an diese Personen wenden, sollten diese das Vertrauen wertschätzen und stärken. Kinder, die Cybermobbing erleben, sollten hören, dass es wichtig war, sich Hilfe zu holen. Wichtig ist auch, herauszufinden, ob durch das Erlebte selbst- oder fremdgefährdende Gedanken bestehen. Denn natürlich löst die Erfahrung von Mobbing Rachegedanken und Verzweiflung aus. In der Regel muss nach Bekanntwerden eines Mobbingfalls die Schulleitung einbezogen werden, aber nicht einfach so. Das wäre übergriffig und kann das Opfer erneut traumatisieren. Besser ist, sich die Erlaubnis zu holen, dass man die Situation den Personen erzählen darf, die mithelfen können.

Mithelfen können auch andere Schülerinnen und Schüler, zum Beispiel Klassenkameraden, die aber an dem Mobbing nicht beteiligt sind. Sie kann man bitten, das Opfer aufzumuntern oder zu motivieren. Auf jeden Fall sollten Lehrerinnen, Erzieher und Pädagogen das betroffene Kind darin bestärken, sich gewaltfrei zur Wehr zu setzen. Es kann sein, dass der oder die Betroffene ablehnt, zum Beispiel aus Angst. Aber nichts zu unternehmen, hilft in der Regel nicht weiter. Fachkräfte, die mit von Mobbing betroffenen Kindern und Jugendlichen arbeiten, sollten alles dafür tun, um eine Vertrauensbeziehung aufzubauen. Voraussetzung dafür ist Transparenz bei allen Handlungsschritten. Alle Schritte müssen dokumentiert werden, vor allem dann, wenn die Polizei eingeschaltet ist und wenn es um Strafhandlungen geht. Denn es können bei Mobbing gleich mehrere Straftatbestände erfüllt sein, wie etwa folgende:

- Beleidigung (StGB § 185),
- Nachstellung / Stalking (StGB § 238),
- Erpressung (StGB § 253),
- Bedrohung (StGB § 241),
- Nötigung (StGB § 240),
- üble Nachrede und Verleumdung (StGB § 186 und § 187),
- Verletzung des Rechts am eigenen Bild (Kunsturhebergesetz § 22, § 23 und § 33),

- Verletzung der Vertraulichkeit des Wortes (StGB § 201),
- Verletzung des höchstpersönlichen Lebensbereichs durch Bildaufnahmen (StGB § 201a),
- Verletzung des Briefgeheimnisses und Ausspähen von Daten (StGB § 202 und § 202a),
- Verbreitung pornografischer Schriften (StGB § 184),
- Verbreitung von kinderpornografischen Schriften (StGB § 184b).

Auf Klicksafe heißt es dazu: »Wer Fotos oder Videoclips von unter 14-jährigen Personen besitzt, sich verschafft oder weiterleitet, in denen deren Genitalien in eindeutiger Weise positioniert oder sexuelle Handlungen abgebildet sind, begeht ein Verbrechen. Wird es der Polizei bekannt, muss diese Ermittlungen und Strafverfolgung einleiten, unabhängig davon, ob die Person, die auf dem Foto oder Videoclip abgebildet ist, selbst Strafanzeige stellt. Bitte beachten Sie: Lassen Sie sich niemals Bilder oder Videos weiterleiten und machen Sie keine Screenshots, um zum Beispiel einen Mobbingfall zu dokumentieren oder Beweise zu sichern, wenn die Aufnahmen als kinderpornografischer Inhalt einzuordnen sind.

Nach aktueller Gesetzeslage begehen Sie damit ein Verbrechen (Beschaffen und Besitz von kinderpornografischen Inhalten), das mit einer Gefängnisstrafe nicht unter einem Jahr bestraft wird. Beachten Sie weiterhin, dass nach aktueller Gesetzeslage auch Abbildungen eines »teilweise unbekleideten Kindes in aufreizend geschlechtsbetonter Körperhaltung« als kinderpornografischer Inhalt gelten. Damit ist auch Besitz, Verbreiten oder Beschaffung von Abbildungen, auf denen zum Beispiel der Genitalbereich bedeckt ist, aber das Kind in »aufreizend geschlechtsbetonter Körperhaltung« zu sehen ist, ein Verbrechen. Für die Einordnung als kinderpornografischer Inhalt ist es unerheblich, ob die Aufnahmen von der abgebildeten Person selbst angefertigt wurden. Auch freiwillig selbst aufgenommene Bilder und Videos von Personen unter 14 Jahren (zum Beispiel im Rahmen von Sexting) sind kinderpornografischer Inhalt und das Erstellen, der Besitz, die Verbreitung dieser Aufnahmen und alle Versuche, sich diese Aufnahmen zu beschaffen, sind Verbrechen, die mit mindestens einem Jahr Gefängnis bestraft werden.«

Ein Verbrechen bedeutet, dass die Staatsanwaltschaft den Fall nicht einfach einstellen darf, sondern ermitteln muss, auch wenn die Täter selbst noch Kinder oder Jugendliche sind. Dann wird es für alle Beteiligten sehr unangenehm. Täter unter 14 Jahren werden in solchen Fällen im Beisein der Eltern vernommen.

Desinformation und Meinung

Gefälschte Videos und Nachrichten sind auch bei Kindern und Jugendlichen ein Problem. Über die Rolle von Fake News und Manipulationen schreiben wir im achten Kapitel – an dieser Stelle wollen wir nur darauf eingehen, dass Medienkompetenz wichtig ist, damit Desinformationen wenig Chancen haben.

Kinder und Jugendliche sollten lernen, welchen Anbietern sie vertrauen können und wo sie vertrauenswürdige Informationen und geprüfte Fakten erhalten – und wo nicht. Ein zunehmendes Problem ist die Informationsverweigerung, immer mehr Menschen meiden klassische (Nachrichten-)Medien und nutzen Streaming-Dienste, soziale Netzwerke oder Freunde und Verwandte, um sich zu informieren. Quelle: Internet – worüber Journalistinnen und Journalisten lachen, weil in den Anfangsjahren der Onlinemedien in Zeitungen tatsächlich oft »Internet« als Quellenangabe angegeben war. Das Internet ist natürlich keine Quelle, sondern eine Flut von Informationen, in der vertrauenswürdige und seriöse Quellen vorhanden sind und eben jede Menge Manipulationen, Desinformationen und Falschinformationen, die dazu führen können, dass Heranwachsende problematische Weltbilder entwickeln. »Ob wir etwas glauben und für möglich halten, hängt davon ab, welche Überzeugungen und Vorstellungen wir haben. Neue Informationen, die zu unseren Glaubensgrundsätzen passen, werden in unsere Vorstellungswelt integriert und für wahr gehalten. Begegnen wir Informationen, die nicht in unser Überzeugungssystem passen, erleben wir mentalen Stress. Um den Widerspruch auszugleichen, halten wir nur die Information für glaubwürdig, die unsere Meinungen bekräftigt, auch wenn sie falsch oder manipulativ eingesetzt sein sollte. Je geschlossener und einfacher ein Weltbild ist, umso eher entfaltet der Bestätigungsfehler seine Wirkung«, heißt es bei Klicksafe.

Eltern sollten Kindern beibringen, woran sie seriöse Informationen von Manipulationen unterscheiden können und dass im Zweifel die Eltern (und Lehrerinnen) Ansprechpersonen sein können, um sich über das Weltgeschehen auszutauschen. Eltern sollten Kindern zugleich ein gesundes Misstrauen im Umgang mit Informationen vermitteln. Auch bei seriösen Quellen – denn nicht jeder Leitartikel ist auch wirklich klug und richtig, manchmal liegt selbst der Chefredakteur eines Leitmediums mit seiner Analyse völlig falsch. Zudem entstehen immer wieder innovative und seriöse Angebote und Formate. Ein politisch kluger YouTuber wie Rezo, der im Jahr 2019 mit seinem Video »Die Zerstörung der CDU«[132] eine Millionenreichweite erzielte und wie kaum ein anderer Influencer junge Menschen politisch interessierte, ist so ein Beispiel. Im Internet gibt es also nicht nur falsche Informationen.

Auch wenn es schwieriger wird, zwischen richtig und falsch zu unterscheiden, gibt es ein paar Hinweise und Methoden. Wenn eine Nachricht sehr schockierend und emotionalisierend ist – etwa schon in der Headline – dann kann es entweder eine besonders reißerische Verkaufsmasche des dahinterstehenden Medienunternehmens sein. Es kann aber auch der Versuch sein, gezielte Desinformation schnell zu verbreiten. Daher sollte man sich immer fragen: Woher kommt die Information? Wer ist der Absender, wer die Verfasserin? Stimmt das Behauptete, kann man das Ganze überprüfen und berichten auch vertrauenswürdige Nachrichtenquellen wie etwa der öffentlich-rechtliche Rundfunk oder überregionale Zeitung oder internationale Websites darüber? Wenn sich für die in die Suchmaschine eingegebene Überschrift keine Treffer von anderen (seriösen) Medien findet, ist die Meldung wahrscheinlich frei erfunden. Gute Angebote im Netz zur Überprüfung von Falschnachrichten sind Faktenchecker.

Etwa:

- Der Faktenfinder der Tagesschau https://www.tagesschau.de/faktenfinder[133]
- Der Faktencheck des Recherchezentrums Correctiv https://correctiv.org/faktencheck/[134]
- Das Angebot von Mimikama, ein österreichischer Verein mit dem Ziel der Aufklärung über Internetmissbrauch https://www.mimikama.org[135]
- Die Website https://hoaxmap.org[136], hinter der ebenfalls Journalistinnen und Faktenchecker stecken.

Und dennoch sollte man wachsam sein, denn oft denkt man, dass man auf einer vertrauenswürdigen Nachrichtenseite ist, etwa im Newsangebot auf www.teIekom.de. Alles sieht aus wie im Nachrichtenportal von T-Online, aber bei näherer Prüfung stellt man dann doch fest, dass die Seite gefälscht ist. »Typosquatting« nennt man die Methode. Statt des kleinen l wurde hier nämlich das große I benutzt. Ein Beispiel: Die britische Königin Elisabeth ist zwar tatsächlich im September 2022 gestorben, aber sie starb bereits mehrere Jahre davor – und das wurde sogar von der britischen BBC verbreitet. Die Nachricht über den Tod der Queen kam tatsächlich von einem Absender auf X, damals noch Twitter, mit dem Namen @BBCNewsUKI. Selbst einigen Medienprofis fiel erst etwas später auf, dass die BBC unter BBCNewsUK twitterte, ohne I.

Zu guter Letzt spielt auch die Aktualität eine wichtige Rolle. Oft werden alte Videos zu aktuellen Nachrichtenlagen mit falschen Informationen verbreitet. Fotos und Videos, die angeblich einen Terrorakt zeigen – aber dann zeigt sich, dass die Aufnahmen bereits sehr viel älter sind und manchmal schon mehrere Jahre vor der Nachrichtenlage entstanden. Um so etwas festzustellen, braucht man gar keine Investigativjournalisten, meist reicht die Rückwärtssuche von Bildern und Videos, entweder bei Google oder auf der Seite https://tineye.com[137].

Bringen Sie Ihren Kindern auch bei, dass sie nicht alle News gleich weiterleiten, ohne das Ganze überprüft zu haben. Besonders, wenn die Welt mal wieder kopfsteht und sich Nachrichtenereignisse überschlagen, etwa bei Terrorattacken, Naturkatastrophen, Schulmassakern. Viele Menschen haben bei solchen Nachrichtenlagen Angst und verbreiten Nachrichten aus guter Absicht weiter, etwa um andere zu warnen. Genau darauf haben es aber die Ersteller von gezielten Fake News oft abgesehen. Motivieren Sie lieber Ihre Kinder, seriöse Nachrichtenquellen zu benutzen. Und falls Ihr Kind einen Kettenbrief erhält – auch diese kursieren immer noch im Internet – machen Sie ihm klar, dass diese Briefe nicht weitergeleitet werden dürfen. Sie enthalten im schlimmsten Fall Schadware, das einzige Unglück, das bei einem Kettenbrief übrigens eintritt.

Checkliste: Diese Regeln sollten Eltern beachten

- eigenes Smartphone erst ab dem Besuch der 5. Klasse
- Kinder sollten vorab auf das erste eigene Smartphone vorbereitet werden
- Gerät, Apps und Datenschutzeinstellungen sollten Eltern genau kennen und diese dem Kind vertraut machen
- Altersfreigaben für Apps beachten, Kindersicherung einstellen, Zugänge und Funktionen altersgemäß beschränken
- Kinder aufklären über die Risiken im Netz
- klare Regeln für die Nutzung vereinbaren
- zeitliche Begrenzungen festlegen
- Gerät sollte nie Babysitter-Ersatz sein
- bleiben Sie in Kontakt mit Ihren Kindern
- Updates durchführen und selbst up to date bleiben

Kapitel 6

Wir sind Vorbilder

In diesem Kapitel wollen wir auf die Rolle von Eltern bei der Medienerziehung genauer eingehen. Denn wir sind Vorbilder – und unser Umgang mit dem Netz prägt natürlich auch das Verhalten unserer Kinder.

Maßhalten

Kennen Sie das Buch »Mail halten« von der Autorin und Digital-Detox-Expertin Anitra Eggler[138]? Es ist nicht nur ein Plädoyer für eine gesunde Balance zwischen Online- und Offlinezeiten, es enthält auch die Geschichte eines Vaters, der beim Schaukeln seiner kleinen Tochter das Handy nicht aus der Hand lassen konnte. Er war so gebannt von seinem Smartphone, dass er nicht bemerkte, dass sein Kind immer höher schaukelte und er es irgendwann einfach von der Schaukel schubste. Da sagte das Mädchen: »Papa, dein Handy macht Aua!« Dieser Satz brachte den Vater dazu, sein Smartphone während der Zeit mit seinem Kind nicht mehr zu benutzen.

Wir alle kennen Situationen wie diese: Bei der Arbeit brennt es, aber die Kinder müssen abgeholt werden. Wer mobil arbeiten kann, nutzt das in der Regel auch – das Smartphone ist für Menschen, die mit Beruf und Familie jonglieren, oft Segen und Fluch zugleich. Einerseits ermöglicht es, die verschiedenen Sphären und Rollen irgendwie zu vereinbaren, aber meistens nur unter enormem Stress für alle Beteiligten. Am Ende ist die Vereinbarkeit oft eine Illusion: Denn jede Sekunde am Gerät ist eben eine Sekunde, die man nicht wirklich mit dem eigenen Kind verbringt. Und das merken Kinder.

Das gilt auch für Eltern, die sich beim Spielen mit dem Kind langweilen. Freilich, es ist nicht aufregend, stundenlang am Sandkasten Sandeis zu probieren, verstecken zu spielen oder Legosteinchen zusammenzupfriemeln. Aber ist der Social-Media-Feed so viel interessanter? Können die Mails nicht warten?

Amerikanische Forschende haben herausgefunden, dass missachtete Kinder eher frustriert, hyperaktiv oder sogar aggressiv sind – dabei spielt auch eine Rolle, ob die Kinder zu wenig Aufmerksamkeit erhalten haben, weil ihre Eltern durch mobile Geräte dauerhaft abgelenkt waren.[139] »Auch wenn Ihnen Ihre Bildschirmzeit notwendig und gerechtfertigt erscheint, Ihre Kinder machen wenig Unterschied zwischen Arbeit und Freizeit«, heißt es in einem Ratgeber von Klicksafe für Eltern von Kindern im Alter zwischen drei und sechs Jahren.[140]

Im vorigen Kapitel haben wir Ihnen einen Mediennutzungsvertrag empfohlen, der auch für die Eltern gelten sollte. Man sollte als Familie klare Regeln für alle vereinbaren, nur dann herrschen faire Bedingungen und nur dann werden insbesondere ältere Kinder die Mediennutzungszeiten auch ernst nehmen. Wenn Ihr Kind Smartphone-Verbot während der Hausaufgaben hat, gehört für die Eltern das Smartphone-Verbot beim gemeinsamen Spielen nach den Hausaufgaben dazu. Bei Cem Karakaya werden etwa während des Abendessens alle Geräte ausgeschaltet, ein gemeinsames Ritual, das allen zeigt: Jetzt steht die direkte Kommunikation am Essenstisch im Fokus. Die Familienmitglieder berichten von ihrem Tag, stimmen organisatorische Dinge ab, machen Pläne fürs Wochenende, die nächsten Ferien oder diskutieren miteinander. Solche Familienmomente stärken das Vertrauen und helfen Eltern dabei, mit Kindern in der Pubertät im Austausch zu bleiben. Für jüngere Kinder sind sie noch wichtiger, prägen sie doch die Erfahrungen im sozialen Miteinander.

Wir haben gute Erfahrungen damit gemacht, die festen Familienzeiten auch Dritten mitzuteilen, damit es zu so wenig Störungen wie möglich kommt. Angehörige, Freundinnen, Arbeitskollegen oder

Kunden wissen, wann wir in der Regel nicht mehr erreichbar sind. Das ist umso wichtiger, wenn Sie etwa wegen Ihrer Schichtarbeit tagsüber nicht erreichbar sind, weil Sie schlafen oder Care-Arbeit verrichten.

Über ein Recht auf Nicht-Erreichbarkeit wurde schon öfter diskutiert. Was eigentlich eine Selbstverständlichkeit sein sollte (nicht nur wegen des Gesundheits- und Arbeitsschutzes), ist für viele Menschen leider ein Problem. Unzählige Studien zeigen: Viele Beschäftigte sind vor allem deshalb rund um die Uhr erreichbar, weil sie Angst haben, dass sich sonst ein nicht mehr zu bewältigendes Ausmaß an Arbeit anhäuft. Doch wenn die Arbeitsquantität und -intensität zu hoch wird, sind das eigentlich Probleme des Managements, die nicht von einzelnen Beschäftigten gelöst werden können.

Hier sind andere gefragt: der Arbeitgeber, der Betriebsrat, die Gewerkschaft zum Beispiel. Jederzeit für den Job zur Verfügung zu stehen, bedeutet eine Überlastung. Wer immerzu ansprechbar ist, leistet Rufbereitschaft, die vergütet und vor allem mit Freizeit ausgeglichen werden sollte, damit sich Mitarbeiter und Mitarbeiterinnen wieder erholen können. Wir brauchen Phasen der Entspannung. Wer das dauerhaft ignoriert, schadet seiner Gesundheit.

Viele Menschen aber sind bereit, sogar in ihrem Urlaub und ihrer Freizeit ansprechbar zu sein. Wer kennt das nicht, wenn nach dem Urlaub unzählige ungelesene E-Mails im Postfach liegen? Gut untersucht ist, dass die unzähligen ungelesenen Nachrichten vielen Menschen erheblichen Stress verursachen. Und tatsächlich sind doch oft die allermeisten Nachrichten nicht (mehr) relevant. Man kann sie also löschen. Allerdings darf man dies aus arbeitsrechtlichen Gründen in vielen Fällen nicht. Denn Mails, die im Urlaub eintrudeln, dürfen nur in Absprache mit dem Arbeitgeber einfach ungelesen gelöscht werden. Der Daimler-Konzern ging schon im Jahr 2014 andere Wege und führte den Abwesenheitsassistent »Mail on Holiday« ein: 10 000 Beschäftigte mit eigenem Daimler-Account konnten im Urlaub ihre eingehenden Nachrichten löschen lassen, die Nutzung allerdings war freiwillig.[141] Der Automobilkonzern wollte seine Mitarbeitenden so vor zu viel Stress und Überlastung schützen.

Heute haben viele Firmen entsprechende Regeln auf den Weg gebracht, viele Kollaborationstools, Firmenchats und Instant-Messaging-Dienste lassen Zeiten der Nicht-Erreichbarkeit zu. Dann werden Nachrichten später zugestellt, und auch das Terminieren von Nachrichten wird zum Glück immer gängiger. Die Autorin Eggler rät genau dazu – und wir schließen uns ihr an. Ein verantwortungsvoller Umgang mit digitalen Medien bedeutet, Maß zu halten. Als Vorbilder können wir daher durch unser eigenes Beispiel sehr viel Einfluss auf unsere Kinder nehmen. Wer seinem Kind vorlebt, dass es Zeiten von Nicht-Erreichbarkeit ganz selbstverständlich gibt, tut nicht nur seinem Kind damit etwas Gutes, sondern auch seiner eigenen Gesundheit. Dazu gehört auch, mit Langeweile umgehen zu können. Kinder brauchen Langeweile für eine gesunde Entwicklung. Denn Langeweile regt die Fantasie an und kann die Kreativität fördern. Wann war Ihnen zuletzt langweilig?

Digital Wellbeing – offline wieder in Balance kommen

Spätestens zum Ende der Corona-Pandemie hatten viele Menschen nur ein Bedürfnis: Endlich mal offline sein und Menschen ganz real treffen.

Das Bedürfnis, auf Sendepause zu gehen, kennen viele. Manchen fällt es leichter als anderen. Dennoch ist Digital Detox (auch als Digital Wellbeing bezeichnet) schon lange ein Lifestyle-Trend. Eine ganze Beratungsindustrie hat sich nur darauf konzentriert. Den Menschen Entschleunigung und Zeit nur für sich im Hier und Jetzt zu ermöglichen, ist ein lukratives Geschäftsfeld. Sogar Apps gibt es mittlerweile, die das digitale (und analoge) Wohlbefinden wiederherstellen und dabei helfen sollen, (wieder) eine Balance zu finden. Google hat sogar eine App mit gleichem Namen entwickelt, die den Nutzerinnen und Nutzern vor Augen führt, wie lange sie am Handy hängen. Ein

Dashboard zeigt an, wie viele Minuten pro Tag man das Gerät bereits genutzt hat, wie viele Nachrichten eingegangen sind, wie oft man das Gerät entsperrt hat. Man kann mit der Digital-Wellbeing-App maximale Besetzungszeiten einstellen oder einen Nicht-Stören-Modus aktivieren, viele Smartphones haben die Funktion mittlerweile sowieso standardmäßig aktiviert. Nicht zu vergessen, eine Schlaffunktion, in der keine Push-Mitteilungen auftauchen. Kennen Sie diese Funktionen an Ihrem Gerät? Falls nicht, probieren Sie es aus.

Wem das zu kompliziert ist, kann es auch konventionell probieren, indem man das Smartphone tatsächlich zur Seite legt und sich somit eine bewusste Auszeit vom dauernden Online-Sein nimmt. Tina Groll macht davon regelmäßig Gebrauch. Wie herrlich ist ein Zehn-Kilometer-Lauf ohne Smartphone? Eine Stunde bewusst off, draußen und in Bewegung sein, kann belebend wirken. Und beim Laufen kann man doch sowieso keine Slack-Nachrichten beantworten.

Cem Karakaya geht noch weiter. Er hat schon vor Jahren das medienfreie Wochenende in seiner Familie eingeführt, einmal im Monat. Samstagmorgens schalten alle Familienmitglieder die Geräte ab. Der Deal: Die Smartphones, Computer und Tablets bleiben bis zum Sonntagabend aus. Auch die Playstation bleibt aus, was Papa Karakaya am schwersten fällt. Es gibt aber auch Ausnahmen, zum Beispiel dann, wenn der Computer unbedingt für eine Hausaufgabe oder eine Lerneinheit für die Schule erforderlich ist. Klingt langweilig? Gar nicht, sagt der Cyberprofi. Denn das Wochenendprogramm haben alle Familienmitglieder vorher gemeinsam geplant und freuen sich daher darauf: Shopping in der Stadt, danach in einem angesagten Restaurant essen gehen; ein Ausflug ins Museum, sich einmummeln auf der Couch mit einem Stapel neuer Bücher und jeder Menge ausgeliehener Brettspiele oder ein Städtetrip oder Kurzurlaub in eine andere Stadt. Jedoch, das räumt auch der Cyberprofi ein, wird es mit der zunehmenden Digitalisierung immer schwieriger, das Smartphone komplett wegzulassen. Die Hotelinformationen gibt es nur noch online über einen QR-Code, der Weg ins Museum ist ohne Google-Maps nicht zu finden, die interaktiven Infotafeln dort funktionieren auch nur mit dem Smartphone und ohne App des ÖPNV-Anbieters ist Familie Karakaya meist auch verloren. Die allermeisten Einlasstickets werden ohnehin nur noch als PDF versendet, außerdem braucht die Familie die Handykamera für Fotos und die beste Kamera hat mittlerweile das Smartphone. Bisher besteht Papa Karakaya noch auf die Nutzung im Flugmodus. Allerdings bröckelt der Durchhaltewille. Hauptsache ist doch aber, dass sie als Familie bewusst Zeit miteinander verbringen – und eben nicht ein Familienmitglied ständig abwesend ist, weil es mit anderen chattet, Threads in sozialen Netzwerken erstellt oder sich mit lustigen TikTok oder Insta-Videos ablenkt.

Auch bei Tina Groll bleiben die Geräte im Urlaub ausgeschaltet. Als Journalistin, ohnehin immer online, ist sie froh, an diesen Tagen nicht erreichbar zu sein – keine Nachrichtenwebsite, kein soziales Netzwerk, auch nicht X und oft wird nicht einmal der Fernseher genutzt. Familie Groll geht meistens in den Alpen wandern, je abgelegener, desto besser … Wer braucht schon ein 5G-Netz, wenn man mehr als fünf fantastische Gipfel hat? Und das Verrückte dabei ist: Selbst wenn man sich Offline-Tage ohne mediale Dauerbeschallung gönnt, kann man nahtlos wieder zurück in den Newsalltag wechseln.

Wir haben festgestellt: Eine digitale Entgiftung kann dafür sorgen, den eigenen Medienkonsum zu reflektieren und bei Bedarf zu ändern. Abends vor dem Einschlafen noch einmal schnell Mails checken, oder, einfach zur Zerstreuung, bei Instagram oder TikTok hereinschauen? Sicher kennen Sie das und auch, dass es selten bei wenigen Minuten bleibt, sondern schnell sogar mehrere Stunden vergehen können. Und wofür? Für unterhaltsame Videos? Wo wir früher ein paar Seiten in einem Buch gelesen haben, greifen wir heute zum Smartphone. Es liegt neben uns im Bett, wir berühren das Gerät vermutlich häufiger als unseren Partner oder unsere Partnerin und unsere Kinder. Ist das richtig so? Und was könnte man sonst mit dieser unnütz verplemperten Zeit anfangen?

Wer wie ein Kollege von Cem Karakaya ehrenamtlich mit Kindern und Jugendlichen zu tun hat – dieser Mann organisiert für seinen Sportverein jedes Jahr ein Jugendcamp – weiß: Ob Klassenfahrt oder Jugendfreizeit, kaum etwas ist so schwer wie Teenagern ihr Smartphone wegzunehmen. Die einen können nicht ohne, bei anderen sind es die Eltern, die darauf bestehen, dass ihr Kind erreichbar sein muss. Falls auch Sie dazugehören: Erinnern Sie sich an Reisen, die Sie als Teenager unternommen haben. Damals gab es vermutlich noch keine Smartphones, und wenn es Handys gab, dann waren sie jedenfalls ohne schnelles Internet ausgestattet. Was hätten wir versäumt, wenn wir dauernd am Handy gehangen hätten? Eltern, die darauf bestehen, dass ihr Kind immer auf Sendung sein soll, rauben ihm die Chance, qualitative Offline-Zeit erleben zu können. So ein Jugendcamp ohne Smartphone ist dafür ideal, denn es bietet die Möglichkeit, mit Gleichaltrigen spannende Abenteuer zu erleben. Cems Kollege setzt sich daher jedes Mal durch – gegen das Quengeln der Kids und das Murren der Eltern. Und spätestens am dritten Tag vermisst kein Teenager mehr sein Telefon und die Eltern sind dankbar, weil sie wirklich mal eine Woche kinderfrei haben.

Wir können nur dazu raten, Digital Detox einmal auszuprobieren. Ihre Geräte werden Sie dabei jedenfalls gerne unterstützen. Zwar funktionieren Smartphone, Tablet, Laptop und die meisten Apps nach dem Prinzip, dass sie so viel digitale Aufmerksamkeit wie möglich von Ihnen haben möchten, dennoch sind die meisten heute so konzipiert, dass man die Nutzung wieder kontrollieren kann – mit der Bildschirmzeit.

Und wie sieht dann der Alltag aus? Bei Cem Karakaya darf die Tochter keine Apps herunterladen. Der Vater hat die Geräte so konfiguriert, dass er eine technische Genehmigung erteilen muss. Versucht das Kind im App-Store etwas herunterzuladen, erhält der Vater eine Push-Mitteilung und kann überprüfen, was die Tochter installieren möchte. Erst nach seiner Freigabe ist die Installation auf dem Gerät des Kindes möglich. TikTok darf der Teenager täglich maximal eine Stunde lang konsumieren. Wenn das Zeitkontingent verbraucht ist, müssen die Kinder warten. Man kann das Limit so einstellen, dass nicht etwa ein neues ab Mitternacht beginnt, sondern zum Beispiel erst ab 8 Uhr am Morgen.

Und haben Sie schon einmal an einen Frühjahrsputz auf Ihrem Smartphone gedacht? Putzen schadet nie – was wir in unserer Wohnung vielleicht nicht gern, aber regelmäßig tun, sollten wir auch mit unserem digitalen Zuhause machen: Schauen Sie einfach all die heruntergeladenen Apps auf Ihrem Smartphone an. Gibt es welche, die Sie schon seit Jahren nicht benutzt haben? Dann löschen Sie diese. Überlegen Sie auch, welche Ihnen Push-Benachrichtigungen schicken soll und welche nicht. Es wird Ihnen helfen, sich weniger gestresst zu fühlen und es wird auf dem Bildschirm endlich wieder übersichtlich.

Und wenn es doch wichtig ist – zum Beispiel ein Anruf des Kindes – dann versehen Sie Anrufe oder Nachrichten dieser Person doch mit einem bestimmten Rufton.

Klicksafe hat übrigens eine Digital-Detox-Box[142] entwickelt, mit der Jugendliche lernen können, das eigene Nutzungsverhalten auszuwerten, digitale Geräte bewusster einzusetzen und über digitales Wohlbefinden nachzudenken. Die Strategien reichen von Handyfasten über Time-out-Übungen bis hin zum handkräftigenden Finger-Yoga. Zudem gibt es auf der Seite der Initiative Videos, die dabei helfen, wieder mehr in Balance zu kommen und sich vom digitalen Stress zu verabschieden. Außerdem empfehlen die medienpädagogischen Expertinnen und Experten ein paar simple Tipps[143], mit denen man schnell einen besseren Umgang mit digitalen Medien finden kann. Dazu gehört, die eigene Mediennutzung zu beobachten, um digitalen Stress zu erkennen, sich Offline-Zeiten zu gestatten, Zeitlimits zu nutzen und Autoplay-Funktionen auf Plattformen wie Youtube abzuschalten. Ein Ratschlag lautet auch, sich Gedanken darüber zu machen, wie man das Internet positiv beeinflussen kann.

Was fällt Ihnen dazu ein? Unser Beitrag ist das Werben für eine gesunde Balance zwischen Online-Aktivitäten und gemeinsamer

Zeit ohne digitale Medien. Wer es schafft, im Gleichgewicht zu leben, praktiziert echte Medienkompetenz.

Checkliste: Digital Detox leichtgemacht

1. **Setzen Sie klare Ziele:** Definieren Sie Ihre Gründe für einen digitalen Entzug und was Sie erreichen möchten. Ziele könnten sein, Stress abzubauen, mehr Zeit mit Familie und Freunden zu verbringen oder Ihre Produktivität zu steigern.
2. **Schaffen Sie Bewusstsein:** Analysieren Sie Ihr digitales Nutzungsverhalten. Notieren Sie, wie viel Zeit Sie täglich online verbringen und welche Plattformen oder Anwendungen Sie am häufigsten verwenden.
3. **Entscheiden Sie über den Zeitrahmen:** Bestimmen Sie, wie lange Ihr digitaler Entzug dauern soll. Dies könnte ein Tag, eine Woche oder sogar ein ganzer Monat sein.
4. **Kommunizieren Sie Ihre Absichten:** Teilen Sie Ihren Plan mit Freunden, Familie oder Kollegen, damit diese Bescheid wissen und Sie unterstützen können.
5. **Richten Sie alternative Aktivitäten ein:** Überlegen Sie, wie Sie Ihre Zeit ohne digitale Geräte verbringen können. Das können Aktivitäten wie Lesen, Sport treiben, Spaziergänge machen oder kreative Hobbys sein.
6. **Erstellen Sie klare Regeln:** Definieren Sie klare Regeln für Ihren digitalen Entzug, wie zum Beispiel bestimmte Zeiten, zu denen Sie keine digitalen Geräte verwenden werden, oder bestimmte Anwendungen, die Sie deinstallieren werden.
7. **Bereiten Sie sich vor:** Stellen Sie sicher, dass Sie alle notwendigen Vorbereitungen getroffen haben, bevor Sie mit dem digitalen Entzug beginnen. Dazu könnte das Einrichten eines automatischen E-Mail-Antwortsystems oder das Informieren von wichtigen Kontakten über alternative Kommunikationswege gehören.

8. **Schaffen Sie eine unterstützende Umgebung:** Entfernen Sie Ablenkungen aus Ihrer Umgebung, indem Sie beispielsweise Benachrichtigungen ausschalten oder digitale Geräte außer Sichtweite legen.
9. **Reflektieren Sie regelmäßig:** Nehmen Sie sich Zeit, um regelmäßig zu reflektieren, wie der digitale Entzug verläuft und welche Auswirkungen er auf Ihr Wohlbefinden hat. Passen Sie Ihre Strategie gegebenenfalls an.
10. **Belohnen Sie sich selbst:** Erkennen Sie Ihre Fortschritte an und belohnen Sie sich selbst für das Durchhalten des digitalen Entzugs, sei es durch kleine Geschenke, besondere Aktivitäten oder einfach, indem Sie stolz auf sich sind.
11. **Planen Sie den Übergang zurück:** Überlegen Sie im Voraus, wie Sie nach dem digitalen Entzug eine gesunde Balance zwischen Online- und Offline-Aktivitäten finden können, um Rückfälle zu vermeiden.
12. **Suchen Sie bei Bedarf professionelle Unterstützung:** Wenn Sie Schwierigkeiten haben, den digitalen Entzug durchzuführen oder mit den Auswirkungen umzugehen, zögern Sie nicht, professionelle Hilfe in Anspruch zu nehmen, zum Beispiel durch eine Therapeutin oder einen Coach, der auf Technologieabhängigkeit spezialisiert ist.

Kapitel 7

Digital ist doch selbstverständlich: Sicherheitstipps für Senioren

Mit über 80 Jahren immer online? Das ist für viele Seniorinnen und Senioren Alltag. Laut einer Studie des Bundesfamilienministeriums[144] nutzen 37 Prozent der über 80-Jährigen das Internet. Betrachtet man nur die Männer, sind es sogar 52 Prozent. Die Frauen sind mit 29 Prozent noch etwas zurückhaltender, holen aber auf. Immerhin 57 Prozent der Über-80-Jährigen mit einem Internetanschluss sind täglich online. Dennoch fühlen sich viele Ältere unsicherer als jüngere Generationen. Und genau diese Unsicherheit nutzen Kriminelle aus. Dabei werden ältere Menschen seit Jahren laut Kriminalstatistik seltener Opfer von Straftaten als junge Menschen: 2022 etwa waren nur 5,8 Prozent aller Opfer älter als 60 Jahre.[145] Internetkriminalität ist dabei nicht gesondert erfasst, die Polizei geht aber von einem geringen Niveau aus. Und das, obwohl der Anteil der Menschen über 60 etwa 30 Prozent der Gesamtbevölkerung ausmacht. Zugleich gibt es ein hohes Dunkelfeld: Viele Ältere schämen sich und erstatten oft keine Anzeige. Doch man kann sich wappnen. Wie, erklären wir in diesem Kapitel.

Der Hallo-Mama-hallo-Papa-Betrug

Wahrscheinlich haben auch Sie mindestens einmal diese SMS bekommen – auf dem Display erscheint eine Nachricht von einer unbekannten Nummer. Der Inhalt: »Hallo Mama, hallo Papa. Mein Handy ist kaputt gegangen. Hier ist meine neue Nummer, die alte könnt ihr löschen.« Mehr nicht. Wer kinderlos ist oder wessen Kind noch kein Handy hat, weiß sofort: Das ist ein Betrug. Wer aber erwachsene Kinder hat, der fällt eher darauf herein. Denn natürlich zielt dieser Massenbetrug auf Seniorinnen und Senioren ab. Massenweise verschickt, erwischen die Betrüger immer noch Menschen, die darauf hereinfallen und in der Annahme, die erwachsenen Kinder würden sich melden, die Nummer abspeichern und auf die Nachricht reagieren. Wer das tut, erhält in der Regel weitere Antworten. Irgendwann wird um finanzielle Unterstützung gebeten. Könnten Sie nicht helfen, eine dringende Überweisung zu tätigen? Der Clou an dem Trick ist, dass die Kriminellen sich als die Kinder oder Enkel der Opfer ausgeben. Durch das Löschen der echten Nummer der Kinder oder Enkel fällt dann gar nicht auf, dass die Nachrichten eigentlich von einer fremden Nummer stammen.

Besser ist es, über die alte Nummer des Kindes nachzufragen oder einen anderen Kommunikationsweg – Festnetztelefon, Chat oder E-Mail – für den Gegencheck zu nutzen. Experten raten zum guten alten Festnetz, weil die digitalen Kommunikationswege ebenfalls gekapert worden sein können. Und natürlich sollte man nie Geld auf Basis solcher Nachrichten überweisen. Wer auf diese oder eine ähnliche Masche hereinfällt, sollte den Vorfall melden, aber die Nachrichten der Betrüger nicht löschen, sie gelten als Beweismaterial.[146] Weil die SMS so massenhaft verschickt wurden, kursieren mittlerweile aber auch diverse witzige Antworten darauf. Die einen freuen sich über späten Nachwuchs, andere laden die neu dazu gewonnenen Familienmitglieder zur Familienfeier ein, andere schicken gleich eine Rechnung fürs Pflegeheim und wieder andere bitten um einen dringenden Rückruf unter ihrer neuen Nummer – der 110 für die Polizei. Leider antworten die Betrüger höchst selten, wenn sie merken, dass sie durchschaut wurden.

Gerlinde und der falsche Polizist

Gerlinde macht sich zum Treffen mit einer alten Freundin fertig. Sie will gerade den Lippenstift auftragen, da klingelt das Telefon. Hoffentlich ist das nicht ihre Freundin, die doch absagen will, denkt die Seniorin. Immerhin geht es Gisela in der letzten Zeit nicht so gut. Doch statt der Freundin steht die Notrufnummer auf dem Display. Gerlinde hat Angst. Als sie abhebt, meldet sich ein Mann: »Hallo, hier ist Hauptkommissar Müller von der Kriminalpolizei Köln. Spreche ich mit Frau Gerlinde Kaufmann?« Gerlindes Herz klopft laut. Was ist passiert, geht es um die Gisela? »Guten Tag, geht es um Gisela Schmidt? Rufen Sie mich deshalb an? Ich wollte mich gerade mit ihr treffen …« Gerlinde macht sich Sorgen. Der Mann am Telefon antwortet ruhig: »Ich weiß zwar nicht, wer Gisela ist, aber es geht nicht um sie, sondern um Sie, Frau Kaufmann.« Die 75-Jährige ist alles andere als ruhig. »Ich bin eine alte Frau und hatte nie ein Problem mit der Polizei«, sagt sie.

Der Mann am Telefon weiß genau, dass man bei Älteren mit Angst am besten arbeiten kann. »Noch ist bei Ihnen nichts passiert. Aber in Ihrer Nachbarschaft wurde eingebrochen. Am Tatort haben wir eine Liste gefunden. Wir gehen davon aus, dass die Täter sie verloren haben.« – »Was hat das mit mir zu tun?«, fragt Gerlinde. – »Die Liste enthält mehrere Namen und Anschriften, auch Ihre Daten sind dabei. Es könnte daher sein, dass die Täter bald einen Einbruch bei Ihnen planen«, sagt der Polizist. Gerlinde ist schockiert. Die 75-Jährige lebt in einem schönen Einfamilienhaus in einem grünen Vorort von Frankfurt am Main. »Oh mein Gott, was soll ich jetzt tun?«, will sie wissen. Da fällt ihr Blick auf die Ladestation des Telefons. Dort hatte sie einen Aufkleber angebracht. Gut lesbar steht darauf: »Achtung, falsche Polizeibeamten! Rufen Sie 110 an!«

Vor zwei Monaten hatte sie im Bürgerzentrum einen Vortrag der Polizei über Betrugsmaschen gehört. Ein Polizeibeamter hatte dabei diese Aufkleber unter den Seniorinnen und Senioren verteilt und geraten, ihn gut sichtbar am Telefon anzubringen. In dem Vortrag war erzählt worden, dass die Kriminellen die Nummer des Polizeinotrufs anzeigen lassen, wenn sie ein neues Opfer ins Visier nehmen. Kann das nun der Fall sein? Ist der Anrufer etwa so ein falscher Polizist? Was soll sie nun machen? Mit dem Handy die echte Polizei anrufen? Gerlinde überlegt kurz und sagt dann zu dem angeblichen Polizisten: »Kann ich Sie zurückrufen? Ich muss schnell zur Toilette. Wie Sie wissen, bin ich eine alte Frau und wir älteren Herrschaften können nicht mehr so lange aushalten ...« Der Anrufer zögert. »Gut, Frau Kaufmann. Aber wir machen es anders. Ich rufe Sie in zehn Minuten zurück«, sagt der Mann. Gerlinde legt auf. Ihr Herz pocht noch immer.

Jetzt fühlt sie sich ein wenig wie Miss Marple. Sie tippt sofort die 110 ins Handy, falls das Gespräch länger dauert, ist die Festnetzleitung frei. Auf dem Notruf meldet sich ein echter Polizist. Gerlinde schildert, was gerade passiert ist und will wissen, ob sie wegen des Fundes einer solchen Einbruchsliste angerufen worden sein könnte. Der richtige Polizist bestätigt ihren Verdacht zum falschen Polizisten. Bei einem Anruf der echten Polizei erscheint niemals die Notrufnummer 110 im Telefondisplay. Die echte Polizei ist froh, dass die Seniorin sich meldet und leitet sofort Maßnahmen ein. Und er hat einen Auftrag für Gerlinde, sie soll jetzt mit der Polizei zusammenarbeiten. Wie aufregend. Viel Zeit haben sie für das Gespräch nicht, aber die Seniorin weiß nun, was zu tun ist.

Nachdem sie aufgelegt hat, wartet sie. Es dauert nicht lange, da klingelt wieder das Festnetztelefon. Der falsche Polizist ist dran. »Frau Kaufmann, ein Kollege wird zu Ihnen kommen, um Ihnen zu helfen. Aber zuerst muss ich wissen, ob Sie Wertsachen oder Bargeld zu Hause haben, ob Sie Schmuck wie Ketten, Ringe, Ohrringe oder auch Goldbarren besitzen, die wertvoll sind?« Gerlinde grinst. Auf diese Frage hat sie der echte Polizist vorbereitet. »Oh ja, ich habe etwa 25 000 Euro Bargeld in einem Safe und auch viele sehr wertvolle Schmuckstücke. Bestimmt handelt es sich um Vermögenswerte von 50 000 Euro«, sagt sie. – »Ist gut, Frau Kaufmann. Wir schicken gleich Polizeikommissar Hertig zu Ihnen. Bitte legen Sie alle Ihre Wertsachen und das Geld in einen Beutel, den Sie an meinen Kollegen übergeben. Wir werden Ihre Wertsachen bei uns auf der Polizeiinspektion im Safe verwahren. Dort sind sie vor den Einbrechern sicher. Wenn die Täter gefasst sind, bekom-

men Sie von uns Ihre Wertsachen natürlich wieder zurück.« – »Das hört sich ja richtig gut an. Dafür bin ich Ihnen sehr dankbar«, antwortet die 75-Jährige. – »Das machen wir doch sehr gern, Frau Kaufmann. Mein Kollege ist in etwa einer halben Stunde bei Ihnen«, sagt der falsche Polizist und legt auf.

Gerlinde ruft sofort wieder bei der richtigen Polizei an. Dort werden ihr weitere Anweisungen erteilt – sie soll wirklich einen Beutel packen, aber billigen Modeschmuck hineinlegen. Zudem sind echte Beamte bereits auf dem Weg zu ihr. Sie postieren sich gut versteckt, sodass die Betrüger sie nicht sehen. So aufregend es auch ist, mit der Polizei zusammenzuarbeiten, jetzt hat Gerlinde doch Angst. Was, wenn die Polizei doch nicht rechtzeitig da ist? Was, wenn die Betrüger gewalttätig werden und den Inhalt des Beutels überprüfen?

Dann klingelt ihr Telefon. Die echten Polizisten sind schon da. So ein Glück. Kurz darauf läutet schließlich die Türklingel. Über die Videosprechanlage erkennt sie einen Mann in einer Polizeiuniform. »Hier ist Polizeikommissar Hertig. Meine Kollegen haben mit Ihnen telefoniert. Ich soll Ihre Wertsachen zur Aufbewahrung abholen«, sagt er über die Gegensprechanlage. Gerlinde öffnet die Tür. Der Mann zeigt ihr sehr schnell ein Stück Papier, das aussieht wie ein Ausweis – doch richtig prüfen kann sie es nicht. Zu schnell hat der falsche Kommissar es schon wieder weggesteckt. »Guten Tag, Frau Kaufmann. Haben Sie den Beutel vorbereitet? Ich muss auch schnell wieder auf die Dienststelle zurück.« – »Aber ja doch, bitte«, sagt die Seniorin. Sie reicht dem Mann eine Tasche mit Modeschmuck und Spielgeld aus einem Monopoly-Spiel. Hoffentlich zählt der falsche Polizist nicht nach, denkt Gerlinde. Als sie ihm den geschlossenen Beutel übergibt, sagt sie: »Bitte passen Sie gut auf meine Sachen auf. Es geht hier um mein ganzes Erspartes.« Der Mann zeigt keinerlei emotionale Reaktion, grapscht sich den Beutel, er hat es sehr eilig und gar kein Interesse daran, den Inhalt im Beisein der Seniorin zu inspizieren. Das weiß auch die echte Polizei und nur aus diesem Grund soll Gerlinde überhaupt den Lockvogel spielen. Der falsche Polizist sagt hastig: »Danke. Wenn die Täter gefasst wurden, melden wir uns.« Da dreht er sich schon um, er wirkt fast gehetzt. Ganz offen-

sichtlich will er sich jetzt mit der vermeintlichen Beute aus dem Staub machen. »Der zeigt ja nicht mal ein bisschen Reue«, denkt Gerlinde.

Sie schließt die Tür und schaut zum Fenster heraus. Gerade noch kann sie sehen, wie zwei echte zivile Polizeibeamte den Betrüger zu Boden bringen und ihm Handschellen anlegen. Gerlinde grinst. Sie schaut auf die Uhr. Herrje, Gisela! Die wird staunen, wenn sie diese Geschichte hört!

Natürlich wurde die Seniorin von der Polizei gut betreut, das Treffen mit der Freundin musste daher etwas warten. Doch nicht nur Gisela, sondern Gerlindes gesamte Familie war stolz und sehr froh, dass der Seniorin bei der Überführung der Betrüger nichts passiert ist.

Das macht Senioren zu Angriffszielen

Leider endet nicht jeder Fall so gut. Viel zu häufig werden Seniorinnen und Senioren um ihre gesamten Ersparnisse gebracht. Die Kriminellen geben sich dabei nicht nur als Polizisten, sondern auch als andere Autoritätspersonen aus – zum Beispiel für Beamte von Interpol oder Europol.

Dabei rufen auch Interpol und Europol normale Bürgerinnen und Bürger nur sehr selten an. Dennoch hält sich die Masche schon länger. Beliebt ist etwa der Trick mit den angeblichen Interpol-Polizisten, die behaupten, dass die persönlichen Daten der Geschädigten missbraucht worden seien. Die falschen Polizisten erfragen dann viele reale persönliche Daten. Die Opfer erhalten dann etwa eine E-Mail und sollen auf einen Link klicken, um Daten zu bestätigen – der Link führt jedoch auf eine gefälschte Seite, mit der die Kriminellen die echten Zugangsdaten abfischen.

Die Masche mit den (falschen) Polizisten funktioniert bei Älteren deshalb gut, weil bei ihnen Respekt vor Autoritäten stark verbreitet ist. Aber es gibt noch andere Tricks, etwa die Tarnung als falsche Handwerker, die bestimmte Leitungen zum Beispiel überprüfen müssten. Bei dieser Methode werden die Opfer dann etwa im Badezimmer, Hauswirtschaftsraum oder Keller beschäftigt, sodass sie nicht merken, was sonst in der Wohnung vor sich geht. Da sollen dann zum Beispiel Wasserhähne auf- und zugedreht werden, während ein zweiter Täter in die Wohnung gelassen wird, um nach Wertsachen, Schmuck und Bargeld zu suchen. Manchmal wird auch vorher schon genau gefragt, wo sich Wertgegenstände befinden.

Auch der Enkeltrick funktioniert immer noch. Die Methode wird regelmäßig angepasst. Der erste Kontaktversuch wird in der Regel elektronisch unternommen – meist telefonisch. Es wird behauptet, dass ein Enkelkind oder auch ein Kind gerade einen schrecklichen Unfall gehabt hätte, bei dem andere Personen zu Schaden gekommen seien. Das (Enkel-)Kind sei nun festgenommen worden und könne nur gegen Zahlung einer Kaution wieder freigelassen werden – ein typischer Schockanruf.

Manchmal geben sich die Täter auch als Mitarbeitende von Microsoft oder Apple aus. Auch hier erfolgt die Kontaktanbahnung über das Telefon, manchmal auch per E-Mail. Die falschen Microsoft- oder Apple-Mitarbeiter behaupten, dass der Computer mit Viren verseucht sei. Gegen eine bestimmte Zahlung erhalten die Opfer dann angeblich ein aktuelles Antivirenprogramm oder eine andere Serviceleistung. In manchen Fällen wollen die Täter auch Zugriff auf das Onlinekonto der Opfer. Sie installieren Fernwartungsprogramme, mit denen sie später Zugriff auf den Rechner haben und zum Beispiel auch das Bankkonto leer räumen können.

Wenn die Täter es auf Senioren abgesehen haben, wird oft auch eine Variante des angeblichen Hackerangriffs angewendet. Die Opfer erhalten eine E-Mail, in der die Täter behaupten, die Opfer seien gehackt worden, die Täter hätten nun Zugriff auf den gesamten Computer und als sei das noch nicht schlimm genug, behauptet der Absender oft auch, er wisse genau, welche erotischen Seiten besucht worden seien. Davon habe der Hacker angeblich Videoaufnahmen gemacht und er droht, diese zu veröffentlichen.

Eine weitere Masche funktioniert über die Bildschirmsperre. Hier wird der Rechner zuvor tatsächlich mit einer Schadware verseucht und der Bildschirm des Opfers wird mit einer Nachricht gesperrt. Die Täter geben sich als Bundespolizei aus und behaupten, sie hätten bei Ermittlungen kinderpornografisches Material auf der Festplatte gefunden. Die Opfer müssten mit einer Anzeige und Festnahme rechnen. In einer anderen Variante können sich die Opfer nur durch die Zahlung einer bestimmten Summe vor einer Festnahme schützen.

Die Täter spielen aber auch mit Gier oder Freude. Wer würde sich nicht über einen angeblichen Gewinn freuen? Um an ein angeblich gewonnenes Smartphone, eine Reise, ein Fahrzeug oder nützliche Gebrauchsgegenstände zu kommen, sind viele Menschen bereit, persönliche Daten preiszugeben. Damit die Opfer das nicht hinterfragen, wird oft Zeitdruck erzeugt. Viele Ältere sind potenzielle Opfer dieser Tricks. Denn Senioren machen überdurchschnittlich häufig bei Gewinnspielen mit. Sie reagieren daher etwas häufiger als jüngere Menschen auf betrügerische E-Mails, die über einen angeblichen Gewinn informieren. Manchmal kommt die Gewinnbenachrichtigung sogar per Post. Alles dient dazu, die Opfer dazu zu animieren, ein bestimmtes Produkt zu bestellen, eine bestimmte (sehr teure) Nummer anzurufen oder Geld zu überweisen, etwa um die Gewinnchancen zu erhöhen.

Aber warum funktionieren diese Maschen bei den Älteren so gut? Das erklärt der Experte Arno Helfrich im folgenden Interview.

»Lieber einmal auf ein Schnäppchen verzichten«

Kriminelle nutzen zielgruppenspezifische Strategien für Senioren, sagt der Polizist Arno Helfrich. Bis zu seiner Pensionierung 2023 war er Kriminaloberrat bei der Münchner Kriminalpolizei und Dienststellenleiter des Kommissariats 105 für Prävention und Opferschutz. Helfrich blickt auf über zwei Jahrzehnte Erfahrung in der Prävention – speziell für Seniorinnen und Senioren – zurück. In Vorträgen und Workshops vermittelt er Älteren, wie sie sich schützen können.

Tina Groll: Herr Helfrich, werden Senioren häufiger als junge Menschen zum Opfer von Internetkriminalität?

Arno Helfrich: Die reine Statistik bestätigt das nicht. Ältere stehen nicht im Fokus von Cyberkriminellen. Viele Senioren glauben aber, dass sie leichter zum Opfer werden. Das hat mit dem Alter an sich zu tun. Wenn die Gebrechlichkeit zunimmt, wenn altersbedingte Einschränkungen beginnen, dann halten sich viele Menschen für verletzlicher. Wir wissen aus der Polizeiarbeit auch, dass ältere Menschen generell etwas ängstlicher sind als jüngere und sich mehr Sorgen vor Kriminalität machen. Verallgemeinern kann man das aber nicht.

Groll: Kann man denn sagen, dass Senioren leichter auf die Tricks von Cyberkriminellen hereinfallen, weil sie oft ungeübter im Umgang mit dem Internet sind als die jüngeren Generationen?

Helfrich: Auch das lässt sich nicht pauschal beantworten. Die Statistik ist nur bedingt hilfreich, weil das Dunkelfeld vermutlich groß ist. Wir gehen davon aus, dass Senioren, die Opfer von Internetkriminalität geworden sind, die Taten aus Scham nicht anzeigen. Zugleich stimmt es, dass Seniorinnen und Senioren sich oft im Umgang mit der Technik schwerer tun und häufig auch unbedarfter sind als jüngere Menschen. Als Polizist hat man es dann schon mal mit Älteren zu tun, die auf Phishing-Mails hereingefallen sind, weil sie glaubten, dass sie ihre Bankdaten wirklich bestätigen mussten – und ihnen gar nicht aufgefallen ist, dass sie bei der Bank gar kein Konto haben.

Groll: Immer mehr Ältere nutzen das Internet, steigen damit auch die Angriffe auf Ältere?

Helfrich: Menschen über 60 Jahre sind eine sehr große Bevölkerungsgruppe in Deutschland, wenn eine Form von Straftaten zunimmt, sind natürlich auch viele Ältere betroffen, das ist Mathematik. Aber die meisten Straftaten an Älteren werden nicht digital verübt, sondern analog. Was sich hier verändert hat, ist die Anbahnung: Die Täter setzen zunehmend elektronische Mittel ein. Dazu zählt aber auch das Telefon.

GROLL: Wie meinen Sie das?

HELFRICH: Die Betrugsmethode als falscher Polizist ist eigentlich recht alt. Sie hat sich nur insofern verändert, dass die Täter heute anfangs das Telefon nutzen und dabei auch digitale Werkzeuge einsetzen, um die Glaubwürdigkeit zu erhöhen. Sie täuschen etwa mit sogenanntem »Caller ID Spoofing« eine vertraute Telefonnummer vor. Dann erscheint im Display die 110 und die Opfer denken, die Polizei rufe sie an. Zum Glück hat der Gesetzgeber diese technische Methode eingeschränkt. Die Telekommunikationsanbieter sind mittlerweile dazu verpflichtet, solche Anrufe zu unterbinden. Aber bis auf den Einsatz solcher Technik läuft die Betrugsmasche ab, wie wir sie schon lange kennen. Die Täter kommen persönlich vorbei, um die Beute abzuholen.

GROLL: Ist das für die Täter nicht gefährlicher als ein Betrug, der digital abläuft?

HELFRICH: Ja, aber die Kriminellen nutzen eben auch bestimmte Schwachstellen, Verhaltensweisen oder Eigenheiten aus, die bei Älteren häufiger vorkommen. Senioren sind zum Beispiel oft viel autoritätsgläubiger als junge Menschen. Darum funktioniert die Masche, sich als falscher Polizist auszugeben, auch so gut. Seniorinnen und Senioren bewahren ihr Geld und ihre Vermögensgegenstände auch viel häufiger als Jüngere zu Hause auf und nicht in einem Bankschließfach oder nur digital auf einem Konto. Und das Sparverhalten bei den älteren Generationen ist oft ausgeprägter. Das kann mit der Erziehung der älteren Generationen zu tun haben, die noch im Krieg oder in der Nachkriegszeit geboren wurden und Notzeiten erlebt haben. Viele sind daher empfänglich für Betrugsmaschen, bei denen ein besonderes Schnäppchen versprochen wird. Wenn etwas aber günstig ist, zudem Druck erzeugt wird, sofort eine bestimmte Handlung vorzunehmen, sind das Alarmzeichen. Dann sollte man lieber mal auf ein Schnäppchen verzichten.

GROLL: Viele Senioren haben das Internet im Beruf kaum genutzt oder waren bereits in Rente, als die Digitalisierung begann. Ihnen fehlt vielleicht die Erfahrung?

HELFRICH: Täter nutzen Unkenntnis schonungslos aus. Es kommt aber oft noch Unbedarftheit dazu. Viele alte Menschen können sich nicht vorstellen, was technisch möglich ist und welches Ausmaß Internetkriminalität haben kann. Oder dass eine organisierte Maschinerie hinter dem Darknet steckt, dass Cyberkriminelle als organisierte Banden arbeiten. Auch darum gehen Senioren manchmal sorglos mit ihren Daten um. Frei nach dem Motto: Ich habe doch nichts zu verbergen! Dass man besser keine Adress- und Telefondaten im E-Mail-Footer haben sollte, wissen viele nicht.

GROLL: Was kann man in der Familie tun, um den Älteren zu helfen?

HELFRICH: Sich austauschen und Wissen vermitteln. Medienerziehung und Medienbildung ist etwas, das zwischen den Generationen in beide Richtungen stattfinden sollte. Und zwar immer wieder, nicht nur an Weihnachten, wenn die Kinder mal Zeit haben, das Update am Rechner der Eltern oder Großeltern durchzuführen, das überfällig ist.

GROLL: Wie kann das funktionieren? Nicht alle Älteren sind begeistert, wenn die Kinder oder Enkel über Technik sprechen wollen und das Smartphone zücken.

HELFRICH: Da muss jede Familie ihren eigenen Umgang finden. Ich selbst habe auch so einen hochbetagten Silver Surfer in der Familie. Mein Vater ist fast 90 Jahre alt und nutzt das Internet sehr intensiv: Er bucht Urlaube, kauft viel online ein, recherchiert Dinge, die ihn interessieren. Er nutzt Messenger-Dienste und Foren, um sich mit anderen auszutauschen. Aber er ist bei vielem auch unsicher, Chatten ist für ihn immer noch Neuland. Er ist zum Beispiel einmal fast auf eine Betrugsmail hereingefallen, in der es hieß, er habe ein Handy gewonnen. Voller Freude hat er uns erzählt: »Kinder, ich habe ein Handy gewonnen!« Mir kam das komisch vor, weil er normalerweise nicht an Gewinnspielen teilnimmt. Also habe ich gefragt, ob er bei einem Preisausschreiben mitgemacht habe. Erst da ist ihm aufgefallen, dass etwas nicht stimmen konnte. Zum Glück hatte er aber nichts angeklickt oder ausgefüllt – sonst wäre er Opfer von Phishing geworden.

GROLL: Und wie hat er reagiert, als Sie ihn aufgeklärt haben?

HELFRICH: Er war über seine Leichtgläubigkeit erschrocken. In meinen Vorträgen rate ich Senioren daher, sich regelmäßig mit den digitalen Ureinwohnern in ihrer Familie auszutauschen – das sind die Enkel, die ganz selbstverständlich mit digitalen Medien aufwachsen. Ich erlebe immer wieder, dass es Kindern und Enkeln durchaus Spaß macht, die Großeltern digital fit zu machen und zum Beispiel zu zeigen, wie sie die Datenschutzeinstellungen im neuen Smartphone vornehmen müssen. Wenn man als Kind oder Enkel schon mal hilft, sollte man auch gleich das Gespräch suchen und sein Wissen teilen. Denn Wissen ist die beste Prävention.

GROLL: Aber die Methoden der Betrüger ändern sich ständig. Viele Phishing-Mails sehen heute täuschend echt aus, man denkt, sie stammen wirklich von der Bank, dem Paketdienst oder dem Telefonanbieter. Wie schaffen es Ältere, hier ständig up to date zu sein?

HELFRICH: Da haben Rentnerinnen und Rentner oft einen Nachteil. Jüngere Menschen haben öfter Gelegenheit, sich ein Update für die menschliche Firewall zu holen. Sie bekommen in der Schule, bei der Ausbildung, dem Studium oder dem Job oft Sicherheitsschulungen und erfahren, welche Angriffsmethoden gerade angesagt sind. Rentnerinnen und Rentner müssen sich diese Informationen selbst besorgen. Und nicht jeder besucht von sich aus Vorträge zur Prävention. Erst recht nicht, wenn man altersbedingt vielleicht schon in der Mobilität eingeschränkt ist. Genau aus diesem Grund ist das Gespräch mit den Kindern und Enkeln auch so wichtig.

GROLL: Viele Senioren sind jedoch einsam. Die Kinder, sofern man welche hat, leben vielleicht weit weg. Einsamkeit kann auch ein Einfallstor sein, das Kriminelle nutzen, oder?

HELFRICH: Auf jeden Fall. Betrug durch vorgespielte Liebesbeziehungen trifft sehr viele Ältere, die sich darüber freuen, dass endlich jemand für sie da ist. Wenn sie herausfinden, dass hinter der neuen Liebe ein Betrüger steckt, der alles nur vorgespielt hat, um Geld zu bekommen, zerbricht für die Opfer eine Welt. Ein großes Problem ist aus meiner Sicht auch die Schnelligkeit im Internet, die auf Bequemlichkeit trifft. Mit nur wenigen Klicks kann innerhalb von wenigen Sekunden ein großer Schaden entstehen – dann haben kriminelle Banden Zugriff auf das gesamte Vermögen, eine Kopie des Personalausweises oder gleich die gesamte digitale Identität in ihren Händen.

GROLL: Was können Senioren tun, um sich zu schützen?

HELFRICH: Ich kann Ältere nur dazu ermutigen, Vorträge bei Seniorengruppen, in Volkshochschulen oder Bürgerzentren zu besuchen. Wer nicht mehr mobil ist, findet auch im Internet eine Vielfalt an tollen Informationsangeboten. Eine gute Idee kann es auch sein, mit den Eltern gemeinsam einen solchen Vortrag zu besuchen. Statt ins Kino oder Theater zu gehen, kann man auch mal so ein Angebot wahrnehmen und danach etwas essen. So können Kinder oder Enkel ihren Eltern oder Großeltern eine Freude machen und gemeinsam Zeit verbringen. Und vermutlich lernen sie selbst noch etwas Neues.

GROLL: Aber viele Ältere scheuen sich, solche Angebote zu nutzen. Manche haben Angst, dass sie gar nicht verstehen, worum es geht. Wenn von »Konto« die Rede ist, denken viele eben an das Bankkonto.

HELFRICH: Das ist ein großes Problem in der Prävention. Für die einen sind die Angebote schon zu technisch und zu speziell, für die anderen sind die Trainings zu einfach und deshalb langweilig. Daher ist es sinnvoll, sich schrittweise zu nähern und keine Hemmungen zu haben. Es gibt keine dummen Fragen. In meinen Vorträgen versuche ich, die vielen komplexen Fragen herunterzubrechen. Man kann vieles mit der analogen Welt vergleichen. Die Zwei-Faktor-Authentifizierung zum Beispiel: Wenn ich in der realen Welt mein Haus verlasse, dann schließe ich auch alle Fenster und habe vielleicht sogar zwei Sicherheitsschlösser an meiner Haustür. Genauso ist es beim Onlinebanking. Ich melde mich ab, lösche alle Cookies und den Verlauf und fahre den Rechner herunter.

GROLL: Wie schützen sich Ältere vor Schockanrufen?

HELFRICH: Auch hier hilft nur, informiert zu sein, was gerade eine verbreitete Angriffsmethode ist. Bei den Schockanrufen wird jetzt auch KI eingesetzt. Die Menschen können nicht mehr erkennen, ob das die echte Stimme des Kindes am Telefon ist, das angeblich einen schrecklichen Unfall verursacht hat und nun ganz schnell viel Geld für eine Kaution braucht. Viele dieser Schockanrufe und Enkeltricks werden durch KI immer perfider. Allerdings verlagert sich nicht alles ins Digitale. Beim Enkeltrick braucht es immer noch eine Person, die die Beute abholt. Die Masche funktioniert für die Täter am besten mit dem Telefon, das mehr Nähe erzeugt. Denn die Täter halten die Opfer meist so lange am Telefon, dass sie keine Zeit haben, darüber nachzudenken, was geschieht. Wenn alles digital ablaufen würde, wäre das Risiko aus Sicht der Täter größer, dass die Opfer aussteigen. Das Internet ist distanzierter.

GROLL: Aber der »Hallo Mama, hallo Papa«-Trick per SMS zeigt ja, dass auch digitale Methoden sehr erfolgreich sind.

HELFRICH: Ja – aber hier funktioniert das Ganze nur über die Masse. Es werden massenhaft willkürlich irgendwelche Handynummer angeschrieben, also auch viele junge Personen, die entweder noch gar keine Kinder haben oder deren Kinder noch gar kein eigenes Handy besitzen. Dennoch ist der Schaden beachtlich. In einem Jahr hatten wir allein in der Stadt München einen Schaden von 1,3 Millionen Euro nur durch diese Betrugsmasche. Deutschlandweit sollen es sogar 50 Millionen sein – und die Schätzungen basieren auf dem Hellfeld, also einer Hochrechnung der bekannten Fälle, die zur Anzeige gebracht wurden.

GROLL: Viele Opfer sprechen aus Scham nicht über die Tat. Auf was sollten Angehörige achten, wenn sie den Verdacht haben, dass die Eltern oder Großeltern Betrugsopfer geworden sein könnten?

HELFRICH: Die meiner Meinung nach falsche Scham ist ein Problem. Niemand ist schuld daran, Opfer einer Straftat geworden zu sein. Dies zu betonen, ist ganz wichtig. Generell sollten Angehörige auf Verhaltens- und Wesensveränderungen achten. Vielleicht ziehen sich die Eltern oder Großeltern zurück, vielleicht sparen sie auf einmal stark und achten mehr aufs Geld als früher – das kann ein Hinweis darauf sein, dass sie Betrugsopfer geworden sind und Vermögen verloren haben. Vielleicht reden sie weniger, sind bedrückt, niedergeschlagen, traurig, ängstlich oder depressiv. Wenn jemand ständig schlechte Laune hat, keine Besuche mehr möchte und keine Anrufe mehr zulässt, vielleicht nicht einmal mehr das Haus verlassen möchte, dann können das alles Anzeichen sein. Natürlich kann auch etwas anderes dahinterstecken. Aber man sollte auch in Betracht ziehen, dass der Grund für diese Veränderungen das Erleben einer Straftat sein kann. Daran ist vor allem zu denken, wenn es keine sonstigen körperlichen Krankheiten oder psychische Erkrankungen gibt.

GROLL: Wo können sich Ältere informieren?

HELFRICH: Für Seniorinnen und Senioren gibt es eine Reihe toller Angebote. Auf der Seite sicher-im-netz.de, die vom Bundesinnenministerium gefördert wird, gibt es viele Informationen.[147] Das Bundesamt für Sicherheit in der Informationstechnik (BSI) hat eine Fülle wertvoller Infoseiten.[148] Die Verbraucherzentralen[149] sind auch sehr gut aufgestellt. Auch die EU-Initiative Klicksafe[150] ist wertvoll für Senioren, auch wenn man die Seite vor allem mit Kindern und Jugendlichen in Verbindung bringt. Besonders kann ich silver-tipps.de[151] empfehlen, ein spezielles Angebot für Ältere der Stiftung MedienKompetenz Forum Südwest (MKFS) mit Partnern wie etwa den Medienanstalten Baden-Württemberg und Rheinland-Pfalz und den Verbraucherzentralen Rheinland-Pfalz und Baden-Württemberg. Klasse finde ich auch fragzebra.de[152], das sich auch eigentlich an Kinder richtet, aber Eltern und Großeltern ebenso Spaß bereitet. Es kann sich auch lohnen, mal bei den örtlichen Senioren- und Sozialverbänden vorbeizuschauen – der Sozialverband VdK etwa hat lokal oft großartige Angebote. Und natürlich sind auch wir als Polizei sehr aktiv in der Prävention.

Der Betrug mit der Rentenversicherung

Roswitha kochte gerade das Mittagessen – Eintopf mit frischem Gemüse vom Wochenmarkt. An diesem sonnigen Septembertag waren Hans-Peter und sie schon früh auf dem Wochenmarkt gewesen. Sie lieben die Atmosphäre der Wochenmarktstände vor dem Rathaus in ihrer Wahlheimat Weimar. Hans-Peter hatte sich noch mit neuen Zeitungen eingedeckt. Seit er Rentner war, genoss er die ausgiebige Lektüre der überregionalen Zeitungen – früher hatte er dafür nie Zeit gehabt.

Plötzlich klingelte das Festnetztelefon. Roswitha eilt zum Telefon. Es meldet sich ein Mitarbeiter der Deutschen Rentenversicherung (DRV). Es sei aufgefallen, dass offene Beiträge bestünden, sagt der Mann sehr ernst. Er stellt einige kritische Fragen an Roswitha. Wo sie ihre Ausbildung gemacht habe, wie lange sie bei ihrem ersten Arbeitgeber beschäftigt war. Roswitha überlegt. Sie war 16 Jahre alt, als sie die Ausbildung zur Bürokauffrau bei einem kleinen Betrieb in ihrer Heimatstadt in Baden-Württemberg gemacht hat. Danach war sie noch ein paar Jahre dort angestellt und folgte dann Hans-Peter, der erst zur Bundeswehr ging und danach in Heidelberg studierte, in die größere Stadt. Sie zogen in ihrem Leben noch viele weitere Male um, mit Rentenbeginn entschieden sie sich für Weimar. Wenn Roswitha nun zurückdenkt an ihre ersten Berufsjahre – herrje, wie lange war sie dort? Waren es drei Jahre oder fünf? Oder doch nur vier? Sie kann sich nicht erinnern. »Haben Sie die Lohnabrechnung von damals noch?«, will der Rentenversicherungsmitarbeiter wissen. – »Oh Gott, nein. Ich habe die Lehre 1967 begonnen. Aber die Lohnzettel von damals – puh«, stammelt die Seniorin. Sie kann sich nicht mal erinnern, ob sie damals Abrechnungen erhalten hat. »Es ist jedenfalls so, dass Ihre Ausbildungszeiten und auch die ersten Berufsjahre bei uns zwar erfasst wurden, aber wie sich herausgestellt hat, wurden für diese Jahre nur unvollständige Beiträge gezahlt«, sagt der DRV-Mitarbeiter. Und nun sei mit Zins und Zinseszins eine fast fünfstellige Summe offen. »Wenn Sie die fehlenden Beiträge nicht nachzahlen, müssen wir Ihnen die Rente kürzen – um 462 Euro monatlich!«, sagt der Mann dann. Roswitha schluckt. Wie kann so etwas passieren? War ihr Chef damals nicht immer so korrekt? *»Sie müssen die offenen Forderungen schnellstmöglich begleichen!«, sagt der Mann der Rentenversicherung. »Sie erhalten gleich ein Schreiben von uns, das die Überweisungsdaten und die Vorgangsnummer enthält«, erklärt er der Seniorin und will nun ihre E-Mail-Adresse wissen. Roswithas nennt ihm ihre E-Mail-Adresse. »Frau Müller, das Schreiben wird eine Frist enthalten, die sehr kurz ist. Es ist wichtig, dass Sie die Zahlung umgehend veranlassen«, sagt er noch einmal mahnend. Dann legt er auf.*

Roswitha steht noch mit dem Telefon in der Hand in der Küche, da kommt Hans-Peter herein. »Ist das Essen schon fertig? Wer hat denn angerufen?«, will er wissen. – »Das war die Deutsche Rentenversicherung. Die sagen, es fehlen Beiträge für meine Ausbildungsjahre und die ersten Berufsjahre. Wir müssen bestimmt Zehntausende Euro nachzahlen, sonst wird mir sofort die Rente gekürzt«, sagt Roswitha. Sie fängt an zu weinen. Es ist nicht nur die hohe Summe, die ihr zu schaffen macht. Roswitha ist schockiert, dass die Deutsche Rentenversicherung Geld von ihr haben will. Und dass sie eine Rente bezieht, für die keine Beiträge entrichtet wurden. So als hätte sie sich die Rente erschlichen.

Auch Hans-Peter ist fassungslos. »Aber das gibt es doch nicht!«, sagt er. Und überlegt. »So etwas wird einem doch nicht telefonisch mitgeteilt. Und überhaupt: Die Rentenbeiträge zahlt der Arbeitgeber. Wenn überhaupt, muss doch dein damaliger Betrieb das Geld nachzahlen«, sagt er. Das Ganze kommt ihm komisch vor. – »Die sagten, sie schicken gleich eine E-Mail«, sagt Roswitha. Das Ehepaar setzt sich an den Rechner. In Roswithas Postfach liegt schon eine Nachricht von der Deutschen Rentenversicherung.

Die E-Mail sieht echt aus, sie enthält das Logo der DRV, im Footer stehen die Daten der Rentenversicherung. Doch etwas macht Hans-Peter stutzig. Es ist die Frist – bloß 72 Stunden, die offene Forderung zu bezahlen? Er schaut sich die angegebene Kontoverbindung genauer an. Roswitha soll den Betrag jedenfalls nicht auf ein deutsches Konto überweisen, so viel ist sicher. »Das stimmt doch alles hinten und vorne nicht!«, sagt Hans-Peter entschieden. Roswitha schöpft wieder Hoffnung. »Weißt du was? Wir googeln jetzt mal. Das könnte eine Betrugsmasche sein«, sagt ihr Ehemann.

Tatsächlich: Gleich der erste Treffer führt auf zur Website der Deutschen Rentenversicherung. Die warnt, dass sie »mit solchen betrügerischen Handlungen nichts gemein« habe. »Anrufe oder Nachrichten, die Geldforderungen im Namen der Rentenversicherung stellen, sind nicht legitim. Beachten Sie: Die echte Rentenversicherung würde niemals unerwartet Geld oder Datenänderungen über Telefon oder E-Mail anfordern.«[153] Außerdem ist beschrieben, wie die Betrugsmethode abläuft: Erst eine unerwartete Kontaktaufnahme mit einem Anruf, dann Drohungen mit Rentenkürzungen und die Aufforderung, Geld auf Konten im Ausland zu überweisen. Am Ende stellt die echte Rentenversicherung eine Info-Broschüre »Vorsicht Trickbetrug« zur Verfügung und verweist auf ihre kostenfreie Servicenummer 080 010 004 800. Roswitha und Hans-Peter rufen sicherheitshalber dort an und bekommen die Bestätigung: Ja, das war ein Betrugsversuch.

Vor lauter Schreck hat Roswitha nun aber den Eintopf auf dem Herd vergessen. Das leckere Gemüse ist völlig verkocht. »Von den gesparten Rentennachzahlungen gehen wir jetzt essen!«, sagt Hans-Peter und holt ihre Jacken. Die Pizza beim Italiener um die Ecke schmeckt dann umso besser.

Checkliste: Sicheres Surfen für Seniorinnen und Senioren

Aktuelle Online-Betrugsfälle im Blick haben

Cyberkriminelle aktualisieren ständig ihre Methoden. Daraus folgt leider die Not, sich selbst immer up to date zu halten. Ermutigen Sie als Silver Surfer Gleichaltrige, die Nachrichten über neue Betrugsfälle zu verfolgen – und bleiben Sie mit Ihren Kindern und Enkeln im Gespräch.

Die Denkweise der Täter verstehen

Wer versteht, wie Täterinnen und Täter vorgehen, kann sich besser schützen. Betrachten Sie Ihr Onlineverhalten aus der Sicht der Hacker. Überlegen Sie, wo Sie Daten von sich preisgeben. Was würde Sie zu einem Ziel machen? Vielleicht sind es ein hohes Vermögen oder ein unsicherer Zugang beim Onlinebanking. Vielleicht ein Passwort zum Bankaccount, der auch für andere Konten genutzt wird? Erkennen Sie die Schwachstellen und erhöhen Sie die Sicherheitsmaßnahmen.

Grundlagen der Cybersicherheit lernen

- Sichere Kennwörter: Nutzen Sie unterschiedliche Kennwörter für verschiedene Konten. Kennwort-Manager können helfen.
- Mehrstufige Authentifizierung: Verwenden Sie zusätzliche Verifizierungsmethoden.
- Vorsicht vor verdächtigen Nachrichten: Ignorieren Sie Phishing-Mails, verdächtige SMS mit Tippfehlern.
- Prüfen vor dem Klicken: Haken Sie bei zweifelhaften Anfragen von Unternehmen oder Familienangehörigen immer direkt nach, klicken Sie nie Links ohne vorige Prüfung an.
- Internetkriminalität melden: Auch wenn die Ermittlungsbehörden nicht jeden Fall verfolgen können: Es ist wichtig, jeden Fall auch anzuzeigen, sogar missglückte Versuche wie im Fall von Roswitha und Hans-Peter. Gab es Angriffe auf Benutzerkonten oder Bankzugänge, ist es wichtig, dieses den Anbietern und Banken zu melden.

Kapitel 8

Neue Gefahren in Krisenzeiten

Wir leben in einer Welt im Krisenmodus und immer neuen digitalen Gefahrenlagen. Verschwörungstheorien und Falschnachrichten sind mächtige Waffen und spalten ganze Gesellschaften und Weltregionen. Aber auch der Klimawandel hat Einfluss. In diesem Kapitel geben wir einen Überblick und erklären, wie Sie die Orientierung nicht verlieren.

Exponentielles Wachstum von Fake News und entfesselte Informationskriege

Für viele ist die Corona-Pandemie bereits in weite Ferne gerückt. Das ist auch gut so. Die drei Pandemie-Jahre waren eine belastende Zeit. Immerhin eine, in der die Digitalisierung maximal beschleunigt wurde. Ein Großteil der im Büro Tätigen arbeitet nun regelmäßig auch mal im Homeoffice. Dabei kam das für die allermeisten Arbeitgeber noch bis Anfang 2020 kaum in Betracht. Erst im Praxistest stellten viele Arbeitgeber fest, dass die Büroarbeiter im Homeoffice doch produktiv, bisweilen sogar produktiver waren. Und dann erst die anderen digitalen Errungenschaften: effiziente Video-Meetings statt langatmiger Treffen mit langer Anreise.

Digitalisierung erfolgte auch an den Schulen, wo sie lange überfällig war, auch wenn es hier noch viel zu tun gibt. Der Onlineunterricht wurde auch immer wieder Ziel von Angriffen, denn bei der Hau-Ruck-Digitalisierung wurde viel zu wenig an die Sicherheit gedacht. Ein halbwegs schneller Internetanschluss reichte im März 2020 aus, um weiter arbeitsfähig zu sein – ein gesichertes Netzwerk, aktuelle Firewalls, ein VPN-Tunnel? Darauf haben nicht nur viele Arbeitgeber, sondern erst recht die Schulen anfangs gar nicht geachtet. Und auch die Mitarbeitenden haben nicht immer gewusst, (und hatten vielfach auch nicht die technischen Voraussetzungen), dass ein virtueller Hintergrund wichtig für die Sicherheit ist. An IT-Sicherheit mangelte es sogar an höchster politischer Stelle. Der niederländische Journalist Daniel Verlaan etwa »hackte« sich 2020 in eine Videositzung von EU-Verteidigungsministern. Dem Mitarbeiter des TV-Senders RTL war es auf einfachstem Wege gelungen, an dem Ministertreffen teilzunehmen. Denn die niederländische Verteidigungsministerin Ank Bijleveld hatte über X, damals noch Twitter, ein Foto von ihrer Teilnahme an dem Treffen veröffentlichen lassen und einem Leser war aufgefallen, dass auf dem Foto fünf der sechs Ziffern des geheimen Zugangscodes für das Treffen zu lesen waren, er wendete sich an den Sender. Verlaan prüfte das Ganze und landete so am virtuellen Verhandlungstisch. EU-Außenbeauftragter Josep Borrell hatte den neuen Teilnehmer der Runde dann verblüfft gefragt, wer er denn sei. »Ich bin ein Journalist aus den Niederlanden«, stellte er sich den 27 EU-Verteidigungsministern vor. »Sie wissen, dass Sie an einem geheimen Treffen des Rates teilnehmen?«, habe Borrell noch gefragt. Daraufhin hatte Verlaan sich nach eigenen Angaben für die Störung entschuldigt und die Sitzung wieder verlassen. Insgesamt dauert das Ganze nur wenige Minuten.[154] Immerhin hatte die Recherche ein Gutes: Die EU nimmt seither die Sicherheitsbestimmungen deutlich ernster.

Ein anderes Beispiel zeigt jedoch eine typische, aber unserer Ansicht nach falsche Reaktion auf eine Sicherheitslücke: Ebenfalls 2020 wurde eine Online-Gerichtsanhörung in den USA im Fall eines damals 17-Jährigen gestört.[155] Der Teenager galt als der »führende Kopf« hinter einem Hackerangriff, bei dem unter anderem die Twitter-Konten von Ex-US-Präsident Barack Obama, Microsoft-Gründer Bill Gates und Tesla-Chef Elon Musk für einen versuchten Bitcoin-Betrug gekapert worden waren. Die Störung erfolgte durch die Einblendung von Rapmusik und Pornografie, eine sogenannte

Zoombombing-Attacke, bei der sich Hacker in eine Videokonferenz einwählen und über die Bildschirmfreigabe beliebige Videos abspielen. In diesem Fall war es eine Oralsexszene aus einem Pornhub-Clip. Die Reaktion folgte prompt: Zoom galt plötzlich als gefährlich. Dabei sind nicht Videokonferenzanbieter gefährlich, sondern allenfalls Hacker. Oder vielleicht doch eher die Menschen, die sich keine Gedanken über die Sicherheitseinstellungen gemacht haben? Denn auch begabten Hackern gelingt es oft nicht schnell, die Bildschirmfreigabe zu nutzen, wenn der Host anderen Teilnehmenden die Bildschirmfreigabe nicht gestattet hat.

Aber auch andere Video-Konferenz-Programme wurden als gefährlich gegeißelt, Microsoft Teams etwa, das viele Schulen für den Distanzunterricht einsetzten. Auf einmal waren fremde Personen im Onlineunterricht – leider auch Pädokriminelle. Anfang 2021 gab es etwa einen Angriff auf den digitalen Unterricht einer Schule in Nordrhein-Westfalen. Dort hatte sich ein unbekannter Mann in den Onlineunterricht eingewählt und sich den Schülerinnen und Schülern einer fünften Klasse nackt präsentiert. Die Schülerinnen und Schüler sollen wohl Medienberichten zufolge zu dem Zeitpunkt des Vorfalls allein in der Videokonferenz gewesen sein. Ähnliche Vorfälle, bei denen Kinder während des Unterrichts mit pornografischen Bildern konfrontiert wurden, hatte es auch in Hessen und in Bayern gegeben. Unter anderem hatten die Täter dazu den Chatraum genutzt, um sich den Kindern sexuell zu nähern.[156] Und dann gab es noch einen Cyberangriff auf das Lernportal für Thüringer Schüler im Homeschooling, der den Unterricht landesweit für rund zwei Stunden lahmlegte. Nach Angaben des Bundesbildungsministeriums waren Zehntausende Schülerinnen und Schüler von dem Ausfall betroffen. Der Angriff ließ sich bis nach Singapur zurückverfolgen.

Mitunter stellte sich nach den Angriffen aufs Homeschooling aber heraus, dass die Schülerinnen und Schüler selbst für die Störung verantwortlich waren. Unter anderem tauchten Videos bei TikTok auf, in denen Jugendliche Aufrufe wie diesen veröffentlichten: »Hey Leute! Nächste Woche Dienstag um 10 Uhr Matheunterricht. Wer hat Bock, den Unterricht zu stören? Hier die Zugangsdaten …«

Natürlich haben Anwendungen immer wieder Fehler und Sicherheitslücken, sie werden jedoch mit einem Update wieder geschlossen. Wer ist also am Ende gefährlich – die Technik oder doch eher die Menschen, die damit arbeiten?

Auch Cem Karakaya hat so manche Sicherheitslücke vor allem in der menschlichen Firewall während der Pandemie geschlossen. Bei einem Onlinevortrag kam es vor, dass ein Teilnehmer keinen virtuellen Hintergrund eingestellt hatte. Nicht weiter schlimm, wenn sonst nichts Relevantes zu erkennen ist. Doch gut sichtbar hinter dem Mann hing an einer Pinnwand eine Liste, die seine Passwörter, Benutzernamen und die dazugehörigen Dienste enthielt. Ein Screenshot hätte gereicht, um die gesamte digitale Entität des Mannes zu stehlen. Also warnte Cem den Teilnehmer – natürlich per Direktnachricht im Chat, schließlich wollte er den Mann nicht vor anderen bloßstellen.

Vor der Pandemie war es oft normal, dass man Gästen zu Hause schon mal den Zugang zum W-LAN gegeben hat. Gerätename, Passwort – alles kein Problem. Wem war schon bewusst, dass man mit diesen Zugangsdaten immer Zugriff auf das Heimnetzwerk hat, auch von draußen auf der Straße? Dieses Wissen ist präsenter geworden, weil Cybersecurity auf einmal ein Thema war. Heute haben viele Menschen ein Gastkonto für ihr Netzwerk daheim eingerichtet. Und wechseln regelmäßig das Passwort dazu sowie den Gerätenamen und das Gerätepasswort des Routers. Diese Daten stehen meistens auf der Rückseite des Geräts und können von Menschen ausgelesen werden, die bei uns zu Hause sind. Das sind ja nicht nur gute Freunde, sondern auch Handwerker, Lieferanten, Dienstleister. Und nun stellen Sie sich mal vor, dass zum Beispiel wir Sie daheim besuchen, mal eben einen Blick auf den Router werfen und die Zugangsdaten auslesen. Nicht schlimm, meinen Sie? Was aber, wenn Sie bei einer großen Firma arbeiten und regelmäßig im Homeoffice tätig sind? Aus unserer Sicht steht einer Wirtschaftsspionage mit wenigen Hackerkenntnissen nicht mehr viel im Weg.

Apropos Homeoffice: Zu Beginn der Pandemie mussten viele Menschen ihre privaten Geräte plötzlich dienstlich nutzen. Viele Arbeitgeber vergaßen zunächst zu überprüfen, ob die Privatgeräte ihrer Beschäftigten den Sicherheitsstandards entsprachen. Unzählige Menschen arbeiteten an Rechnern, die lange kein Update mehr für das Betriebssystem bekommen hatten. Entsprechend groß waren die Sicherheitslücken. Zum Glück hat sich das in den meisten Unternehmen geändert. Wenn private Geräte dienstlich genutzt werden, halten die meisten Firmen die Sicherheitsstandards ein. Dazu gehört etwa, dass die Verbindung mit dem Firmenserver mit einem VPN-Tunnel (virtuelle private Netzwerk) oder einer VPN-Alternative wie Zscaler gesichert und verschlüsselt wird. Heute wissen die meisten, dass man auch im Homeoffice eine Bildschirmsperre haben sollte, erst recht, wenn im Haushalt mehrere Personen leben wie in einer WG. Idealerweise hat man außerdem eine Blickschutzfolie.

Die mangelnde Sicherheitskontrolle bei Bring Your Own Device (BYOD) hat zu einem Umdenken geführt. Viele Arbeitgeber statten ihre Mitarbeitenden wieder mit Firmengeräten aus, sicher ist sicher. Wer als Firma dennoch private Geräte gestattet, braucht technische Sicherheitslösungen, etwa Virtualisierungstechniken und Container. Letztere trennen private von beruflichen Daten. Experten empfehlen zudem den Zugriff aus der Ferne auf bestimmte Systemressourcen zum Zwecke IT-forensischer Untersuchungen.[157] Dem müssen die Mitarbeiter auf ihren privaten Geräten aber zustimmen.

Die Abkehr von BYOD mussten manche Unternehmen erst auf die harte Tour lernen. Insbesondere kleinere und mittelständische Unternehmen hatten an vieles zu denken, von E-Mail-Verschlüsselung und automatischen Aktualisierungen bis hin zu Dokumentationen, um den Betrieb arbeitsfähig zu halten. Vielerorts musste die IT-Abteilung immer zur Verfügung stehen. Sicher haben die Kolleginnen und Kollegen dort nie so viele Anrufe erhalten wie zu Beginn des ersten Lockdowns, als alle kollektiv ins Homeoffice verbannt wurden. Die größten Probleme für die IT-Abteilung waren meist die sogenannten Shadow-IT-Lösungen, bei denen die Mitarbeitenden selbst versucht haben, einen Fehler zu beheben, ohne die Fachabteilung in Kenntnis zu setzen.

Auch bei Onlinemeetings sind viele Mitarbeiter selbstständiger geworden. Man hat es sich angewöhnt, die Einladungen zu solchen Meetings nicht mehr zu überprüfen, man klickt nur noch »annehmen« – der Zugangslink wird automatisch im Outlook-Kalender der Firma eingetragen. Diesen Automatismus nutzen Cyberkriminelle gerne aus. Für viele Hacker ist es leicht, sich Zugriff auf solche Kalender zu verschaffen – und dann heißt es nur noch warten, bis einer den Link im Kalender aktiviert. Hacker können dann den Rechner verseuchen oder auf eine verseuchte Internetseite umleiten – schon ist ein Schaden im Unternehmensnetzwerk entstanden.

In der Corona-Pandemie ist übrigens auch die Zahl der gefälschten Onlineshopping-Seiten drastisch gestiegen. Viele Menschen hatten aufgrund der eingeschränkten Freizeitmöglichkeiten auch mehr Geld dafür zur Verfügung. Während dieser Zeit kam auch eine bestimmte Methode auf – eine Fehlermeldung, die plötzlich beim Einkaufsvorgang im Fake-Shop mit Lockangeboten auftauchte. Da hieß es dann, dass derzeit leider ein technisches Problem vorliege und nur per Vorkasse bezahlt werden könne. Viele Menschen, die die angeblichen Schnäppchen nicht verpassen wollten, glaubten das und zahlten per Vorkasse – damit wurden sie zum Betrugsopfer. Die Masche ist immer noch verbreitet. Daher sollte man Onlineshops immer überprüfen. Erhält die Seite ein Impressum? Gibt es eine Datenschutzerklärung? Liegt eine sichere Verbindung, also mit »https://« verschlüsselt, vor?

In der Pandemie fuhr der Onlinehandel Rekordzuwächse ein.[158] Rekordzuwächse hatte aber auch eine weitere Betrugsmasche: SMS-Benachrichtigungen, dass angeblich ein Paket nicht zugestellt werden konnte. Die Täter wissen: Die Wahrscheinlichkeit ist groß, dass die Empfänger wirklich etwas bestellt haben. Meist sieht es so aus, als komme die Mitteilung von einem Paketzusteller. Man wird aufgefordert, einen Link anzuklicken, hinter dem sich Schadware verbirgt oder der auf eine gefälschte oder verseuchte Website führt. Bitte denken Sie daran, dass es auch für die Smartphones Sicherheitsapps gibt und solche Spam-SMS-Nachrichten (Smishing: Phishing plus SMS) abgewehrt werden können.

Und noch ein Phänomen eskalierte in der Pandemie: Fake News.

Grundsätzlich scheinen Lügen wohl immer interessanter als die Wahrheit zu sein, auch wenn der Grat zwischen geäußerten kritischen Hypothesen und gesicherten falsifizierten Falschinformationen gerade zu Beginn der Pandemie durchaus schmal war. Fakt ist, die Corona-Pandemie war ein Wendepunkt: Verschwörungsmythen, Fake News, pseudowissenschaftliche Gesundheitstipps oder gezielte Desinformationen sind viel massiver geworden. Gezielt gestreut werden Falschinformationen von verschiedenen Regimen, unter anderem von Russland, mit dem Ziel der Destabilisierung westlicher demokratischer Gesellschaften.[159] Die Propaganda bedient sich dabei auch der Auslandsprogramme russischer Staatsmedien.

Erst recht seit dem Angriff von Russland auf die Ukraine. Europa befindet sich seither in einer weltpolitischen Lage, die sich viele Menschen bis dato nicht hatten vorstellen können: ein Angriffskrieg mitten in Europa. Und dieser Krieg wird nicht nur auf den Kriegsschauplätzen geführt, sondern auch im Internet.

Russische Hacker hatten davor schon eine wesentliche Rolle gespielt, wenn es um die Beeinflussung von weltpolitischen Lagen ging – im US-Präsidentschaftswahlkampf 2016 etwa oder 2015 bei Cyberattacken auf den Deutschen Bundestag. Russische Hacker sollen damals Zugriff auf sensible Dokumente und die interne Kommunikation der Abgeordneten gehabt haben, was jedoch genau gestohlen wurde, ist bis heute unklar. Jewgeni »Eugene« Kaspersky wundert das nicht. Er ist einer der führenden IT-Sicherheitsexperten Russlands, wurde mit der Kaspersky-Antivirensoftware zum Milliardär. Laut ihm sind hochprofessionelle Cyberkriminelle überdurchschnittlich oft russische Staatsbürger.[160] Das liegt unter anderem am russischen Bildungssystem, das großen Wert auf die Mathematik legt, die eine Grundlage für Programmierkenntnisse ist. Zugleich ist der Markt an IT-Unternehmen klein, lukrativ bezahlte Jobs sind rar – daher ist es für viele Hacker finanziell attraktiver, für kriminelle Zwecke zu arbeiten oder zum sogenannten »Evil Corp« zu gehen, einer Hackergruppe, die auch für den russischen Geheimdienst arbeitet. Die Gruppe wurde etwa bekannt, als sie mit der Dridex-Malware Geld von Bankkonten stahl. Laut Experten soll der »Evil Corp« vor allem Angriffe im Finanzsektor ausführen. Daneben gibt es weitere Hackergruppen wie »Fancy Bear« oder »Cozy Bear«. Erstere soll schon im Georgienkrieg im Jahr 2008 aktiv gewesen sein, Letztere soll Informationen gewinnen, die für Entscheidungen in der russischen Außen- und Sicherheitspolitik wichtig sind, zum Beispiel soll diese Gruppierung jahrelang Informationen über die Stationierung des US-Raketenschirms in Europa gesammelt haben.

Laut Informationen des Sicherheitsdienstleisters Group IB war Russland 2019 quasi Weltmarktführer beim Versenden von Phishing-Mails. 14 000 Phishing-Server wurden laut Medienberichten damals gesperrt, über ein Drittel dieser Ressourcen stammte aus Russland.

Im Jahr 2022 wurden im Zusammenhang mit dem russischen Angriffskrieg gegen die Ukraine vom »CyberPeace Institute« in Genf mehr als 850 Cyberattacken registriert. Sie wurden demnach von prorussischen und proukrainischen Hackern gegen Ziele in der Ukraine, Russland und rund drei Dutzend anderen Ländern ausgeführt, darunter auch 23 Attacken in Deutschland. Betroffen sollen unter anderem Ministerien, Banken und Internetanbieter hierzulande gewesen sein. Auch Medienunternehmen stehen zunehmend im Visier von russischen Hackern und Attacken. Im Januar 2023 griffen russische Hacker zudem mehrere Flughäfen in Deutschland sowie den Onlineauftritt der Bundesregierung an. Die Website war einige Stunden lang nicht erreichbar. Nach den Angriffen bekannte sich die Hackergruppe »Killnet« dazu, die diese Attacken als Reaktion auf die Lieferung von Leopard-Kampfpanzern Deutschlands an die Ukraine durchgeführt hatte.[161]

Eine weitere berüchtigte Hackergruppe ist »Sandworm«. Sie soll direkt mit dem russischen Geheimdienst in Verbindung stehen und verantwortlich für zerstörerische Malware sein, unter anderem für »Infamous Chisel«[162]. Dabei handelt es sich um eine leistungsstarke und raffinierte Malware, die speziell für die Infiltration von Android-Geräten des ukrainischen Militärs entwickelt wurde. Russland soll laut Experten ein großes Cyberarsenal haben. Nicht nur diese Malware gehört dazu und arbeitet im Verborgenen. Laut Medienberichten soll die Schadware den Datenverkehr überwachen und wichtige Informationen stehlen, außerdem Unbefugten Zugriff auf Geräte ermöglichen. Was sie so herausragend macht: Sie ist nicht nur ein Virus, sondern besteht aus verschiedenen Komponenten, die unterschiedliche, komplexe technische Ziele nutzen. Das Gefährliche daran ist: Meist findet jede Technologie, entwickelt für Militärzwecke und getestet in Kriegen, irgendwann Einzug auch in andere Lebensbereiche. Schadware kann einfach angepasst und dann gegen die Zivilbevölkerung eingesetzt werden. Und das nicht nur in Ländern, die Kriegsparteien sind, sondern überall auf der Welt.

Mitunter werden russischen Hackern auch Taten zugeschrieben, die absurd anmuten. So wurden etwa 2022 die Glocken des Stephansdoms in Wien gehackt und begannen, mitten in der Nacht um 2:11 Uhr zu läuten – 20 Minuten lang. Der Dompfarrer glaubte, es handele sich um einen Angriff russischer Hacker im Zusammenhang mit dem Ukrainekonflikt, da die Glocken am Vorabend als Zeichen gegen den Krieg und für den Frieden plangemäß geläutet hatten[163]. Wer tatsächlich hinter dem Angriff steckte, konnte nicht aufgeklärt werden. Klar ist nur: Die Sicherheitslücke wurde schnell geschlossen, die Glocken wurden vom normalen Netz genommen und eine feste VPN-Leitung installiert. Die größte Glocke des Doms ist nicht mit dem Internet verbunden.

Die Zivilbevölkerung indes ist schon lange ein Angriffsziel – von Kriegspropaganda. Denn natürlich wird auch versucht, die Meinungen zu beeinflussen, und das auch von ukrainischer Seite. Kurz nach Beginn des Kriegs etwa verbreitete sich ein Video, das angeblich einen russischen Kampfjet zeigte, der ein Passagierflugzeug in der Ukraine angriff. Das Video war zwar echt, aber es zeigte einen Vorfall in Afghanistan, der viele Jahre zurücklag. Seither wurden immer wieder solche Videos von Kampfszenen mit Flugzeugen als Fakes entlarvt, manchmal stammten die Aufnahmen sogar aus Videospielen.[164] Auch Aufnahmen des ukrainischen Präsidenten Wolodymyr Selenskyj wurden wiederholt gefälscht, es handelte sich um Deepfakes.

Russische News sind seit Kriegsbeginn und den verschärften Mediengesetzen in Russland generell mit Vorsicht zu genießen. Unabhängigen und kritischen Journalismus gibt es in Russland kaum noch. Denn mit den neuen Mediengesetzen ist eine unabhängige Berichterstattung und damit auch eine seriöse Überprüfung der verbreiteten Nachrichten, Bilder und Videos kaum noch möglich. Mit einem Bündel drakonischer Maßnahmen wird die Pressefreiheit in Russland massiv eingeschränkt, seit 2021 haben auch viele westliche Medien ihre Korrespondententeams weitgehend aus Russland abgezogen. Viele kritische Reporterinnen und Reporter aus Russland mussten ins Exil gehen. Eine Berichterstattung über das Militär, die sich nicht mit der Version des Verteidigungsministeriums deckt, ist verboten. Aufrufe zu Aktionen gegen den Krieg stehen ebenso unter Strafe wie »Verleumdungen« der Streitkräfte. Wer Putins Angriffskrieg klar als solchen benennt, muss mit bis zu 15 Jahren Haft rechnen, nach eigener Sprachregelung führt Russland eine »militärische Spezialoperation« durch.

Gefahr geht aber nicht nur von Russland allein aus. Laut einem Bericht des Digitalverbands Bitkom[165] greift die internationale organisierte Kriminalität verstärkt in Deutschland an, Opfer sind vor allem Unternehmen. Der jährliche Schaden soll sich auf 206 Milliarden Euro[166] belaufen. Datendiebstahl, Industriespionage und Sabotage sind die Hauptinstrumente der kriminellen Hacker. Laut der Bitkom-Studie sind daher mehr als die Hälfte der Unternehmen hierzulande eingeschüchtert und sehen sich sogar gefährdet, 72 Prozent aller Unternehmen in Deutschland sind bereits einmal Opfer von Cyberangriffen geworden. 46 Prozent der Angriffe gingen dabei auf Russland zurück, 42 Prozent auf China. Denn auch chinesische Hacker sind mittlerweile weltweit gefürchtet.[167] Laut einem Bericht des Bundesamts für Verfassungsschutz (BfV)[168] nutzen chinesische Hacker raffinierte Taktiken, um sich Zugang zu unseren Internetanschlüssen zu verschaffen. Bekannt sind zwei Hackergruppen mit den kryptischen Namen »APT15« und »APT31«. Das sind Abkürzungen für »Advanced Persistent Threat«. Die Hacker schleichen sich über unzureichend gesicherte Internetzugänge bei Privatanwendern und mittelständischen Unternehmen ein, um staatliche und politische Institutionen auszuspionieren[169].

»APT15« soll es zum Beispiel im Jahr 2021 gelungen sein, in das Bundesamt für Kartographie und Geodäsie einzudringen. Die Bundesbehörde erstellt Karten und Satellitenbilder. Entdeckt wurde der Angriff erst viel später. Offenbar hatten die Hacker schlecht gesicherte Router, Drucker mit Internetzugang und auch smarte Geräte genutzt, um zu ihrem Ziel zu gelangen. Auf diese Weise wurde die Internetverbindung zunächst nicht offensichtlich gestört, daher wurden solche Angriffe nicht unverzüglich bemerkt. Die chinesischen Hacker sollen Medienberichten zufolge in der Lage sein, Tausende solcher Geräte zu einem »komplexen Netz der Verschleierung« aufzubauen, berichtet etwa Mimikama. »Wie ein Schattenreich, das unsere eigenen Internetverbindungen für ihre dunklen Zwecke missbraucht. Und wenn Sie denken, Sie wären kein lohnendes Ziel, weil Sie nichts zu verbergen haben, irren Sie sich – sie wollen nicht Sie, sondern das, was Sie mit Ihrem Internet verbinden«, heißt es hier.

Daher appellieren der Verfassungsschutz und das Bundesinnenministerium an Internetnutzerinnen und -nutzer, die eigenen Geräte zu schützen, Updates regelmäßig auszuführen und veraltete und nicht mehr unterstützte Geräte auszutauschen[170], damit man nicht zum unfreiwilligen Mithelfer bei der Spionage wird.

Angesichts dieser Zunahme sollte man kritisch fragen, ob eigentlich alles digital erfasst werden muss. Dass bei dieser Frage ausgerechnet das Militär Fehler macht, zeigt folgendes Beispiel aus dem Jahr 2018, als eine Weltkarte von Strava, einem sozialen Netzwerk zum internetbasierten Tracking sportlicher Aktivitäten, in den Fokus der Weltöffentlichkeit rückte. Auf dieser Karte waren viele höchst geheime Informationen über Militärbasen in aller Welt abrufbar – komplett öffentlich. Wie konnte es dazu kommen? Ganz einfach: Soldaten und Soldatinnen hatten ihre Trainingsdaten auf Strava hochgeladen und so waren unter anderem kreisrunde Trainingsstrecken im afghanischen Hinterland einsehbar. Später war deutlich geworden, dass sich sogar einzelne Trainierende identifizieren ließen. Strava hatte zwischenzeitlich das Anlegen neuer Segmente unterbunden. Die Nacharbeiten waren aber wohl nicht ausreichend, weil dieselbe Firma im Jahr 2022 wieder in die Schlagzeilen geriet. Diesmal waren das israelische Militär und der israelische Geheimdienst Mossad betroffen.[171]

Klar ist: Wir steuern zunehmend auf eine Welt zu, in der man nicht mehr unterscheiden kann, ob Bilder und Nachrichten echt sind oder Teil von gezielten Desinformationskampagnen. Die Kriegsschauplätze im 21. Jahrhundert sind daher auch digitale. Ein gutes Beispiel ist der Israelkrieg: Die Bilder von den brutalen Terrorangriffen der Hamas auf Israel im Oktober 2023 wurden rasant verbreitet. Viele Expertinnen und Experten konnten zunächst kaum überprüfen, was davon echt war und was nicht[172]. Angesichts der Komplexität des Nahostkonflikts und der Flut der falschen Nachrichten und manipulierten Bilder verwischen die Grenzen zwischen Wahrheit und erschaffener Parallelwelt, die aus der Schattenwelt des Internets gespeist wird[173]. So verbreitete sich etwa ein Video, das behauptete, Palästinenser im Gazastreifen würden Verletzungen simulieren – tatsächlich kam später heraus, dass das Video eine Szene zeigte, die aus einer Dokumentation über einen Make-up-Künstler aus dem Jahr 2017 stammte.

Fake-Profile und -Accounts, gefälschte Bilder, manipulierte Informationen sind das eine. Hochproblematisch ist jedoch, wenn

Verifizierungstools nicht funktionieren oder Expertinnen und Experten Fehler machen – und dann authentische Bilder, die Grausamkeiten dokumentieren, als Fälschungen deklariert werden. Dass die Plattform X ihren Prüf- und Kontrollmechanismus weitgehend abgeschafft hat, ist wie Öl ins Feuer gießen – so verbreiten sich Desinformationen und Halbwahrheiten noch viel schneller. Mit dem Effekt, dass die Weltöffentlichkeit gerade bei den global hochbrisanten Konflikten wie etwa im Gazastreifen irgendwann wegsieht.

Der Kampf um Weltanschauungen, Meinungen und Macht ist am Ende ein Kampf um die Wahrheit selbst. Und daher sollte jede Enthüllung über gefälschte Accounts, KI-Fehlleistungen und die Manipulation der öffentlichen Meinung ein Weckruf und eine Mahnung sein.

Fünf Techniken, um Meinungen zu verzerren

Wie erkennt man eigentlich, dass eine Debatte unterwandert wird oder in eine falsche Richtung läuft? Wir wollen Ihnen an dieser Stelle fünf Techniken vorstellen, mit denen in Diskussionen Meinungen manipuliert und beeinflusst werden, um den Diskurs zu verzerren oder wissenschaftliche Fakten zu leugnen. Meist werden diese Techniken subtil angewendet, sodass die Manipulation nur schwer zu erkennen ist.

Die fünf Techniken werden mit dem Begriff PLURV[174] abgekürzt und haben ihren Ursprung bei den Faktencheckerinnen und Faktencheckern der Seiten skepticalscience.com[175] und Klimafakten.de[176].

Das P steht für »Pseudoexperten« und diese Personen spielen eine entscheidende Rolle bei der Verbreitung von Falschinformationen. Meist sind es Menschen, die sich als Experten einer bestimmten Fachrichtung sehen – in der Regel haben sie aber entweder nicht die erforderlichen Qualifikationen oder vertreten Minderheitenpositionen und werden von der Fachcommunity daher nicht ernst genommen. In Foren sind es oft versierte Kommentatoren, die Fachtermini verwenden und sich komplex ausdrücken. Dadurch erscheinen sie glaubwürdiger. Viele wollen einfach den Anschein von Expertentum erwecken, aber in Wahrheit täuschen sie Wissen vor, ihre Behauptungen können sie oft nicht belegen, sie sind unzutreffend, irreführend oder ungenau. Besonders gefährlich sind Pseudoexperten, wenn sie tatsächlich aus einem bestimmten Fachbereich kommen und auch eine Wirkungsstätte haben. Manche werden schnell sehr populär und inszenieren sich auch als Gegengewicht zu einer wissenschaftlichen »Mainstream-Meinung«, wie sie es darstellen. Das wird gern von den Medien aufgegriffen, denn Talkshows zum Beispiel brauchen Konflikte und Spannungen. Daher werden solche Pseudoexperten in Sendungen auch gern eingeladen und erfahren dann eine hohe Aufmerksamkeit. Das ist problematisch, weil dann falsche Darstellungen vor einem großen Publikum verbreitet werden. Da viele Redaktionen mittlerweile sehr kritisch bei der Gästeauswahl sind, findet man Pseudoexperten viel häufiger in sogenannten alternativen Medien. Pseudoexperten sorgen auch dafür, dass das Vertrauen in die Wissenschaft und die Medien sinkt.

Das L steht für »Logikfehler« und meint eigentlich Fehl- bzw. Trugschlüsse. Sie entstehen, wenn korrekte Informationen oder Fakten irreführend interpretiert oder stark verkürzt werden. Nicht immer geschieht das absichtlich, oft steckt aber bewusste Manipulation oder Weglassen von wichtigem Kontext dahinter. Mit solchen Logikfehlern lassen sich auch bestimmte Argumente verstärken oder untermauern, oft werden Mehrdeutigkeiten benutzt, um das Publikum in die Irre zu führen oder um eine bestimmte, aber falsche Schlussfolgerung in den Vordergrund zu stellen. Manchmal wird über eine Mehrdeutigkeit auch einfach das Thema gewechselt, das lenkt die Aufmerksamkeit von der Schwäche eines Arguments ab.

Das U steht für »unerfüllbare Erwartungen«. Gemeint ist damit, etwas zu fordern, was nicht erfüllt werden kann. Das bringt den anderen in eine Verteidigungsposition, er wirkt dann unsouverän oder sogar unglaubwürdig. Aber wie funktioniert das? In der Diskussion verschiebt der Manipulator auf einmal bestimmte Kriterien oder Anforderungen. Das macht es für den Gegner praktisch unmöglich, die Anforderungen zu erfüllen, weil sie ständig geändert werden. Am Ende ist nicht mehr klar, wie die Voraussetzungen genau waren.

Das R steht für »Rosinenpickerei«, man nutzt nur solche Fakten oder Argumente, die der eigenen Argumentation dienen, und lässt alles andere weg oder ignoriert diese. Dann werden nur die Daten gezeigt, die die eigene Ansicht stützen oder aus der eigenen Empirie berichten, aber niemals repräsentativ für einen bestimmten Sachverhalt sind. Nur: Bewusstes Weglassen heißt, nicht das volle Bild zu zeigen, und ist damit ein Verzerrungsversuch.

Und das V steht für »Verschwörungstheorien«. Da werden etwa wissenschaftliche Ergebnisse angezweifelt und oft unterschwellig in den Raum gestellt, dass bestimmte gesellschaftliche Gruppen oder Institutionen, Personen oder Organisationen verdeckt agieren und eine geheime Agenda verfolgen. In der Regel basieren Verschwörungstheorien auf Annahmen oder Vermutungen, die oft unzulängliche Beweise für ihre Behauptungen bieten und im Widerspruch zu anerkannten wissenschaftlichen Erkenntnissen stehen.[177] In der jüngeren Zeit hat die Verbreitung von Verschwörungstheorien erheblich dazu beigetragen, dass die Demokratie ausgehöhlt wurde, viele Bürgerinnen und Bürger Politik und Staat misstrauen und der gesellschaftliche Zusammenhalt instabiler geworden ist.

Was der Klimawandel mit unserem Nutzungsverhalten zu tun hat

An die Brisanz des Klimawandels erinnern uns nicht nur Klimaaktivisten, sondern auch die steigende Anzahl an Naturkatastrophen.[178] Die Digitalisierung spielt dabei auch eine Rolle. Denn unser Energieverbrauch ist gigantisch und belastet das Klima. Hätten Sie etwa gewusst, dass beim Versenden einer einzigen Nachricht laut der Organisation »Carbon Literacy Project«[179] etwa 10 Gramm CO_2 entstehen? Und mit einem umfangreichen Anhang sogar bis zu 50 Gramm CO_2. Im Schnitt liegt der CO_2-Ausstoß einer E-Mail innerhalb einer Spanne von 0,03 bis 26 Gramm pro Nachricht. Dabei kommt es auf Art, Textlänge und Größe der Anhänge an und sogar, mit welchem Gerät wir die E-Mail abrufen. Eine kurze E-Mail, die mit dem Smartphone verschickt wird, verursacht 0,2 Gramm CO_2, abgerufen mit dem Laptop sind es gleich 0,3 Gramm. Und ein Urlaubsfoto mit einer Größe von 1 MB an zehn Freunde zu schicken, entspricht einer Autofahrt mit einem Verbrenner von 500 Metern. Global betrachtet, kommt da einiges zusammen. 2022 wurden etwa täglich über 333 Milliarden E-Mails weltweit gesendet.

Spam-Mails sind zumeist etwas klimafreundlicher.[180] Denn während eine Spam-Mail nur rund 0,03 Gramm CO_2 ausstößt, erzeugt der Versand und das Abrufen einer langen E-Mail 17 Gramm CO_2 und an einen Verteiler von 100 Personen rund 26 Gramm CO_2.

Zum Glück werden die Geräte und die Rechenzentren effizienter und der Strommix wird durch den Ausbau von erneuerbaren Energien klimafreundlicher. Wer mehr tun möchte, sollte regelmäßig seine E-Mails löschen, den Spamordner so einstellen, dass Spam-Nachrichten automatisch gelöscht werden, denn auch ungeöffnete Nachrichten verbrauchen Speicherkapazität. Wir können Fotos in komprimierten Versionen versenden, E-Mail-Verläufe nicht immer mitschicken und unnötige Kontakte im Bereich cc oder bcc vermeiden – und damit jede Menge Energie sparen.

Kapitel 9

Wir rüsten Sie auf

In den vorigen Kapiteln haben wir Sie auf eine Reise durch die Welt der Internetkriminalität und der Schattenseiten des Internets mitgenommen. Über die aktuell verbreiteten Methoden und Tricks der Kriminellen bis zu den Gefahren durch KI. Wir haben auch aufgezeigt, was Eltern beachten sollten, damit ihre Kinder sicher in der digitalen Welt aufwachsen – und thematisiert, worauf ältere Menschen achten können, um sich weniger vulnerabel zu fühlen. Am Ende haben wir einen Blick auf die Kriege- und Konfliktherde dieser Welt geworfen, bei denen gezielte Manipulationen eine Waffe der digitalen Kriegsführung geworden ist. Man könnte nun ein düsteres Fazit ziehen. Aber das wollen wir an dieser Stelle nicht tun.

Zum einen haben wir ein positives Menschenbild. Und wir halten die Chancen, die in der Technik stecken, für stärker als die Nachteile, die durch gezielten Missbrauch entstehen. Denn es rüsten ja nicht nur jene auf, die mit der Technik rücksichtslos ihre Interessen verfolgen, sondern auch jene, die die neuen Technologien zum Nutzen der Menschheit einsetzen. Das CISPA Helmholtz Center for Information Security etwa hat bereits einen bahnbrechenden Schutzmechanismus gegen Deepfakes entwickelt, »UnGANable«[181].

Das CISPA Helmholtz-Zentrum für Informationssicherheit ist eine nationale Großforschungseinrichtung innerhalb der Helmholtz-Gemeinschaft. Die dort arbeitenden Spezialistinnen und Spezialisten konnten im Herbst 2023 ein Anti-Deepfake-Verfahren der Öffentlichkeit vorstellen, das manipulierte Bilder erkennen kann. Die Technologie dahinter nennt sich »UnGANable«. In der Wortschöpfung steckt die Kurzbezeichnung GAN – das steht für Generative Adversarial Network. GANs sind künstliche neuronale Netze, die aus zwei Bauteilen bestehen: einem Generator und einem Diskriminator. Diese interagieren miteinander. Wenn solche GANs Daten verarbeiten – zum Beispiel Bilder und Videos – dann generiert das eine Netz neue Daten, das andere bewertet diese und vergleicht die Unterschiede zwischen neuen und bestehenden. Die Bewertung des einen Netzes wird von dem anderen genutzt, um die neuen Daten wiederum zu verbessern. Bei künstlich erzeugten Bildern werden diese dann realistischer. Zugleich verbessert sich der verwendete Algorithmus. Damit vergrößern sich leider auch die Möglichkeiten, Bilder realer Personen zu manipulieren. Das ist der Grund, warum Deepfakes diese Technologie nutzen.

Damit aber GANs Bilder verarbeiten können, müssen sie diese in mathematische Vektoren umwandeln. Dieser Prozess wird als GAN-Inversion bezeichnet. Es handelt sich, vereinfacht ausgedrückt, um eine Art Bildkompression. Und hier haben die Informationssicherheitsspezialisten des Helmholtz-Instituts angesetzt und eine Form eines mathematischen Schutzverfahrens entwickelt, die es erschwert, Bilder zu fälschen. Dabei wird auf den Bilddateien eine Art Störung erzeugt, mathematische Abweichungen, die nicht sichtbar sind, aber die GANs an der Verarbeitung der Daten hindern. Die GANs können dann keine Daten finden, um neue manipulierte Bilder zu erstellen, die Netze laufen ins Leere. Die Fachwelt war über UnGANable begeistert, glaubte man doch bisher, dass keine Technik vor Deepfakes schützen könne.

Und es gibt noch weitere Ansätze: Mit dem Programm Fawkes[182] etwa, das von der Forschungsgruppe »Sand Lab« in Chicago entwickelt wurde, werden ebenfalls Verzerrungen erzeugt – hier nimmt ein Verzerrungsalgorithmus Veränderungen auf Pixelebene vor, die für das menschliche Auge nicht wahrnehmbar sind, die KI aber stören.

Die Beispiele zeigen, dass keine Entwicklung nur einseitig ist. Doch es bleibt ein Katz-und-Maus-Spiel, quasi ein ewiges Wettrüsten.

Und was bedeutet diese Dynamik für unser Leben? Dass wir flexibel bleiben und bereit sein müssen, uns und unsere Gewohnheiten an veränderte Sicherheitsbedingungen anzupassen, dass wir in unserer Wachsamkeit und Sensibilität nicht nachlassen dürfen. Denn ein Zurück ins Gestern gibt es nicht.

Wir haben zu Beginn die Warnungen der führenden KI-Experten erwähnt, eine Entwicklungspause einzulegen, damit sich die Menschheit auf die Fortschritte der Technik einstellen kann, damit Sicherheitsmaßnahmen getroffen werden können.

Für den Kampf gegen Internetkriminalität heißt das, möglichst viele Menschen aufzuklären. Denn wenn alle Menschen aktiv agieren würden, wäre es für Kriminelle nicht mehr so einfach. Hätten Sie gedacht, dass 95 Prozent aller erfolgreichen Cyberangriffe nur deshalb geschehen konnten, weil irgendetwas nicht aktualisiert wurde und daher eine Sicherheitslücke bestand? Würden alle Menschen Passwortsicherheit ernst nehmen und E-Mails digital signieren, hätten auch Phishing-Mails kaum noch eine Chance. Und wenn zudem alle Menschen ihr E-Mail-Postfach säubern würden und jede nicht mehr gebrauchte Nachricht löschen, hätten wir auch für die Umwelt etwas getan.

Wir brauchen aber auch mehr IT-Spezialistinnen und -Spezialisten. Und zwar nicht nur in Unternehmen, sondern bei den staatlichen Ermittlungsbehörden, also bei der Polizei und Justiz. Und nicht nur die Sicherheits- und Ermittlungsbehörden sind gefragt, wenn es um den Kampf gegen Cybercrime geht, sondern wir alle. Ob IT-Fachkräfte in der Wirtschaft, Hausfrauen und -männer oder Rentner:innen: Wir werden diesen Kampf nur dann gleichberechtigt führen können, wenn wir uns stetig weiterbilden.

Darüber hinaus braucht es Menschen, die Spaß daran haben, sich der IT-Sicherheit zu verschreiben. Daher wird jedes Jahr in Deutschland eine Veranstaltung organisiert: »Deutschlands bester Hacker«. Dahinter steht die gleichnamige Initiative, 2020 gegründet als regionaler Wettbewerb in Franken von dem IT-Consultant Marco di Filippo. Ziel ist es, möglichst viele IT-affine Kräfte für den Schutz der digitalen Welt zu aktivieren, um an der sicheren Gestaltung von Gesellschaft und Wirtschaft mitzuwirken. Seit 2022 findet der Wettbewerb bundesweit statt[183], Tausende machen mit.

Wer Spaß am Hacken und Knobeln hat, kann teilnehmen. Der oder die Gewinnerin erhält dann nicht nur den Titel als Deutschlands bester Hacker oder beste Hackerin, sondern auch eine Reise zu zwei der größten Hackerkonferenzen der Welt, der DEF CON und der Black Hat in Las Vegas. Auf diesen Konferenzen geht es nicht nur um den Kampf gegen Cyberkriminelle, sondern auch darum, die digitale Welt weltweit sicherer zu machen. Gebraucht werden mehr White Hats, gute Hacker. Ein Anliegen, das wir alle nur unterstützen können.

Quellenangaben

1 https://www.safe.ai/statement-on-ai-risk, aufgerufen am 29.1.24
2 https://www.welt.de/kmpkt/article167102506/Facebook-musste-AI-abschalten-die-Geheimsprache-entwickelt-hat.html, aufgerufen am 29.1.24
3 https://www.tagesspiegel.de/wissen/der-ketzer-der-informatik-was-chatgpt-und-internet-mit-joseph-weizenbaum-zu-tun-haben-9137928.html, aufgerufen am 29.1.24
4 https://www.techbook.de/pc-mac/commodore-c64, aufgerufen am 29.1.24
5 https://www.zeit.de/2023/03/ki-leben-chatbot-gefuehle-bewusstsein-blake-lemoine/komplettansicht, aufgerufen am 29.1.24
6 https://www.washingtonpost.com/technology/2022/06/11/google-ai-lamda-blake-lemoine/, aufgerufen am 29.1.24
7 https://bard.google.com/?utm_source=sem&utm_medium=paid-media&utm_campaign=q4deDE_sem7, aufgerufen am 29.1.24
8 http://www.informatik.uni-oldenburg.de/~iug18/soc/China.html, aufgerufen am 29.1.24 am 6.6.2023
9 https://beruhmte-zitate.de/zitate/135932-sunzi-wenn-du-dich-und-den-feind-kennst-brauchst-du-den/, aufgerufen am 29.1.24
10 https://www.bitkom.org/Presse/Presseinformation/Drei-Viertel-Cyberkriminalitaet-betroffen, aufgerufen am 29.1.24
11 file:///Users/groll/Downloads/Factsheet_Cyber_2020.pdf, aufgerufen am 29.1.24
12 https://www.bitkom.org/Presse/Presseinformation/Wirtschaftsschutz-2022, aufgerufen am 29.1.24
13 https://www.verbraucherzentrale.de/wissen/vertraege-reklamation/abzocke/fakewohnungen-im-internet-gefaelschte-immobilienanzeigen-erkennen-27576, aufgerufen am 29.1.24
14 https://net.cs.uni-bonn.de/nc/news/singleview/1556/e1144c43353042ae33db1a53dd7eb323/, aufgerufen am 29.1.24
15 https://www.parlament-berlin.de/ados/18/IIIPlen/vorgang/d18-1067.pdf, aufgerufen am 29.1.24
16 www.identitaetsdiebstahl.info, aufgerufen am 29.1.24
17 https://www.polizei.bayern.de/kriminalitaet/internetkriminalitaet/002479/index.html, aufgerufen am 29.1.24

18 https://en.wikipedia.org/wiki/2017_Equifax_data_breach, aufgerufen am 29.1.24

19 https://www.bka.de/SharedDocs/Downloads/DE/IhreSicherheit/CEOFraud.pdf%3F__blob%3DpublicationFile%26v%3D9&ved=2ahUKEwiGrZqu84yGAxXqhf0HHavsDqgQFnoECAYQAQ&usg=AOvVaw2YKQjrR9C3_R-_jY72MTeR, aufgerufen am 29.1.24

20 LG München Urteil v. 9.12.2021, Az. 31 O 16606/20, Quelle: https://www.lhr-law.de/magazin/datenschutzrecht/dsgvo-schadensersatz-datendiebstahl/, aufgerufen am 29.1.24

21 https://www.schufa.de/kontakt/einmeldung-identitaetsbetrug/, aufgerufen am 29.1.24

22 https://www.meineschufa.de/de/produkt/meineschufa-plus?etcc_cmp=schufa.de&etcc_med=%20Link/Referrer-schufa.de&et_cmp_seg5=Themenportal&et_cmp_seg4=mspl, aufgerufen am 29.1.24

23 https://www.canva.com/de_de/help/incident-may24/, aufgerufen am 29.1.24

24 https://identitaetsdiebstahl.info/index.php/der-fall-von-tina-groll/, aufgerufen am 29.1.24

25 www.identitaetsdiebstahl.info, aufgerufen am 29.1.24
https://www.bka.de/DE/Presse/Listenseite_Pressemitteilungen/2022/Presse2022/220509_PM_CybercrimeBLB.html, aufgerufen am 29.1.24

26 https://www.mags.nrw/pressemitteilung/erster-bestaetigter-corona-fall-nordrhein-westfalen-nachgewiesen, aufgerufen am 29.1.24

27 www.identitaetsdiebstahl.info, aufgerufen am 29.1.24

28 https://www.polizei-dein-partner.de/service/praevention-kompakt.html?tx_dpnglossary_glossary%5Baction%5D=show&tx_dpnglossary_glossary%5Bcontroller%5D=Term&tx_dpnglossary_glossary%5Bterm%5D=400&cHash=c821f21ed5baf3bbcb5b6f7646bfc531, aufgerufen am 29.1.24

29 https://www.mimikama.org/mails-finanzamt/?utm_source=mimikama_newsletter&utm_medium=E-Mail&utm_campaign=Daily%20Newsletter, aufgerufen am 29.1.24

30 https://www.bundesfinanzministerium.de/Web/DE/Service/Kontakt/kontakt.html, aufgerufen am 29.1.24

31 https://www.watchlist-internet.at/news/vorsicht-bei-fehlgeschlagenen-zahlungen-auf-booking/, aufgerufen am 29.1.24

32 https://images.google.de/, aufgerufen am 29.1.24

33 https://www.verbraucherzentrale.de/wissen/vertraege-reklamation/abzocke/fakewohnungen-im-internet-gefaelschte-immobilienanzeigen-erkennen-27576, aufgerufen am 29.1.24

34 https://www.mimikama.org/hacker-bedrohung-entlarvt/?utm_source=mimikama_newsletter&utm_medium=E-Mail&utm_campaign=Daily%20 Newsletter, aufgerufen am 29.1.24
35 https://www.faz.net/aktuell/wirtschaft/digitec/lockbit-das-gefaehrlichste-start-up-der-welt-18721719.html, aufgerufen am 29.1.24
36 https://www.mimikama.org/netflix-so-schuetzen-sie-sich-vor-betrugsE-Mails/?utm_source=mimikama_newsletter&utm_medium=E-Mail&utm_campaign=Daily%20Newsletter, aufgerufen am 29.1.24
37 https://www.ncsc.admin.ch/ncsc/de/home/aktuell/im-fokus/2023/wochen-rueckblick_32.html, aufgerufen am 29.1.24
38 https://www.bafin.de/SharedDocs/Veroeffentlichungen/DE/Verbraucher-mitteilung/unerlaubte/2022/meldung_2022_11_03_Santovermoegen.html, aufgerufen am 29.1.24
39 https://www.watchlist-internet.at/liste-jobangebote/, aufgerufen am 29.1.24
40 https://www.verbraucherschutz.com/warnungsticker/fahrzeugkauf-auf-anzeigenmaerkten-betrug-mit-spedition-oder-treuhaender/, aufgerufen am 29.1.24
41 https://www.verizon.com/business/resources/reports/dbir/, aufgerufen am 29.1.24
42 https://www.zdnet.com/article/average-organization-targeted-by-over-700-social-engineering-attacks-each-year-report/, aufgerufen am 29.1.24
43 https://www.gov.uk/government/statistics/cyber-security-breaches-survey-2022/cyber-security-breaches-survey-2022, aufgerufen am 29.1.24
44 https://www.nytimes.com/2019/01/18/technology/dnc-russian-hacking.html, aufgerufen am 29.1.24
45 https://www.verfassungsschutz.de/SharedDocs/publikationen/DE/cyber-abwehr/2018-05-nachrichtendienstlich-gesteuerte-cyberangriffe.pdf?__blob=publicationFile&v=7, aufgerufen am 29.1.24
46 https://www.reuters.com/article/us-facc-ceo-idUSKCN0YG0ZF, aufgerufen am 29.1.24
47 https://www.derstandard.at/story/2000029392411/cyberattacke-auf-ober-oesterreichische-firma-facc, aufgerufen am 29.1.24
48 https://www.scmagazine.com/news/security-news/phishing-campaign-aims-to-steal-zoom-credentials-using-fake-layoff-notifications, aufgerufen am 29.1.24
49 https://www.databreaches.net/exclusive-marriott-hacked-again-yes-heres-what-we-know/, aufgerufen am 29.1.24
50 https://www.bleepingcomputer.com/news/security/office-365-phishing-attack-impersonates-the-us-department-of-labor/, aufgerufen am 29.1.24

51 https://www.crowdstrike.com/blog/callback-malware-campaigns-impersonate-crowdstrike-and-other-cybersecurity-companies/, aufgerufen am 29.1.24
52 https://www.virustotal.com/gui/, aufgerufen am 29.1.24
53 https://www.browserling.com/, aufgerufen am 29.1.24
54 https://urlscan.io/, aufgerufen am 29.1.24
55 https://t3n.de/news/autorin-amazon-ki-fake-buecher-1568961/, aufgerufen am 29.1.24
56 https://hotsheetpub.com/, aufgerufen am 29.1.24
57 https://janefriedman.com/the-business-of-being-a-writer/, aufgerufen am 29.1.24
58 https://www.manager-magazin.de/unternehmen/hollywood-steht-still-schauspieler-und-drehbuchautoren-streiken-fuer-mehr-geld-und-wegen-ki-a-5f9a0894-f51f-4aa1-ba4f-a5fab8a47631, aufgerufen am 29.1.24
59 https://urheber.info/diskurs/kunstliche-intelligenz-kunftig-kennzeichnen, aufgerufen am 29.1.24
60 https://www.tagesschau.de/investigativ/swr/ki-kuenstliche-intelligenz-voice-cloning-100.htmlm aufgerufen am 29.1.24
61 https://1.ard.de/vbDeepfakets, aufgerufen am 29.1.24
62 https://www.mcafee.com/blogs/privacy-identity-protection/artificial-imposters-cybercriminals-turn-to-ai-voice-cloning-for-a-new-breed-of-scam/, aufgerufen am 29.1.24
63 https://www.zeit.de/digital/2023-11/deepfakes-kuenstliche-intelligenz-erkennung-deepnudes-faq, aufgerufen am 29.1.24
64 https://www.Youtube.com/watch?v=rNBq5MJzzTw&embeds_referring_euri=https%3A%2F%2Fwww.mimikama.org%2F&feature=emb_title, aufgerufen am 29.1.24
65 https://www.Youtube.com/watch?v=kWePYEdVbhc&embeds_referring_euri=https%3A%2F%2Fwww.mimikama.org%2F&feature=emb_title, aufgerufen am 29.1.24
66 https://www.itftennis.com/en/players/jan-valenta/800545180/cze/jt/s/overview/, aufgerufen am 29.1.24
67 https://www.mimikama.org/tischtennis-roboter/?utm_source=mimikama_newsletter&utm_medium=E-Mail&utm_campaign=Daily%20Newsletter, aufgerufen am 29.1.24
68 https://www.handelsblatt.com/finanzen/maerkte/devisen-rohstoffe/digitale-waehrungen-kursverluste-und-zweifel-an-der-zukunft-was-von-der-krypto-revolution-bleibt/28421656.html, aufgerufen am 29.1.24

69 https://www.watchlist-internet.at/news/werbung-fuer-neue-fake-investment-plattformen-tradegpt-auf-facebook-instagram-co/, aufgerufen am 29.1.24

70 https://www.anwalt.de/konto/rechtstipps/meine-rechtstipps/c5ff323d-5559-4d4c-a866-0e3f9b2788a2, aufgerufen am 29.1.24

71 https://www.bafin.de/DE/PublikationenDaten/Datenbanken/Unternehmenssuche/unternehmenssuche_node.html, aufgerufen am 29.1.24

72 www.bmf.gv.at/themen/finanzmarkt/finanzmarktaufsicht.html, aufgerufen am 29.1.24

73 www.finma.ch/de/, aufgerufen am 29.1.24

74 https://www.dw.com/de/hunderttausende-in-s%C3%BCdostasien-zu-internet-betrug-gezwungen/a-66662453, aufgerufen am 29.1.24

75 https://www.berliner-zeitung.de/news/kriminalitaet-partnersuche-im-internet-neue-betrugsmasche-bei-tinder-und-co-ausgekluegelter-krypto-scam-li.259289, aufgerufen am 29.1.24

76 https://www.stern.de/digital/online/terraform-und-luna--weltweit-meistgesuchter-krypto-unternehmer-festgenommen-33312132.html, aufgerufen am 29.1.24

77 https://www.tagesschau.de/wirtschaft/finanzen/krypto-betrug-spanien-albanien-101.html, aufgerufen am 29.1.24

78 https://www.heise.de/news/Nach-Ransomware-Attacke-Uni-Maastricht-erhaelt-Loesegeld-mit-Gewinn-zurueck-7160884.html, aufgerufen am 29.1.24

79 https://www.aerzteblatt.de/archiv/190408/Kinder-und-Jugendliche-Entwicklungsstoerungen-bei-zu-viel-Medienkonsum, aufgerufen am 29.1.24

80 https://www.klicksafe.de/bildschirm-und-medienzeit-was-ist-fuer-kinder-in-ordnung

81 https://ww.presseportal.de/blaulicht/pm/105578/5572675, aufgerufen am 29.1.24

82 https://register.awmf.org/de/leitlinien/detail/027-075, aufgerufen am 29.1.24

83 https://www.fragfinn.de

84 https://klexikon.zum.de, aufgerufen am 29.1.24

85 https://www.tessloff.com/was-ist-was.html, aufgerufen am 29.1.24

86 https://www.internet-abc.de, aufgerufen am 29.1.24

87 https://seitenstark.de, aufgerufen am 29.1.24

88 https://www.bmbf.de/SharedDocs/Publikationen/de/bmbf/L/31723_Forschung_gegen_Fake_News.pdf?__blob=publicationFile&v=5m, aufgerufen am 29.1.24

89 https://www1.wdr.de/nachrichten/schieb-ki-deepfake-papst-100.html, aufgerufen am 29.1.24

90 https://taz.de/Trump-stellt-sich-Behoerden-in-Georgia/!5955975/, aufgerufen am 29.1.24

91 https://www.instagram.com/bibisbeautypalace/?hl=de, aufgerufen am 29.1.24

92 https://www.klicksafe.de, aufgerufen am 29.1.24

93 https://www.schau-hin.info, aufgerufen am 29.1.24

94 https://www.mediennutzungsvertrag.de, aufgerufen am 29.1.24

95 https://www.medien-kindersicher.de/startseite, aufgerufen am 29.1.24

96 https://www.handysektor.de, aufgerufen am 29.1.24

97 https://www.handysektor.de/fileadmin/user_upload/downloads/Dein_Vertrag_mit_TikTok_A5_web.pdf, aufgerufen am 29.1.24

98 https://www.ted.com/talks/shou_chew_TikTok_s_ceo_on_its_future_and_what_makes_its_algorithm_different, aufgerufen am 29.1.24

99 https://www.spiegel.de/netzwelt/mark-zuckerberg-und-seine-familienfotos-wenn-es-dem-facebook-gruender-zu-privat-wird-a-7549a89e-4b9d-4aad-a6eb-a6b7409c3d98, aufgerufen am 29.1.24

100 https://deinkindauchnicht.org/, aufgerufen am 29.1.24

101 https://www.bundesgerichtshof.de/SharedDocs/Pressemitteilungen/DE/2022/2022013.html, aufgerufen am 29.1.24

102 https://www.Youtube.com/user/SpassFurKinder, aufgerufen am 29.1.24

103 https://www.Youtube.com/channel/UCxLxvbyyN-Zl3yKFMaiuKug, aufgerufen am 29.1.24

104 https://www.Youtube.com/watch?v=BpdgOzFO7wE, aufgerufen am 29.1.24

105 https://dejure.org/dienste/vernetzung/rechtsprechung?Text=C-527/15, aufgerufen am 29.1.24

106 https://www.gesetze-im-internet.de/kunsturhg/__22.html, aufgerufen am 29.1.24

107 https://www.gesetze-im-internet.de/kunsturhg/__22.html, aufgerufen am 29.1.24

108 https://www.mimikama.org/meta-posts-fuer-ki-training-privatsphaere/?utm_source=mimikama_newsletter&utm_medium=E-Mail&utm_campaign=Daily%20Newsletter, aufgerufen am 29.1.24

109 https://polizei.nrw/medien/cyber-grooming-europol, aufgerufen am 29.1.24

110 https://www.rnd.de/panorama/strafmuendigkeit-bei-kindern-ab-wann-und-wie-werden-jugendliche-bestraft-welche-altersgrenzen-gelten-2GA7HE3UFVGMZHHIEFOEYH2UEU.html, aufgerufen am 29.1.24

111 https://rechtsanwaltskanzlei-kuehn-schreiber.de/veroeffentlichungen/kinderhaftung-haften-kinder-fuer-schaeden-allgemeines-zivilrecht/, aufgerufen am 29.1.24

112 https://openjur.de/u/857819.htmlm aufgerufen am 29.1.24

113 https://www.bundesregierung.de/breg-de/aktuelles/zahlenzukindesmissbrauch-2192390#:~:text=2022%20wurden%2042.075%20F%C3%A4lle%20registriert,2018%20mehr%20als%20verzw%C3%B6lffacht%20hat, aufgerufen am 29.1.24

114 https://www.medienanstalt-nrw.de/presse/pressemitteilungen-2022/2022/november/sexting-nur-ein-flirt-oder-schon-strafbar.html, aufgerufen am 29.1.24

115 https://www.klicksafe.de/materialien/mach-dein-kind-stark-gegen-sexuelle-belaestigung-im-netz, aufgerufen am 29.1.24

116 https://www.Youtube.com/watch?v=k8774taV2N0, aufgerufen am 29.1.24

117 https://www.machdeinhandynichtzurwaffe.de, aufgerufen am 29.1.24

118 https://takeitdown.ncmec.org, aufgerufen am 29.1.24

119 https://stopncii.org, aufgerufen am 29.1.24

120 https://www.schau-hin.info/, aufgerufen am 29.1.24

121 https://www.internet-beschwerdestelle.de/de/index.html, aufgerufen am 29.1.24

122 https://www.news4teachers.de/2023/08/studie-knapp-die-haelfte-aller-abiturienten-will-influencer-oder-creator-werden/, aufgerufen am 29.1.24

123 https://www.news4teachers.de/2023/08/studie-knapp-die-haelfte-aller-abiturienten-will-influencer-oder-creator-werden/, aufgerufen am 29.1.24

124 https://www.jugendschutz.net, aufgerufen am 29.1.24

125 https://www.jugendschutz.net/fileadmin/daten/publikationen/lageberichte/bericht_2020_selbstgefaehrdung_im_netz.pdf, aufgerufen am 29.1.24

126 https://www.dak.de/dak/bundesthemen/computerspielsucht-2103398.html#/, aufgerufen am 29.1.24

127 https://www.klicksafe.de/materialien/besteht-bei-meinem-kind-die-gefahr-einer-digitalen-abhaengigkeit. aufgerufen am 29.1.24

128 https://spieleratgeber-nrw.de, aufgerufen am 29.1.24

129 https://www.mimikama.org/paintok-auf-TikTok-das-dunkle-geheimnis/?utm_source=mimikama_newsletter&utm_medium=E-Mail&utm_campaign=Daily%20Newsletter, aufgerufen am 29.1.24

130 https://support.TikTok.com/de/safety-hc/account-and-user-safety/user-safety, aufgerufen am 29.1.24

131 https://www.juuuport.de/beratung aufgerufen am 29.1.24

132 https://www.Youtube.com/watch?v=4Y1lZQsyuSQ, aufgerufen am 29.1.24

133 https://www.tagesschau.de/faktenfinder, aufgerufen am 29.1.24

134 https://correctiv.org/faktencheck/, aufgerufen am 29.1.24
135 https://www.mimikama.org, aufgerufen am 29.1.24
136 https://hoaxmap.org, aufgerufen am 29.1.24
137 https://tineye.com, aufgerufen am 29.1.24
138 https://anitra-eggler.com/, aufgerufen am 29.1.24
139 https://www.nature.com/articles/s41390-018-0052-6, aufgerufen am 29.1.24
140 https://www.klicksafe.de/fileadmin/cms/download/Material/FN_426_Mamidarfichhandy_neu122021_ANSICHT.pdf, aufgerufen am 29.1.24
141 http://www.daimler.igm.de/news/meldung.html?id=66453, aufgerufen am 29.1.24
142 https://www.klicksafe.de/materialien/digital-detox-box, aufgerufen am 29.1.24
143 https://www.klicksafe.de/digital-wellbeing, aufgerufen am 29.1.24
144 https://www.bmfsfj.de/bmfsfj/aktuelles/alle-meldungen/ein-drittel-der-hochaltrigen-nutzt-das-internet-195818, aufgerufen am 29.1.24
145 https://www.polizei-dein-partner.de/themen/gewalt/familie/detailansicht-familie/artikel/gewalt-gegen-senioren.html, aufgerufen am 29.1.24
146 https://www.mimikama.org/cyber-betrug-zahlen-leichtsinn/?utm_source=mimikama_newsletter&utm_medium=E-Mail&utm_campaign=Daily%20Newsletter, aufgerufen am 29.1.24
147 https://www.sicher-im-netz.de/digitale-chancen-60-souverän-im-alter, aufgerufen am 29.1.24
148 https://www.bsi.bund.de/DE/Themen/Verbraucherinnen-und-Verbraucher/verbraucherinnen-und-verbraucher_node.html, aufgerufen am 29.1.24
149 https://www.verbraucherzentrale.de/wissen/umwelt-haushalt/wohnen/tipps-fuer-mehr-datenschutz-bei-digitalen-helfern-fuer-senioren-55326, aufgerufen am 29.1.24
150 https://www.klicksafe.de/, aufgerufen am 29.1.24
151 https://www.silver-tipps.de/, aufgerufen am 29.1.24
152 https://www.fragzebra.de/, aufgerufen am 29.1.24
153 https://www.deutsche-rentenversicherung.de/DRV/DE/Ueber-uns-und-Presse/Presse/Meldungen/2023/230725_telefonmasche_trickbetrueger.html, aufgerufen am 29.1.24
154 https://www.handelsblatt.com/politik/international/sicherheitsluecke-journalist-hackt-sich-in-geheimes-treffen-von-eu-verteidigungsministern/26645498.html, aufgerufen am 29.1.24
155 https://www.spiegel.de/netzwelt/web/hacker-stoeren-gerichtsanhoerung-des-mutmasslichen-twitter-hackers-mit-einem-pornovideo-a-5b270ba6-33d5-48d8-bfab-b1c727821747, aufgerufen am 29.1.24

156 https://www.zeit.de/gesellschaft/zeitgeschehen/2021-02/cyberangriffe-online-unterricht-pornographie-paedophilie-schulportal-corona-krise, aufgerufen am 29.1.24
157 https://www.dr-datenschutz.de/duerfen-unternehmen-byod-geraete-der-mitarbeiter-untersuchen/, aufgerufen am 29.1.24
158 https://www.tagesschau.de/wirtschaft/unternehmen/online-handel-mit-starken-zuwaechsen-101.html, aufgerufen am 29.1.24
159 https://www.sozialarchiv.ch/2022/03/12/von-der-impfkuh-zum-mrna-booster-impfgeschichte-als-gesellschaftsgeschichte/, aufgerufen am 29.1.24
160 https://www.handelsblatt.com/technik/cyberattacken-was-russische-hacker-so-erfolgreich-und-gefuerchtet-macht/25898008.html, aufgerufen am 29.1.24
161 https://www.sueddeutsche.de/politik/hacker-angriff-russland-1.5739287, aufgerufen am 29.1.24
162 https://www.mimikama.org/infamous-chisel-malware-russland-ukraine/?utm_source=mimikama_newsletter&utm_medium=E-Mail&utm_campaign=Daily%20Newsletter, aufgerufen am 29.1.24
163 https://www.sueddeutsche.de/panorama/stephansdom-wien-kirchenglocken-hacker-hackerangriff-1.5550074, aufgerufen am 29.1.24
164 https://futurezone.at/digital-life/video-kampfjet-abschuss-ukraine-russland-fake-dcs-world/401919493, aufgerufen am 29.1.24
165 https://www.bitkom.org/Presse/Presseinformation/Organisierte-Kriminalitaet-greift-verstaerkt-deutsche-Wirtschaft-an, aufgerufen am 29.1.24
166 https://www.mimikama.org/organisierte-kriminalitaet-cyberangriffe/?utm_source=mimikama_newsletter&utm_medium=E-Mail&utm_campaign=Daily%20Newsletter, aufgerufen am 29.1.24
167 https://www.mimikama.org/chinesische-hacker-internetverbindung/?utm_source=mimikama_newsletter&utm_medium=E-Mail&utm_campaign=Daily%20Newsletter, aufgerufen am 29.1.24
168 https://www.verfassungsschutz.de/SharedDocs/hintergruende/DE/wirtschafts-wissenschaftsschutz/chinas-neue-wege-der-spionage.html, aufgerufen am 29.1.24
169 https://www.verfassungsschutz.de/SharedDocs/hintergruende/DE/wirtschafts-wissenschaftsschutz/chinas-neue-wege-der-spionage.html, aufgerufen am 29.1.24
170 https://www.bmi.bund.de/SharedDocs/schwerpunkte/DE/cybersicherheit/cybersicherheit-artikel.html, aufgerufen am 29.1.24
171 https://www.heise.de/news/Fitnesstracker-Strava-stellt-weiter-Militaerangehoerige-und-Geheimdienste-bloss-7146836.html, aufgerufen am 29.1.24

172 https://www.zeit.de/politik/ausland/2023-10/krankenhaus-gazastreifen-raketeneinschlag-israel, aufgerufen am 29.1.24
173 https://www.mimikama.org/israel-im-fadenkreuz-8-verbreitete-Fake-News/, aufgerufen am 29.1.24
174 https://www.mimikama.org/plurv-entschluesselt/?utm_source=mimikama_newsletter&utm_medium=E-Mail&utm_campaign=Daily%20Newsletter, aufgerufen am 29.1.24
175 skepticalscience.com, aufgerufen am 29.1.24
176 klimafakten.de., aufgerufen am 29.1.24
177 https://www.mimikama.org/verschwoerungstheorien-erklarung/, aufgerufen am 29.1.24
178 https://reportage.wdr.de/chronik-ahrtal-hochwasser-katastrophe, aufgerufen am 29.1.24
179 https://carbonliteracy.com/, aufgerufen am 29.1.24
180 https://www.nachhaltiger-warenkorb.de/klimabilanz-e-mail-vs-brief/, aufgerufen am 29.1.24
181 https://cispa.de/zhengli-unganable, aufgerufen am 29.1.24
182 https://www.google.com/url?sa=t&rct=j&q=&esrc=s&source=web&cd=&ved=2ahUKEwjMnsjPq6WBAxUG2KQKHdv_CtIQFnoECBQQAQ&url=https%3A%2F%2Fsandlab.cs.uchicago.edu%2Ffawkes%2F&usg=AOvVaw3PZZL1aOczAjtewQ09hOTU&opi=89978449, aufgerufen am 29.1.24
183 https://deutschlands-bester-hacker.de/ueber-uns/, aufgerufen am 29.1.24